2020年度教育部哲学社会科学研究重大课题攻关项目
"数据法学的内容和体系研究"（项目批准号20JZD020）初期成果

中国政法大学互联网金融法律研究院文库

李爱君 主编

实务系列 04

中国大数据法治发展报告

（2019）

李爱君 主编

法律出版社 LAW PRESS·CHINA

编　委　会

序

人类社会正在走入大数据的时代，在网络技术不断成熟的今日，数据已成为人类未来发展的新能源，并且改变着人类的生存方式、企业的经营模式、国家政府的管理模式，深刻影响着政治、经济、文化的发展，引领人类社会发展的历史潮流。数据作为基础性战略资源和基本生产要素，可以助力产业转型升级，促进社会治理体系与治理能力现代化，激发组织变革和制度创新。同时，数据与人们的日常生活息息相关，加强个人数据保护既是落实以人为本的应有之义，也是促进个人数据合规应用的必要之举。鉴于数据的潜在影响和巨大价值，很多国家都将数据视作战略资源，并将数据提升至国家战略。2015 年《促进大数据发展行动纲要》是我国首部大数据发展战略性指导文件；2016 年“十三五”规划纲要标志着国家大数据战略的正式提出；2017 年十九大报告提出“推动大数据与实体经济深度融合”；2020 年《关于构建更加完善的要素市场化配置体制机制的意见》及政府工作报告均要求“加快培育数据要素市场”“激活各类要素潜能”。随着国家数据立法的不断完善，数据治理持续推进，但不容忽视的是，数据领域仍存在诸多问题，亟待学界与实务界从数据理论研究、技术研发、行业应用等多方面作出努力。

《中国大数据法治发展报告》是中国政法大学 2015 年“大数据应用法律问题研究”专项课题的成果

之一,除此成果之外还有《国际数据保护规则要览》(2018 年法律出版社出版)、《大数据应用法律问题研究报告》(2017 年完成)和自 2017 年起每年一届的“新时代中国大数据法治峰会”(中国政法大学主办,中国政法大学互联网金融法律研究院承办)。《中国大数据法治发展报告》首部报告于 2017 年第一届“新时代中国大数据法治峰会——大数据 · 新增长点 · 新动能 · 新秩序”发布并于 2018 年法律出版社出版;《中国大数据法治发展报告》(2018)于“2018(第二届)新时代中国大数据法治峰会——数据治理护航数字中国”发布并于 2019 年法律出版社出版;本书为第三部。每部报告紧随社会的政治、经济和文化的发展,尤其与大数据技术和应用的发展状况、法律问题相衔接,通过理论分析提出解决问题的具体建议。

《中国大数据法治发展报告》的宗旨为:以大数据应用的法制研究为核心,以推进大数据产业实现规范与发展并举、创新与风险防范并重的立法研究为目标,为以国家安全是核心、经济主体安全是关键、自然人安全是基础的大数据发展的法制环境献计献策和助力助推;报告的研究方式是对我国大数据的法治发展状况进行问卷调查和实证研究,以此发现大数据应用中的法治状况和问题,并通过状况和问题的研究为国家大数据应用法制建设提供实证和理论依据。

首部《中国大数据法治发展报告》是对 2017 年之前大数据法治发展总体现状、法律问题及其理论的分析和具体建议。

《中国大数据法治发展报告》(2018)不仅对我国大数据法治发展的总体情况进行了总结,还着重梳理和分析了 2018 年度的大数据法治发展情况,其目的在于更加直观地展现我国大数据法治在不同年度、不同阶段所展现出的发展特点和发展趋势,在报告内容和指标体系设计等方面都进行了一定的调整和改进。例如,政府的数据开放和共享问题及数据交易的合规问题等成为大数据法治发展的新热点,结合这一发展趋势,《中国大数据法治发展报告》(2018)在前部报告的基础上,增加了“政府数据开放与共享现状”和“大数据交易中心综述”两个部分,并在第十部分的指数报告中,对地方政府大数据法治评估体系进行了相应的补充和调整,增加了对我国大数据交易平台合规运营指数的评估。

《中国大数据法治发展报告》(2019)在整体结构和体系上延续了前部报告,着重梳理和分析了 2019 年度大数据法治发展情况,总结了 2019 年大数据法治发展状况和趋势。根据 2019 年政府大数据法治的发展要点,针对第十部分指数报告中地方政府大数据法治评估体系，对各项指标的分数比重进行了相应调整，以求最终的指数评分和排名更具科学性。

《中国大数据法治发展报告》历经3年已有3部报告，但作为一部对大数据这一新技术和新业态的法治报告，仍有待于进一步提高和完善，尤其在法治方面的立法、司法和执法层面的问题研究。望社会各界给予指导、支持和呵护，《中国大数据法治发展报告》编写组将继续努力，使《中国大数据法治发展报告》成为一系列更加成熟、更加科学、更加权威的品牌报告，为大数据法治发展的参与者和关注者提供更准确、更全面的信息和内容，为加快大数据法治理论研究的进程，促进数据资源转化为社会经济资源，推进国家大数据战略实施，助力我国成为世界数据强国贡献力量。

李爱君

2020年5月9日

Contents

目录

一、大数据法治理论研究评述

大数据时代，数据在各领域各行业得到广泛的应用，大量的数据得以产生、采集、处理、衍生、流通、交易及应用，由各种数据交织而来的崭新领域改变了人们的生活，同时对决策机制、工作方式、行业模式带来极大的革新和发展，大数据发展迎来黄金时代。在这一过程中，新的法律关系得以产生，各方主体有了新的法律权利及法律义务，同时引发了新的法律问题。大数据发展需要良好的法治环境保驾护航，扎实、深厚的理论研究有助于引导大数据发展进入法治化、规范化的轨道，具有极强的现实价值及深远影响。

2013 年，我国的大数据法治理论研究显现雏形，其后，大数据法治研究逐步升温。现阶段大数据理论研究逐步进入规范化发展轨道，我国大数据法治理论在分析国家传统、结合时代特点、借鉴域外成果的基础上稳步发展，理论研究范畴已横跨民法、刑法、行政法、经济法、知识产权法、国际法等多个法学学科，涉及数据的性质及权属、大数据法治体系的构建、个人信息权的行使和保护、数据的采集流通交易与利用、数据安全与监管、大数据与竞争及垄断、大数据与知识产权、大数据与算法及人工智能、大数据在具体领域应用的法律问题等多个方面。

本部分选取论文、专著、研究课题三个指标，通过对三个指标在 2013 ~ 2019 年数据的分析，介绍大数据法治理论研究的现状及趋势。其中，重点就 2019

年各项大数据法治相关研究成果的产出情况进行统计展示,总结其主要侧重的研究方向,得出2019年相关数据的新变化,再对近几年的理论成果、研究热点进行总结,最后对大数据法治未来的理论研究趋势进行预判。①

(一)研究现状综述

2019年,我国学界对于大数据法治的理论研究热度不断上升,在研究成果的数量上呈爆发式增长态势,无论是论文、课题还是专著,研究产出量相较之前年份都明显增多,研究质量显著提高,研究深度不断增强,研究领域逐步扩大。2019年,我国各类期刊发表的大数据法治研究论文达699篇,出版专著32部,已立项的研究课题34项(见图1－1),可见大数据法治理论研究的热度。但是总体来讲,我国的大数据法治理论研究还处于初期阶段,尚未形成系统的研究领域及研究方法,存在零散化、同质化的现象,缺乏深入、系统化的理论研究成果,一些基本问题仍待进一步研究和讨论。

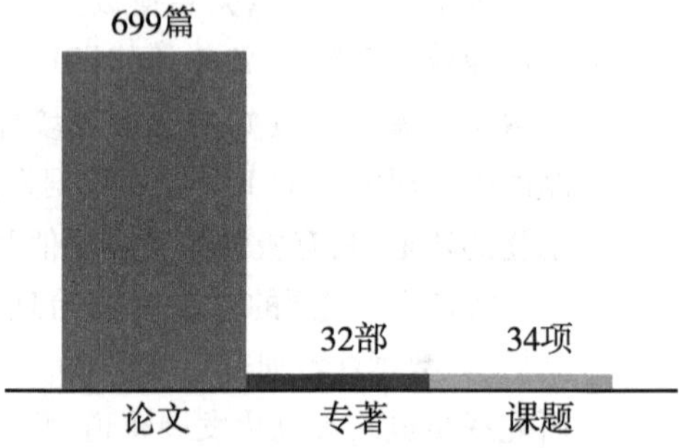

图1－1　2019年大数据法治理论研究成果

在论文方面,2019年知网可查询的刊登于各类期刊的大数据法治研究论文达699篇,其中刊登于列入CSSCI目录的法学核心期刊的文章为176篇。研究的主要内容集中在数据权利的性质与权属,个人信息权利的行使与保护,数据的采集、处理、流通、交易与利用以及大数据应用于具体领域产生的法律问题,除此之外,大数据与竞争及垄断、数据法治体系建设、被遗忘权及可携带

① 本部分数据统计时间截至2020年2月15日,数据来源为"中国知网""中国图书出版数据库"等中文数据库及中国法学会、中华人民共和国教育部、全国哲学社会科学工作办公室等机构的官方网站,检索内容为标题或主题涉及"大数据""法律",或"大数据""法治",或"个人信息"等的学术文章、专著和课题。我们已尽力实现相关信息的真实性、完整性和全面性,但并不对其准确性做出任何明示或隐含的保证。

权、域外数据规范研究等问题也受到了许多学者的关注。

在专著方面，现阶段以大数据为主题的专著大部分侧重于技术层面的研究，有少量专著就大数据法治中的某一具体问题展开讨论，但系统研究大数据法治的书籍仍然较为稀缺。2019 年新出版了 32 部专著，研究内容主要集中在个人信息权利的行使与保护、大数据立法、大数据在具体领域的应用、数据安全、被遗忘权、大数据与竞争等。

在课题方面，2019 年我国公布的已立项的大数据法治理论研究课题共 34 项，其中国家社科基金课题 17 项，教育部人文社科基金课题 13 项，中国法学会部级课题 4 项（见图 1 - 2）。课题研究方向涉及大数据法治体系构建、数据确权、个人信息权利的行使与保护、数据的流通与交易、大数据与人工智能及算法、被遗忘权等。

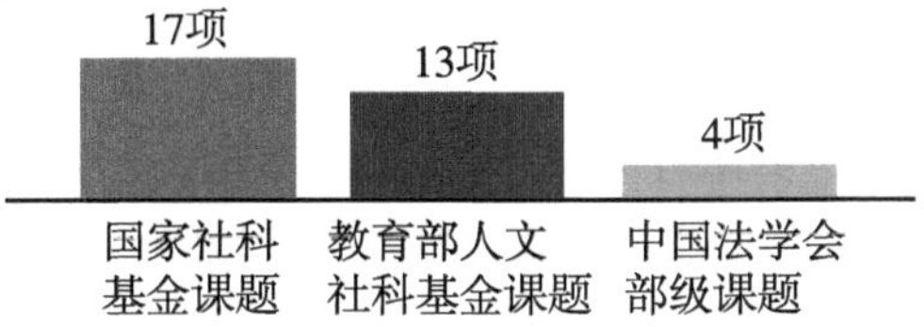

图 1 - 2　2019 年已立项的大数据法治理论法学研究课题

从 2013 年开始，我国陆续开始有大数据法治研究的论文发表，中国法学会也开始有相关的课题立项研究。2013 ~ 2018 年，我国各类期刊发表的大数据法治研究论文达 745 篇（其中刊登于列入 CSSCI 目录的法学核心期刊的论文为 42 篇），出版专著 28 部，已立项的研究课题 67 项。综上，2013 ~ 2019 年，我国各类期刊发表的大数据法治研究论文共计 1444 篇（其中刊登于列入 CSSCI 目录的法学核心期刊的论文为 218 篇），出版专著 60 部，已立项的研究课题 101 项（见图 1 - 3）。

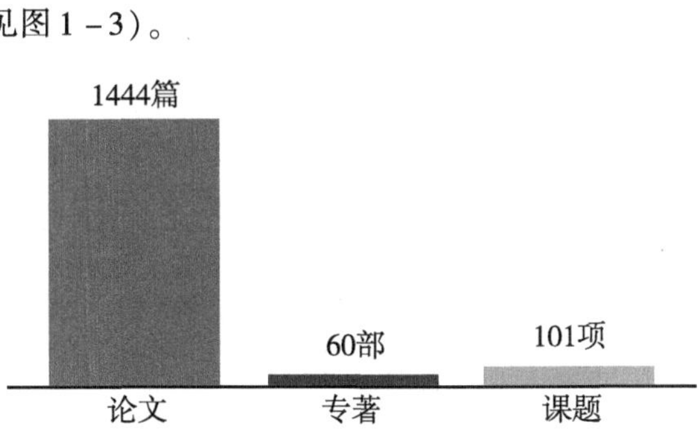

图 1 - 3　2013 ~ 2019 年大数据法治理论研究成果

(二)理论研究现状评析

1. 研究趋势

本部分主要对现有大数据法治理论研究成果的数量及研究方向进行评析。

从大数据法治理论研究成果的数量来看,在论文方面,2013~2015年为初步发展阶段,研究数量相对较少,每年论文数量缓慢增长;从2016年开始,论文发表数量明显增多,2016~2018年的论文数量有了较大提升;2019年,更多的法学学者展开了对大数据法治理论的研究,相关论文的发表更是呈现大幅度的增长,超过了过往几年论文数量的总和。其中,2013年发表论文8篇;2014年发表论文42篇,其中2篇发表于核心期刊;2015年发表论文90篇,其中1篇发表于核心期刊;2016年发表论文162篇,其中5篇发表于核心期刊;2017年发表论文173篇,其中9篇发表于核心期刊;2018年发表论文270余篇,其中25篇发表于核心期刊;2019年发表论文699篇,其中176篇发表于核心期刊(见图1-4)。由此可见,法学界对于大数据法治的研究热情不断升高,在研究质量上也实现了明显的提升,论文产出总量及论文研究质量相较于往年都实现了稳步增长。

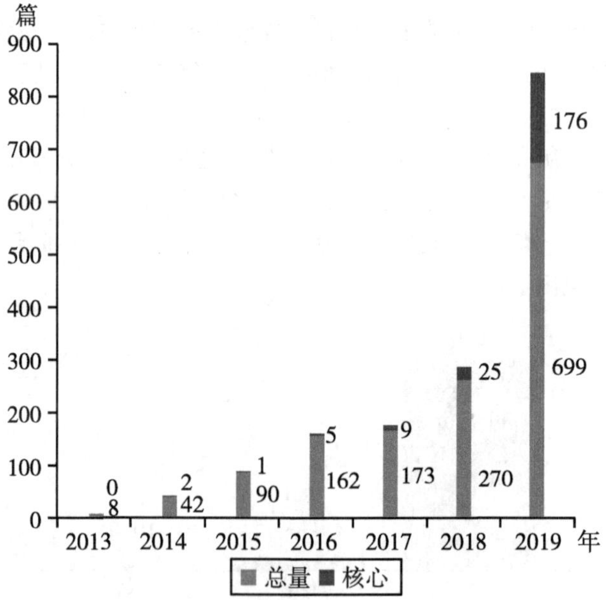

图1-4 2013~2019年大数据法治研究论文

在大数据法治专著方面,2013～2017年,每年都有大数据法治相关研究的专著出版,但数量维持在较低水平,其中2013年1部,2014年1部,2015年5部,2016年和2017年各2部,2018年出版17部专著,较之往年有较大增长。2019年,更多学者投入大数据法治的研究,2019年出版的大数据法治研究专著达32部(见图1－5)。从这些数据可以看出,随着大数据发展对人们生活的影响越发深入,随之产生的法治相关的问题也得到了更多学者的关注,在学界的讨论与碰撞中引发了更多的思考。随着大数据更为广泛的应用,预计学界的研究和讨论会向纵深发展,同时会涉及更多新领域的问题,大数据法治专著的数量会进一步提升,研究体系将逐步完善。但在现阶段,大数据法治专著涉及的研究范围仍然较窄,尚未形成完善的研究体系和规范的研究范式,与论文、课题相比仍有较大的提升空间。

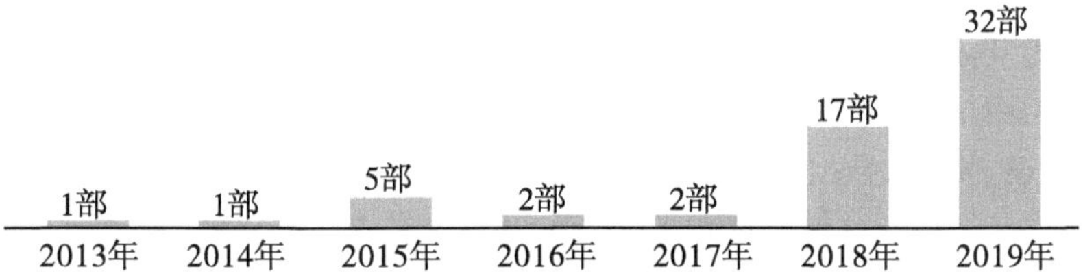

图1－5　2013～2019年大数据法治相关研究专著

在课题方面,大数据法治研究的法学课题共101项,其中2013年立项5项,2014年立项5项,2015年立项9项,2016年立项12项,2017年立项11项,2018年立项25项,2019年立项34项(见图1－6)。从7年间的课题总数来看,大数据法治研究的课题数量稳步增加,部分课题已取得了初步的研究成果,多以论文的形式发表。

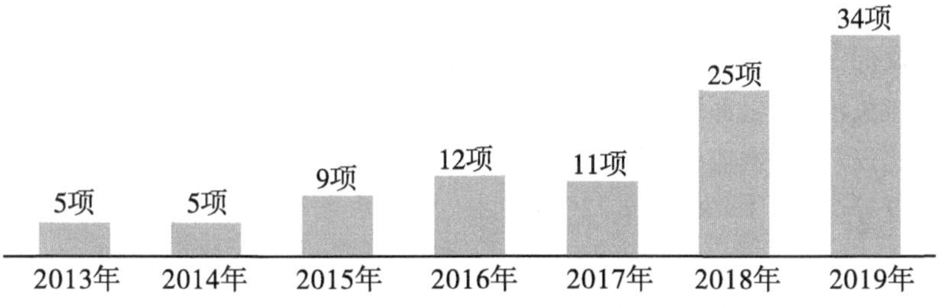

图1－6　2013～2019年大数据法治课题数量

综上所述,大数据法治理论研究的成果在数量上正在迅速增长,论文、专著、课题百花齐放,研究成果的产出量不断增多,大数据法治的整体理论研究更加系统和深入。

就论文研究内容来看,在 2013 ~ 2018 年的 745 篇大数据法治论文中,关于个人信息保护问题 239 篇,对隐私保护和被遗忘权进行研究的 143 篇,数据属性、保护及其收集、存储、交易问题 91 篇,关于数据跨境流动及数据主权研究的 14 篇,司法裁判大数据、大数据侦查 23 篇,人工智能大数据 12 篇,大数据立法、我国数据体系建设 8 篇,数据垄断、数据竞争 9 篇,大数据与知识产权 8 篇,其他论文主要涉及大数据征信、数字遗产、大数据下的知识产权、大数据与算法等技术法律问题。2019 年,论文研究内容在保持了传统研究方向的同时,学者们又开拓了许多新的研究方向,开始关注更多领域内的数据应用。具体来说,2019 年关于个人信息权利的行使与保护的论文 281 篇,研究域外数据规范的 62 篇,关于数据安全的 56 篇,关于被遗忘权、可携带权的 51 篇,研究数据及数据权利的性质与权属的 39 篇,关于数据的收集、处理、流通、交易与利用的 33 篇,研究大数据监管的 33 篇,研究大数据与人工智能、算法相关的 23 篇,关于大数据与竞争和垄断的 22 篇,研究政府数据开放的 22 篇,有关大数据与知识产权保护的 18 篇,其他 59 篇论文主要涉及大数据在具体领域的应用中产生的法律问题(见图 1 - 7)。

在著作方面,2013 ~ 2018 年的 28 部专著中以个人数据及信息保护为主要研究内容的有 14 部,涉及我国的大数据法治体系建设的专著有 3 部,关于隐私权保护研究的专著有 2 部,研究数据应用法律问题的专著有 6 部,知识产权相关研究的专著有 2 部,研究个人信息法律界定的专著有 1 部。2019 年出版的 32 部著作中,有 20 部研究个人信息权利的行使与保护,其中从场景上细分为实名网络环境下的信息保护、政府信息公开下的信息保护,从对象上涉及金融信息的保护,从保护方法上涉及分级保护研究,此外还涉及刑法角度的保护及域外的保护措施;有 4 部研究宏观层面的大数据立法与法治,有 2 部研究数据安全,其他 6 部分别研究政府数据开放与法治政府建设、大数据监管、大数据实务、被遗忘权、大数据与竞争、大数据与知识产权等(见图 1 - 8)。

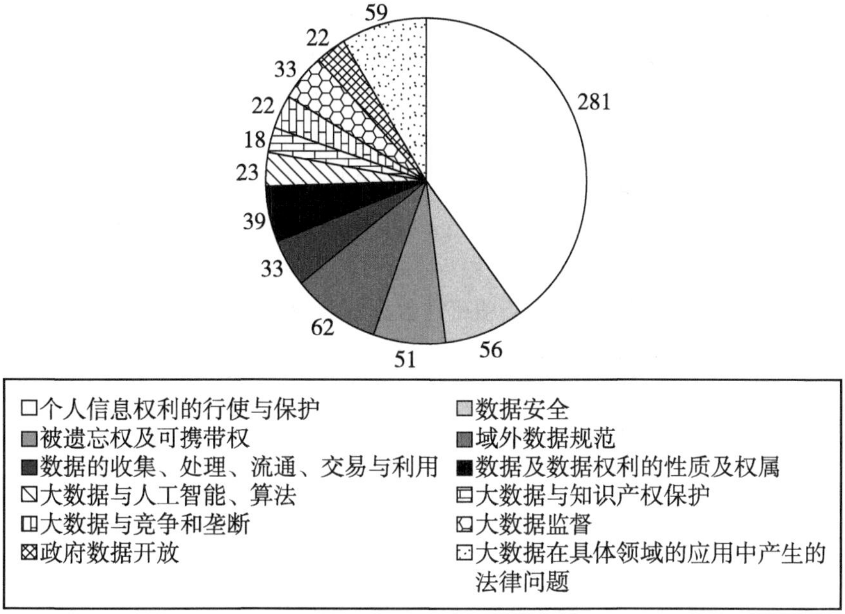

图 1-7　2019 年大数据法治论文研究方向

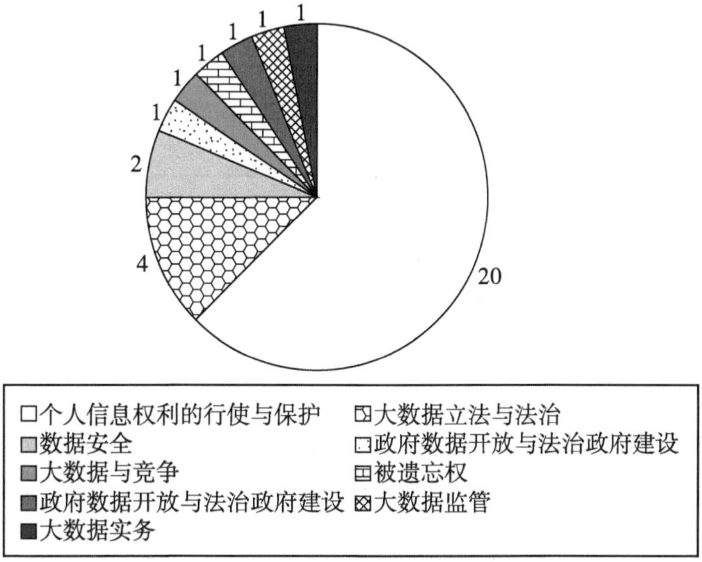

图 1-8　2019 年大数据法治著作研究方向

在课题方面,2013～2018 年立项的 67 项大数据法治课题中,有 21 项涉及大数据环境下的个人信息及隐私保护问题,6 项研究刑法领域的大数据法治问题,6 项研究数据权利、权属,其余 34 项分别关注于数据跨境流动与交易、大数据立法与司法改革、数据安全、人工智能中的大数据、大数据证据与侦查、数据驱动垄断与限制竞争、数据知识产权、大数据在具体领域的应用等法律问题。从 2019 年公布的 34 项课题来看,7 项课题研究数据的流通、交易与利用,其中 4 项研究数据跨境流通与交易;7 项课题研究个人信息权利的行使与保护;6 项课题研究大数据与算法、人工智能相关的问题;3 项研究大数据法治体系的构建;2 项研究被遗忘权;2 项研究数据权利的性质及权属;其他 7 项研究大数据在具体领域的应用,如数据取证、信用体系建设、司法改革成效评估等(见图 1 -9)。可见,在课题方面,相较于之前年份,研究领域随着技术的进步与数字经济的兴起呈现细分和纵深发展。

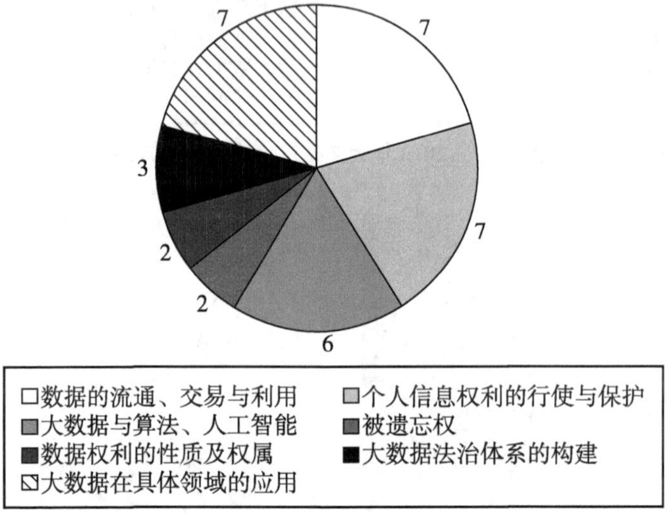

图 1 -9　2019 年大数据法治课题研究方向

2. 2019 年研究热点

大数据技术现已广泛应用于社会生活的诸多方面,相应地,大数据法治理论研究所涉及的领域也十分广泛。2019 年与之前年份相比,在延续之前研究重点的同时又开拓了许多新的研究方向,此处对其主要研究热点予以介绍。

(1)数据权的性质及权属

数据权的性质及权属作为大数据法治研究的基本问题,是历年研究的重点内容,这一针对数据本质展开的探讨是数据问题的起点和基石,明确数据权利的性质及权属有利于推动数据获取、存储、分析、处理和应用的规范进行和深入发展,2019 年其在理论研究中同样占据较大比重。

随着社会的不断进步和发展,我国法律体系不断完善,但数据权利的性质及权属尚未在法律法规中得以明确,引发了理论层面的讨论。大数据的应用产生了巨大的经济价值,需要制度性的安排推动数据产业发展;个人信息与其主体的密切关联使其能直接或间接地将特定自然人从群体中区分并识别出来,引发人格权益的保护。此外,日益频繁的跨境数据流动及跨境数据调取对国家安全影响重大,数据主权应运而生,在对数据权利的蓬勃研究中,学界逐步明确数据权利是具有财产权属性、人格权属性、国家主权属性的新型权利,并从这三个层次展开法律保护的探讨,但研究过程中存在权利研究割裂和分散的问题,尚未形成数据权利统一的划分标准、价值体系及研究范式。数据权属问题因数据来源多样、数据行为复杂、数据控制能力及信息技术水平迥异而有一定的复杂性,有学者从实施主体即国家和公民个人两个角度展开数据权属研究,主张将数据权分为数据主权和数据权利分别予以保护;亦有学者从生产主体角度主张数据权的主体是数据生成者,并将数据生产者根据人类干预产生数据及机器产生数据予以划分。此外,学者们对网络用户个人数据、企业数据、公共数据、期货交易数据、征信数据等具体类型的数据性质及权属展开细化研究。

(2)个人信息权利的行使与保护

个人信息权利的行使与保护一直都是过往几年大数据法治研究的重点和热点,2019 年对此项主题的研究仍然占据很大比重,并在过往研究的基础上对该问题展开更为细化和深入的研究。

一方面,学者们立足我国现有法律机制中对个人信息的保护现状,从民法、刑法、行政法等角度,梳理司法实践中的大量裁判文书,总结裁判规则并对其运用予以总结和评价;同时,对具体条文的理解及应用展开分析,从多层次、多角度构建个人信息保护的法律体系。另一方面,学者们对个人信息保护展开更为细化的讨论,如针对不同信息主体分析个人信息、政府信息及企业信息的保护与应用;针对不同信息内容,对医疗信息、金融信息、征信信息、位置信息、环境信息、敏感信息、图书馆信息等信息的保护措施展开具体讨论;针对不同信息采集主体如政府、金融机构、企业予以不同的规制;针对信息保护的特殊主体如未成年人、被害人、公众人物、运动员等进行特定研究。此外,学者们积极梳理、归纳域外个人信息保护的相关条例及最新研究成果,为我国个人信息保护提供相关借鉴。

(3)数据采集、流通、交易与应用的规范化

数据的巨大价值在应用中得以体现,数据产业的发展使得数据的采集、流通、交易日趋频繁,但我国的数据应用仍处于初期阶段,数据行为尚不规范,学界对数据采集、流通、交易等步骤在法律层面的规制予以深入讨论,并对其中存在的问题和风险进行分析,以推动数据产业的发展、保护各方主体的权益。

在数据采集的层面,学者们梳理现有数据采集的相关规范,提出合法正当必要、知情同意、目的限制、数据最小等一系列采集原则,主张依据信息的不同类型予以不同强度的规制,还针对不同的采集主体,如对政府、企业、网络经营者、医疗机构数据采集的规制提出不同层面的要求。数据交易在发展中存在涉及危害国家安全、个人信息泄露等风险,同时数字贸易的发展和跨境数据流通的增长对数据交易提出了更大的挑战,学者们分析数据交易平台的交易规则,从明确权利归属、规范脱敏标准、限制交易主体、规范行业准入、强化政府监管和平台法律责任等层面提出规制,并对国际贸易背景下的跨境数据流通及对外投资合规等问题展开研究。

(4)被遗忘权、可携带权的本土化研究

被遗忘权是合法发布或正当处理的数据脱离数据主体控制时权利人可以主张删除的权利。数据可携带权的权利主体是自然人,义务主体是所有数据控制者;它是指数据主体有权获得其提供给控制者的有关其个人的数据,或无障碍地将此类数据从其提供给的控制者那里传输给另一个控制者。2019 年,更多学者在借鉴域外规定的基础上,结合我国法治背景,展开这两种权利本土化的相关讨论。

对于被遗忘权,一方面,学者们肯定该种权利的价值;另一方面,学者们指出其可能对互联网领域的一般法律自由产生损害,并主张被遗忘权的本土化路径需要考量数据生命时效,平衡公众表达权,调和网络产业发展及考虑法律适用的可操作性,强调我国个人信息保护应更均衡地对待安全、效率、隐私、自由等价值,尊重信息产业发展规律,选择更妥善的保护方法实现相关法益,较之往年的研究更为深入和理性。对于数据可携带权,学者们梳理其设立意图及意义,分析其将对大数据的利用以及个人隐私、商业、竞争产生巨大的影响,并结合具体规定指出其尚未建立统一可行的数据传输框架,存在弱化个人对数据的掌控、增加中小企业负担、增大数据安全风险等问题,对现阶段该权利的引入持保守态度,但主张为了数字经济的长远发展和抢占阵地,应加强对这

一权利的相关研究。

(三)未来研究趋势

大数据时代,技术的进步和行业的纵深发展将使大数据与社会生活产生更为紧密的联系,行业的交叉、数字化的发展及数据的流通都将达到前所未有的程度,这一过程中也将产生更多需要解决的问题。基于当前的研究现状,通过对于研究数据的分析,笔者认为,未来我国除了在个人信息权利行使和保护、数据权性质及权属研究、数据的采集流通交易及利用等传统领域持续研究外,大数据法治研究还会朝着以下几个方向发展:

1. 国际数字贸易与跨境数据流通

随着"一带一路"倡议的推进及国际经济的发展,我国与其他国家或国际组织之间的经济交流逐渐增多,国际数字贸易繁荣发展,跨境数据流动也愈加频繁。跨境数据流动在国际贸易中发挥着重要作用,运用法律有效规制跨境数据流动,有利于促进国际贸易的健康发展、保护各类数据主体的相关权益。欧盟、俄罗斯、美国等对跨境数据流通制定了宽严不等的相关规范,而国际上尚无统一规定,我国在该领域亦仍存在大量立法空白,数据贸易的发展会使得这一问题日益凸显,加强该领域的研究、在国际条约和国际贸易规则中争取主动权、推动双边条约或区域性条约的签订极具现实价值和深远意义,预计对该领域的研究将成为未来研究的热点。

2. 大数据与算法、人工智能结合应用中的法律规制

随着现代技术的发展,算法、人工智能等基于大数据有了更为广阔的应用空间,其间产生的相关问题亦应得到法律的规制,从而使技术更好地服务于社会发展。大数据时代,算法基于海量数据运算配置社会资源,直接作为行为规范影响人们的行为,辅助甚至取代公权力决策,从而发展为一支新兴的技术权力。算法广泛运用于私人生活与公共治理领域,为人们带来方便,但也可能因其决策过程的不透明和信息不对称而对某些群体造成歧视,出现了"大数据杀熟"等社会问题,还可能产生相应的隐私问题。因而,从法律层面对算法应用予以规制与监管具有必要性,该问题亦涉及竞争法层面的相关研究。此外,人工智能技术的发展促生了新的生活方式,无人驾驶、智能电器、刷脸支付等需要收集分析大量数据,由此亦产生大量法律问题,对相关领域中涉及的数据相关问题亦将成为未来研究的热点。

3. 大数据应用于具体领域中的法律问题

大数据的发展使其应用于越来越多的行业,基于行业特点和专业特性产生的相关问题也越发显现出其特殊性,对具体问题的研究也将成为未来研究的重点。在过往研究中,学者已逐渐展开大数据在司法数据分析、智慧法院建设、侦查取证、征信体系建设、医疗诊断、电子商务等具体领域的法律问题分析,相关主体的权利义务、涉及的法律部门及具体规范均显现出较大不同。随着大数据在不同行业应用的深入发展,将产生更多需要解决的问题,预计在未来各行业内的专业性大数据法治研究将成为大数据法治研究中的重点。

二、大数据立法评述

（一）法律评述

1. 立法评述

在数字经济快速发展的今天，数据已经成为重要资源，对国家安全、社会公共利益以及企业和个人权益都有着重要的影响。上至国家机密，下至企业商业秘密和个人隐私，都与数据息息相关，而随之而来的各种数据安全问题也正威胁着个人利益和社会公共利益。因此，围绕数据建立统一完善的法律体系就尤为重要，以便在规范数据问题的同时推动数据行业的发展。

在现有的法律框架下，我国《宪法》《刑法》《民法总则》《侵权责任法》《网络安全法》，以及全国人大常委会《关于加强网络信息保护的决定》等法律，都在不同程度上对数据安全和个人信息保护作出规定，以不同的功能和方式保护数据和信息安全。但是上述法律有时不能有效衔接，也无法对数据安全问题形成统一的保护机制，从而在处理数据问题上显得捉襟见肘。当前，我国没有形成专门针对数据的法律规范，没有针对数据性质、数据权属以及数据收集、存储、使用行为制定的一般性法律规范，而这些基本规定正是我国当前实务中亟须明确的问题。因此，应当加快数据立法进程，以此作为处理数据问题的统领性规范。

数据立法要明确数据权属，数据的内容是确定的,可以通过法律制度进一步赋予其作为民事权利客体的属性。在现实中,数据已经成为一种社会需求的资源,其客体的自然属性决定了依据已有制度无法真正调整所形成的法律关系,因此必须建立新的权利保护制度。

同时,在数据基本法律制度建立的过程中,应当注重安全与发展的平衡。数据监管要考虑数据安全、经济安全、公共安全、社会安全,但是安全并不等于一味地对互联网企业进行限制,而是建立起互联网技术和监管的有效合作,既保护数据主体的权益,也实现数据行业和社会利益的最大化。

因此,推进我国的数据保护基本法律制度,应该在明确数据权属的基础上,坚持安全与发展并重、促进与规范并举的原则,重点促进网络基础设施的发展,加强网络安全与隐私保护,并针对数据的收集、存储和使用等环节建立清晰的规范,明确大数据生态中各不同主体的责任,从而为数字经济保驾护航。

2. 2019 年新法评述

(1)《反不正当竞争法》(2019 年修正)

第九条　经营者不得实施下列侵犯商业秘密的行为:

(一)以盗窃、贿赂、欺诈、胁迫、电子侵入或者其他不正当手段获取权利人的商业秘密;

(二)披露、使用或者允许他人使用以前项手段获取的权利人的商业秘密;

(三)违反保密义务或者违反权利人有关保守商业秘密的要求,披露、使用或者允许他人使用其所掌握的商业秘密;

(四)教唆、引诱、帮助他人违反保密义务或者违反权利人有关保守商业秘密的要求,获取、披露、使用或者允许他人使用权利人的商业秘密。

经营者以外的其他自然人、法人和非法人组织实施前款所列违法行为的,视为侵犯商业秘密。

第三人明知或者应知商业秘密权利人的员工、前员工或者其他单位、个人实施本条第一款所列违法行为,仍获取、披露、使用或者允许他人使用该商业秘密的,视为侵犯商业秘密。

本法所称的商业秘密,是指不为公众所知悉、具有商业价值并经权利人采取相应保密措施的技术信息、经营信息等商业信息。

第十七条　经营者违反本法规定,给他人造成损害的,应当依法承担民事责任。

经营者的合法权益受到不正当竞争行为损害的,可以向人民法院提起诉讼。

因不正当竞争行为受到损害的经营者的赔偿数额,按照其因被侵权所受到的实际损失确定;实际损失难以计算的,按照侵权人因侵权所获得的利益确定。经营者恶意实施侵犯商业秘密行为,情节严重的,可以在按照上述方法确定数额的一倍以上五倍以下确定赔偿数额。赔偿数额还应当包括经营者为制止侵权行为所支付的合理开支。

经营者违反本法第六条、第九条规定,权利人因被侵权所受到的实际损失、侵权人因侵权所获得的利益难以确定的,由人民法院根据侵权行为的情节判决给予权利人五百万元以下的赔偿。

第二十一条　经营者以及其他自然人、法人和非法人组织违反本法第九条规定侵犯商业秘密的,由监督检查部门责令停止违法行为,没收违法所得,处十万元以上一百万元以下的罚款;情节严重的,处五十万元以上五百万元以下的罚款。

第三十二条　在侵犯商业秘密的民事审判程序中,商业秘密权利人提供初步证据,证明其已经对所主张的商业秘密采取保密措施,且合理表明商业秘密被侵犯,涉嫌侵权人应当证明权利人所主张的商业秘密不属于本法规定的商业秘密。

商业秘密权利人提供初步证据合理表明商业秘密被侵犯,且提供以下证据之一的,涉嫌侵权人应当证明其不存在侵犯商业秘密的行为:

(一)有证据表明涉嫌侵权人有渠道或者机会获取商业秘密,且其使用的信息与该商业秘密实质上相同;

(二)有证据表明商业秘密已经被涉嫌侵权人披露、使用或者有被披露、使用的风险;

(三)有其他证据表明商业秘密被涉嫌侵权人侵犯。

[评述]

2019年4月23日第十三届全国人民代表大会常务委员会第十次会议对《反不正当竞争法》中的商业秘密条款进行修订。

《反不正当竞争法》在2017年11月4日进行了1993年立法以来的首次修改后,在不到两年的时间里又进行了新的修改,且只对商业秘密相关条款进行完善,这种针对性的修改具有鲜明的意图,即通过制度完善以应对当前国内和国际的经济问题。在国内方面,营商环境需要进一步优化,因而对保护企业产权和商业秘密提出更高的要求;在国际方面,知识产权和技术转让一直是中美贸易战谈判的焦点,商业秘密的保护正是关键所在。因此,此次《反不正当竞争法》修订通过扩展商业秘密的保护范围和加强保护力度,以展示国家完善商业秘密制度的决心,也是对贸易谈判的重要回应。

针对商业秘密的定义,此次修订将原来的"技术信息和经营信息"修订为"技术信息、经营信息等商业信息"(第 9 条第 4 款),其意在将商业信息作为兜底以扩大商业秘密的范围,更好地应对现阶段商业秘密多样化的表现形式,从而有效保护企业的商业秘密,促进企业技术创新和有效竞争。

在侵犯商业秘密的手段中,此次修订在"盗窃、贿赂、欺诈、胁迫"后又新增加了"电子侵入"的侵犯手段(第 9 条第 1 款第 3 项)。在数字经济的背景下,企业的商业秘密多以数据化的形式存储在信息系统中,商业秘密的侵犯行为通常也表现为对企业加密数据的不正当获取,因此将"电子侵入"作为商业秘密侵犯手段能够更为明确地保护数据化的商业秘密的安全性,增加该条款的实践性。但是,由于《反不正当竞争法》在规定侵犯手段时,以"或者其他不正当手段"作为兜底,"电子侵入"的手段完全可以被包含其中,因此增加"电子侵入"并没有实质性地扩大侵犯商业秘密的手段,更像是对实践中侵犯商业秘密主要手段的回应和明示。同时,对于"电子侵入"是否能够构成与前述"盗窃、贿赂、欺诈、胁迫"并列的一种独立的侵犯手段仍待商榷。"电子侵入"在本质上仍然是窃取,只是侵犯方式的改变,即通过网络系统以虚拟的方式不正当地获取商业秘密,与传统物质性的获取相区别。因此,"电子侵入"并不是独立于前述手段的一种独立的侵犯手段。

新修订的《反不正当竞争法》增加了间接侵犯商业秘密的行为(第 9 条第 1 款第 4 项),即"教唆、引诱、帮助他人违反保密义务或者违反权利人有关保守商业秘密的要求,获取、披露、使用或者允许他人使用权利人的商业秘密"。原《反不正当竞争法》中没有对教唆、引诱和帮助等间接侵犯的行为进行明确规定,但是在现实情况中,特别是企业员工离职跳槽后被诱导窃取商业秘密的行为时有发生。因此,此次修订明确规定了间接侵犯商业秘密的行为,对商业秘密的保护更为周全,减少了员工离职后原企业的后顾之忧。但是从法条字面来看,《反不正当竞争法》所规定的间接侵权行为指向的直接侵权行为只包含第 9 条第 1 款第 3 项中"违反保密义务或者违反权利人有关保守商业秘密的要求”,并没有明确是否也包含第1项和第2项中的直接侵权行为。从保护权利的必要性及现实情况来考虑,教唆、引诱、帮助第1项和第2项中的间接侵权行为同样也会损害商业秘密权利人的合法权益,也存在保护的必要。由于行政执法只能限于法律的明文规定,因此,若实践中出现了教唆、引诱、帮助实施第9条第1款第1项、第2项的行为,则需要司法予以进一步明确,从而更有效地保护商业秘密,保障企业的数据安全。

此次修订进一步扩展了商业秘密侵犯主体的范围,明确地将经营者以外的其他自然人、法人和非法人组织纳入侵权主体范围(第9条第2款)。第9条第2款和第3款对经营者以外行为主体的拟制性规定,解决了实践中因商业秘密侵犯主体多样隐蔽而难以定性的问题,从而更有效地保护商业秘密安全。同时,主体范围的扩展意味着追责范围的增加,以此更好地弥补企业因商业秘密被侵犯而受到的损失,在赔偿层面加大对受侵害企业的保护力度。

商业秘密的构成要件之一是具有秘密性,即不向外公示,因此在侵犯商业秘密的案件中,证明商业秘密及其侵犯行为的现实存在都具有一定的难度。无论是行政执法还是司法,举证和证据都是一个突出的问题,因此,此次修订明确了在商业秘密侵权诉讼中的举证规则(第32条),合理分配商业秘密权利人和侵犯人之间的举证责任,以促进争议的有效解决。其中,《反不正当竞争法》第32条第1款规定“涉嫌侵权人应当证明权利人所主张的商业秘密不属于本法规定的商业秘密”,该条款将是否构成商业秘密的举证责任倒置给涉嫌侵权人,但是这种倒置是有条件的,即“商业秘密权利人提供初步证据,证明其已经对所主张的商业秘密采取保密措施,且合理表明商业秘密被侵犯”。因此,涉嫌侵权人承担“证明权利人所主张的商业秘密不属于本法规定的商业秘密”举证责任的前提是商业秘密权利人提供初步证据,证明其已经对所主张的商业秘密采取保密措施,并且该初步证据“合理表明商业秘密被侵犯”。其中,初步证据是要求原告举证达到的证明程度,而“证明其已经对所主张的商业秘密采取保密措施,且合理表明商业秘密被侵犯”,是需要原告举证证明的两个要件实事,也是需要证明的对象,即待证事实。《反不正当竞争法》第32条第2款规定商业秘密权利人在提供商业秘密被侵犯的初步证据和相关证据后,涉嫌侵犯商业秘密行为人需要证明不存在侵权行为。第2款的规定似乎更像是侵犯商业秘密行为举证责任的部分移转而不是举证责任的完全倒置,即商业秘密权利人对于侵犯商业秘密行为仍负一定的举证责任,只是有所减轻,只需提供该款所要求提供的证据并达到初步证明的程度之后,就将举证责任移转给对方,由对方证明不存在侵犯商业秘密行为,如果被告不能举证证明不构成侵权,则侵权行为成立。第 32 条关于举证责任的规定,无论是举证责任倒置还是转移,都是以保护商业秘密为最终目的,根据商业秘密的保密特性,合理减轻商业秘密权利人的举证责任,促进商业秘密侵权案件得到实质性解决,从而更好地保证相关法律条款的有效实施,保障企业信息安全。

在法律责任方面,此次修订进一步提高了侵犯商业秘密的违法成本。一方面,此次修订在民事责任中新增了商业秘密侵犯行为的惩罚性赔偿,即在情节严重的情况下,可以在以确定数额的 1 倍以上 5 倍以下确定赔偿数额(第 17 条)。另一方面,此次修订加大了对侵犯商业秘密行为的行政处罚力度,增加没收违法所得的处罚,并将罚款的上限分别提高到 100 万元、500 万元(第 21 条),以此有效遏制侵犯商业秘密行为的发生。

从总体上看,此次《反不正当竞争法》的修订从各个方面完善了对商业秘密的保护,也推动了企业加密数据保护的法治化进程。新的修订条款对实践中商业秘密的相关问题做出了回应,从而促进国内市场良性竞争并提高我国企业在国际市场上的竞争力。同时,此次修订丰富了制度内容并明确了立法导向,无疑也会推动后续商业秘密具体条款的制定和实施,促进企业数据安全保障体系的进一步完善。

(2)《密码法》

第一条　为了规范密码应用和管理,促进密码事业发展,保障网络与信息安全,维护国家安全和社会公共利益,保护公民、法人和其他组织的合法权益,制定本法。

第二条　本法所称密码,是指采用特定变换的方法对信息等进行加密保护、安全认证的技术、产品和服务。

第六条　国家对密码实行分类管理。

密码分为核心密码、普通密码和商用密码。

第七条　核心密码、普通密码用于保护国家秘密信息,核心密码保护信息的最高密级为绝密级,普通密码保护信息的最高密级为机密级。

核心密码、普通密码属于国家秘密。密码管理部门依照本法和有关法律、行政法规、国家有关规定对核心密码、普通密码实行严格统一管理。

第八条　商用密码用于保护不属于国家秘密的信息。

公民、法人和其他组织可以依法使用商用密码保护网络与信息安全。

第十二条　任何组织或者个人不得窃取他人加密保护的信息或者非法侵入他人的密码保障系统。

任何组织或者个人不得利用密码从事危害国家安全、社会公共利益、他人合法权益等违法犯罪活动。

第十三条　国家加强核心密码、普通密码的科学规划、管理和使用，加强制度建设，完善管理措施，增强密码安全保障能力。

第十四条　在有线、无线通信中传递的国家秘密信息，以及存储、处理国家秘密信息的信息系统，应当依照法律、行政法规和国家有关规定使用核心密码、普通密码进行加密保护、安全认证。

第十五条　从事核心密码、普通密码科研、生产、服务、检测、装备、使用和销毁等工作的机构（以下统称密码工作机构）应当按照法律、行政法规、国家有关规定以及核心密码、普通密码标准的要求，建立健全安全管理制度，采取严格的保密措施和保密责任制，确保核心密码、普通密码的安全。

第二十一条　国家鼓励商用密码技术的研究开发、学术交流、成果转化和推广应用，健全统一、开放、竞争、有序的商用密码市场体系，鼓励和促进商用密码产业发展。

各级人民政府及其有关部门应当遵循非歧视原则，依法平等对待包括外商投资企业在内的商用密码科研、生产、销售、服务、进出口等单位（以下统称商用密码从业单位）。国家鼓励在外商投资过程中基于自愿原则和商业规则开展商用密码技术合作。行政机关及其工作人员不得利用行政手段强制转让商用密码技术。

商用密码的科研、生产、销售、服务和进出口，不得损害国家安全、社会公共利益或者他人合法权益。

第二十二条　国家建立和完善商用密码标准体系。

国务院标准化行政主管部门和国家密码管理部门依据各自职责，组织制定商用密码国家标准、行业标准。

国家支持社会团体、企业利用自主创新技术制定高于国家标准、行业标准相关技术要求的商用密码团体标准、企业标准。

第二十四条　商用密码从业单位开展商用密码活动，应当符合有关法律、行政法规、商用密码强制性国家标准以及该从业单位公开标准的技术要求。

国家鼓励商用密码从业单位采用商用密码推荐性国家标准、行业标准,提升商用密码的防护能力,维护用户的合法权益。

第二十六条　涉及国家安全、国计民生、社会公共利益的商用密码产品,应当依法列入网络关键设备和网络安全专用产品目录,由具备资格的机构检测认证合格后,方可销售或者提供。商用密码产品检测认证适用《中华人民共和国网络安全法》的有关规定,避免重复检测认证。

商用密码服务使用网络关键设备和网络安全专用产品的,应当经商用密码认证机构对该商用密码服务认证合格。

第三十二条　违反本法第十二条规定,窃取他人加密保护的信息,非法侵入他人的密码保障系统,或者利用密码从事危害国家安全、社会公共利益、他人合法权益等违法活动的,由有关部门依照《中华人民共和国网络安全法》和其他有关法律、行政法规的规定追究法律责任。

第四十条　密码管理部门和有关部门、单位的工作人员在密码工作中滥用职权、玩忽职守、徇私舞弊,或者泄露、非法向他人提供在履行职责中知悉的商业秘密和个人隐私的,依法给予处分。

第四十一条　违反本法规定,构成犯罪的,依法追究刑事责任;给他人造成损害的,依法承担民事责任。

[评述]

在信息化的时代,密码已应用到社会生活各个领域,作为数据的外在保护屏障,其在国家安全、行业发展和个人生活中都发挥着重要的作用。同时,密码已成为构建自主可控、安全可信的网络体系的重要基础,能够进一步提高网络安全的治理水平。因此,制定一部密码领域综合性、基础性的法律对完善密码体系建设具有重大意义,从而带动密码行业迎接规范发展新机遇。

2019 年 10 月 26 日下午,第十三届全国人大常委会第十四次会议表决通过《密码法》,于 2020 年 1 月 1 日起施行。《密码法》旨在规范密码应用和管理,促进密码事业发展,保障网络与信息安全,提升密码管理科学化、规范化、法治化水平。作为一部密码领域综合性、基础性的法律,《密码法》在立法过程中秉持三个原则:首先,明确分类管理原则;其次,注重把握职能转变和“放管服”需要与国家安全的平衡;最后,注意处理好与《网络安全法》《保守国家秘密法》《国家安全法》等相关法律的衔接关系。

《密码法》中指的“密码”与公众日常生活中使用的密码有所不同。公众日常接触到的手机开机“密码”、银行卡支付“密码”或微信登录“密码”是一种口令,是较为初级的身份认证。而《密码法》中的“密码”是指使用特定变换对信息等进行加密保护或者安全认证的产品、技术和服务,其内容更为复杂,不仅是初级密码产品,还包括更为复杂的加密产品、技术和服务,其功能在于通过数学变换进行加密保护和安全认证。从数据保护的角度看,密码通过为数据设置外在保护以提高数据的安全性和完整性,因此《密码法》对各类密码应用行为的规范必然会进一步提高数据在各个领域的应用水平和带动作用。

《密码法》原则性地规定了任何组织和个人不得窃取他人加密信息,不得侵入密码保障系统,并明确了法益保护的综合性——国家安全利益、社会公共利益和个人信息利益(第 12 条)。

《密码法》明确规定将密码分为核心密码、普通密码和商用密码,并实行分类管理(第 6 条)。同时,提出了密码分类保护的原则要求:核心密码、普通密码用于保护国家秘密信息,核心密码保护信息的最高密级为绝密级,普通密码保护信息的最高密级为机密级;核心密码、普通密码属于国家秘密,由密码管理部门依法实行严格统一管理(第 7 条)。商用密码用于保护不属于国家秘密的信息;公民、法人和其他组织均可依法使用商用密码保护网络与信息安全(第 8 条)。实行密码分类原则,能够根据各类密码的特点,运用不同的保密级别,采用更加有针对性的措施,更有效地保护国家秘密、企业商业秘密以及个人数据安全和隐私,促进各行业的有序发展。

核心密码和普通密码用于国家机密,涉及国家层面的信息安全,因此,《密码法》深入贯彻国家安全观,对核心密码和普通密码生产、使用、检测等程序的规定主要集中在安全保障和安全问题的处置上,将现行有效的特殊管理政策和安全保障措施法治化,如对核心密码和普通密码以及最高机密进行加密(第 14 条)、密码管理部门的安全管理义务(第 15 条)以及核心密码和普通密码重大安全问题的报告和处置义务(第 17 条)。

商用密码应用范围较广,包括企业数据、商业秘密、个人身份信息等都需要商用密码的保护,在大数据时代,商业密码在金融科技、人工智能、生物信息等新领域意义重大。因此,《密码法》明确鼓励商用密码技术和产品的开发与应用,在促进商用密码带动数字经济发展和保护个人信息安全的同时注重与国家安全之间的协调平衡(第 21 条)。

《密码法》表明国家将建立和完善商用密码标准体系,推动参与商用密码国际标准化活动,并要求商用密码从业单位从事相关活动时应符合商用密码强制性国家标准、行业标准,并鼓励制定并使用高于国家标准和行业标准的团体标准、企业标准(第22条)。统一商用密码标准体系的建立能有效提升商用密码的防护能力,促进企业信息防护和用户信息安全,保障各方合法权益。

在对商用密码的管理制度方面,《密码法》进行了政府职能转变和"放管服"的改革,简化商用密码行业市场准入的程序审批,建立日常监管和随机抽查相结合的事中事后监管制度,明确商用密码的使用要求,并通过衔接社会信用体系,加强商用密码从业单位自律和社会监督(第31条),从而进一步释放商用密码在信息保障和安全认证方面的活力。

《密码法》依据商用密码重要性的不同,对其进出口进行了区别管理:一是明确了大众消费类产品所采用的商用密码不实行进口许可和出口管制制度,二是对涉及国家安全、社会公共利益且具有加密保护功能的商用密码实施进口许可,对涉及国家安全、社会公共利益或者中国承担国际义务的商用密码实施出口管制(第28条)。这种区别管理,一方面,减少大众类消费产品的进出口管制,提高了商用密码产品、技术和服务的进入市场的效率和利用效率,从而促进商用密码保障信息安全的有效性;另一方面,又能有效保障国家安全和社会公共利益。

在法律责任方面,《密码法》对各种密码违法行为设置了相应的责任,包括对窃取加密信息等侵害个人权益的密码违法行为承担的民事责任,对密码从业单位和密码认证检测机构的行政处罚,对密码管理部门和有关部门、单位的工作人员的处分,以及对各种密码犯罪行为追究刑事责任,并保证与其他法律中的责任进行衔接。这种综合性的责任体系为《密码法》的实施形成了有效的保障,有效保证国家秘密信息、商业秘密以及个人信息的安全性,进一步提升密码管理科学化和法治化,为数据法治化发展提供有效的保障。

与数据、信息相关的法律汇总见表2-1;

与数据、信息相关的法律发布趋势见图2-1。

表 2-1 与数据、信息相关的法律汇总

序号	法律	发布(最新修订)日期	相关条款
1	《反不正当竞争法》	2019 年 4 月 23 日	第 9 条、第 17 条、第 21 条、第 32 条
2	《疫苗管理法》	2019 年 6 月 29 日	第 10 条
3	《密码法》	2019 年 10 月 26 日	第 1～2 条、第 6～8 条、第 12～15 条、第 21～26 条、第 32 条
4	《电子商务法》	2018 年 8 月 31 日	第 5 条、第 23～25 条、第 30～32 条、第 69 条、第 72 条、第 79 条、第 87 条
5	《宪法》	2018 年 3 月 11 日	第 33 条、第 37 条、第 38 条、第 40 条
6	《刑法》	2017 年 11 月 4 日	第 253 条
7	《律师法》	2017 年 9 月 1 日	第 38 条、第 48 条
8	《个人信息保护法(草案)》	2017 年 3 月	全文
9	《民法总则》	2017 年 3 月 15 日	第 110 条、第 111 条、第 127 条
10	《网络安全法》	2016 年 11 月 7 日	第 17 条、第 21 条、第 25 条、第 27 条、第 37 条、第 38 条、第 40～47 条
11	《国家安全法》	2015 年 7 月 1 日	第 51 条、第 52 条、第 53 条、第 54 条
12	《电子签名法》	2015 年 4 月 23 日	第 15 条、第 27 条、第 34 条
13	《消费者权益保护法》	2013 年 10 月 25 日	第 29 条、第 50 条
14	全国人民代表大会常务委员会《关于加强网络信息保护的决定》	2012 年 12 月 28 日	第 2～5 条、第 7 条、第 10 条

续表

序号	法律	发布(最新修订)日期	相关条款
15	《居民身份证法》	2011 年 10 月 29 日	第 6 条、第 13 条、第 19 条、第 20 条
16	《保守国家秘密法》	2010 年 4 月 29 日	第 23 条、第 24 条、第 25 条、第 26 条
17	《侵权责任法》	2009 年 12 月 26 日	第 2 条、第 36 条
18	《统计法》	2009 年 6 月 27 日	第 9 条、第 25 条、第 37 条、第 39 条
19	《护照法》	2006 年 4 月 29 日	第 12 条、第 20 条
20	《传染病防治法》	2013 年 6 月 29 日	第 12 条、第 68 条、第 69 条
21	《执业医师法》	2009 年 8 月 27 日	第 22 条、第 37 条
22	《商业银行法》	2015 年 8 月 29 日	第 6 条、第 29 条

本部分数据及信息统计时间截至 2020 年 2 月 14 日,数据主要来源为“法律法规数据库”及“北大法宝”等数据库,检索方式为关键词检索,检索内容为名称中包含“信息”“数据”等关键词的文件。我们已尽力实现相关信息的真实性、完整性和全面性,但并不对其准确性做出任何明示或隐含的保证。

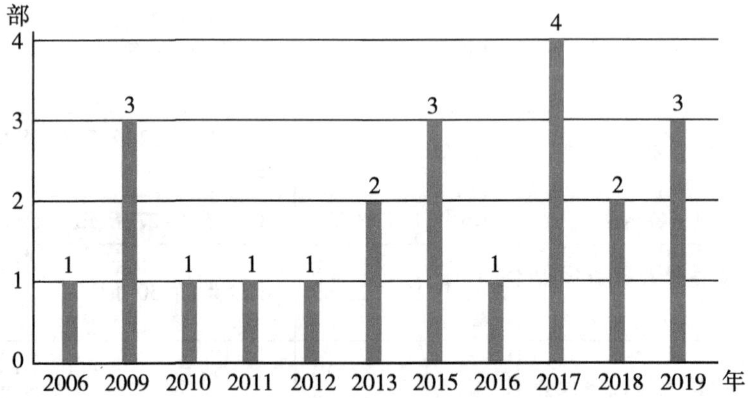

图 2-1　与数据、信息相关的法律发布趋势

(二)行政法规与部门规章

当前,国内外因数据引发的问题不断涌现,对社会公共利益和个人利益造成威胁,同时国际上数据立法逐步推进,欧盟《一般数据保护条例》(General Data Protection Regulation, GDPR)的统一式立法引导各国相继制定了统一的数据保护规范。因此,我国也亟须完善数据治理相关法律体系以回应实务的需要。但是,基于法律内容的稳定性和程序制定的严格性,以及国内数据问题的复杂性,短时间内针对国内数据问题更为妥当的方式是以行政法规和政府规章的形式解决,后续再通过总结实务中的经验,逐步稳妥提高立法层级,最终形成完善的数据治理规范体系。因此,2019 年关于数据安全和信息安全的行政法规和部门规章与往年相比数量多,范围广,主要分为以下几种类型:第一,关于数据和信息安全的总体性规定,如《互联网个人信息安全保护指南》《数据安全管理办法(征求意见稿)》《个人信息出境安全评估办法(征求意见稿)》等;第二,针对特殊主体或特殊领域的数据或信息管理规定,如《儿童个人信息网络保护规定》《支付结算合规监管数据接口规范 V1.0(试行)(征求意见稿)》《区块链信息服务管理规定》《中国人民银行金融消费者权益保护实施办法》等;第三,关于信用体系建设的相关规定,如《互联网信息服务严重失信主体信用信息管理办法(征求意见稿)》《关于加强 P2P 网贷领域征信体系建设的通知》。但是,部分规章重复规定,针对相同问题不能完全一致,如各个规章对数据生命周期的规定不尽相同。因此,现阶段以规章的形式解决数据问题时,还要注重各类规章之间的衔接和联系,从而形成有序统一的体系。

1.《儿童个人信息网络保护规定》

《儿童个人信息网络保护规定》(以下简称《规定》)于 2019 年 8 月 22 日经国家互联网信息办公室室务会议审议通过,并自 2019 年 10 月 1 日起施行。这是我国第一部专门针对儿童信息保护的部门规章,为儿童个人信息保护提供充分的法律依据,进一步保障儿童的信息权益。

(1)立法背景

随着信息技术的发展和互联网的普遍化,儿童对互联网的应用越来越广泛。根据联合国儿童基金会 2017 年的报告,全球每日新增儿童网民达 17.5 万名。在我国,过半数儿童在 5 岁前就开始接触网络,并且以逐渐低龄化的方向发展。儿童个人信息的安全问题也随之暴露出来,与儿童个人信息相关的产业,如网络在线教学、网络游戏和儿童专用电话手表等都涉及儿童姓名、年龄、家庭住址、健康状况、实时位置等个人信息的收集利用。在没有特殊保护的情况下,这些信息有随时泄漏的风险或者已经泄露,损害儿童权益。

我国关于儿童个人信息保护的立法主要包括《民法总则》、《网络安全法》、全国人大常委会《关于加强网络信息保护的决定》、《未成年人保护法》,这些规定过于原则和笼统,不具有针对性,不能解决儿童个人信息特殊保护的问题。同时,国际上对儿童个人信息的保护也呈现专门保护的趋势,如美国 1998 年制定的《儿童在线隐私保护法》(Children's Online Privacy Protection Act)详细规定了网络运营者的义务和监护人的权利,欧盟 2018 年实施的《一般数据保护条例》第 8 条中也提出了对儿童的保护。因此,《规定》是在国内现实需要和国际立法趋势的双重推动下制定的专门针对儿童个人信息安全的规章。

(2)儿童和儿童个人信息的特殊性

《规定》将儿童的年龄设置为 14 岁以下,一方面,要考虑到儿童的心智发育尚未成熟,不能有效识别所有风险,需要监护人的协助。在未成年人中,14 岁以下的儿童身心发育尚未健全,风险识别和自我保护的能力相对较弱,因此需要立法的特别保护。另一方面,也要尊重未成年人的自主决策,14 岁之上的未成年人因知识和经验的积累,具备一定的自主决定的能力,也符合个性自我发展的要求。因此,《规定》对于年龄的设置不能过低也不能过高,14 岁参考了刑法中对刑事责任年龄的规定,也能与其他法律法规有效衔接,符合我国的立法现状,也符合我国产业发展实践,促进互联网的长远发展。

(3)儿童个人信息保护的特殊性

《规定》基于儿童和儿童个人信息的特殊性和重要性,对儿童个人信息的保护主体和保护职责上均有所调整。通过明确多元保护主体,协同共治,形成一张严密的儿童个人信息保护网,切实保障儿童个人信息权。

《规定》关于儿童个人信息的保护主体主要为分为四类:

首先,全社会的保护职责,即“任何组织和个人不得制作、发布、传播侵害儿童个人信息安全的信息”(第 4 条)。儿童作为社会发展的基础和希望,其生理和心理的健康发展尤为关键。但是随着网络技术的不断发展,现阶段出现的大量有害信息正对儿童的身心健康造成极大的影响,如引诱儿童自杀的“蓝鲸游戏”以威胁公开儿童主动提交的真实姓名、联系方式以及家庭住址等信息要求儿童完成自残任务。儿童面对这些不良信息时,不能有效甄别,也不能充分认识到提交个人信息的后果,最终酿成悲剧。因此,全社会都有责任保护儿童的信息安全，为其提供安全、干净和温暖的网络环境。

其次，儿童监护人的监护职责（第 5 条），监护人应当提高儿童的自我信息保护意识，保护儿童个人信息安全。与一般性个人信息保护规定只涉及网络运营者和信息主体不同，儿童信息保护除了上述主体之外，还有作为衔接这两类主体的核心——监护人。在网络环境中，儿童针对个人信息的决定能力和风险判断能力存在不足，其权益受损的可能更高，因此需要监护人的指导或代为决定。《规定》中收集使用信息的知情—同意、删除权和更正权的行使以及与网络运营者的约定都是通过监护人来完成，以确保监护人在数据生命周期事前、事中、事后的知情和决定权能。

再次，网络运营者的信息保护职责。一方面，《规定》鼓励涉及儿童信息的行业组织制定相关的行业规范和行为准则（第 6 条），加强行业自律；另一方面，《规定》针对儿童和儿童信息的特殊性对网络运营者进行了更为周密和严格的规范，也是该规定的重点和亮点。

最后，政府的监管职责。《规定》明确了监管部门的监督职责（第 22 条），并设计了举报制度和约谈制度（第 24 条、第 25 条）保证及时发现和纠正违法行为，进一步加强网络运营者和监管部门的沟通，落实网络运营者的法律责任。

《规定》对网络运营者的义务进一步细化，主要包括以下几个方面：

首先，《规定》延长了数据的生命周期，将其规定为"收集、储存、使用、转移、披露"五种数据行为，相比于其他规定增加了"转移"和"披露"两种数据行为，并对各种行为都提出了更为严格审慎的规范原则，突出了儿童个人信息向第三方或公众公开时保护的必要性，从而更周密地保护儿童的权益，防止因不正当的转移和泄露导致的利益损失。

其次，《规定》要求网络运营者设置专门的儿童个人信息保护规则和用户协议，并指定专人负责儿童个人信息保护（第 8 条）。网络运营者对内设计通过专门的儿童个人信息保护规则和技术要求以及设有专人负责相关事宜，对外制定专门的用户协议，提高网络运营者对儿童个人信息保护的整体意识和力度。

最后，《规定》对网络运营者的各项数据行为更为细化和严谨的规定。主要包括：细化"知情—同意"中网络运营者的告知事项，并提供拒绝选项，保障信息透明度和儿童及监护人的自由选择权（第 9 条、第 10 条）；增加删除权、网络运营者向第三人转移信息或委托处理时的安全评估（第 16 条），确定委托范围和相应权利义务;进一步扩充更正权和删除权的内涵(第19条、第20条),增加了权利行使的情形,体现了对儿童的特殊保护;采取加密措施,并对工作人员设定信息访问权限,保证儿童个人信息的安全性(第15条),通过内部管理制度约束相关人员;儿童个人信息泄露、毁损、丢失应急预案的启动义务以及主管部门的监护人的告知义务,以防止二次损害。

《规定》全面体现了强化保护、特殊保护的制度共识和国际理念,通过细化规范、协同治理的方式,提高了全社会对儿童个人信息保护的意识,增强了网络运营者的保护力度,有效保证儿童的个人信息权益。

2.《个人信息出境安全评估办法(征求意见稿)》

为保障数据跨境流动中的个人信息安全,国家互联网信息办公室于2019年6月13日发布《个人信息出境安全评估办法(征求意见稿)》(以下简称《征求意见稿》),向社会公开征求意见,意见反馈截止时间为2019年7月13日。

相较于2017年4月11日发布的《个人信息和重要数据出境安全评估办法(征求意见稿)》,《征求意见稿》最大的变化在于将适用范围限制在个人信息出境,将个人信息和重要数据的跨境传输分开,其原因在于二者的利益指向不同,采取的监管方式也应有所差异。个人信息跨境传输主要关乎个人信息主体的利益,而重要数据的保护则以国家安全和公共利益为主要考量,因此,个人信息和重要数据分开监管是一个更为合理有效的方式。

(1)安全评估机制

《征求意见稿》明确了安全评估制度,要求所有个人信息出境前,所有的网络运营者均需向网信部门申报个人信息出境安全评估,并将组织开展个人信息出境安全评估工作的职责统一归于省级网信部门。

《征求意见稿》要求省级网信部门在收到个人信息出境安全评估申报材料并核查其完备性后组织专家或技术力量进行安全评估。安全评估应当在15个工作日内完成,情况复杂的可以适当延长(第5条)。其缩短了之前规定的安全评估时间,有利于提高评估效率,也符合现阶段数据产业的发展现状。

《征求意见稿》要求全部网络运营者在进行个人信息出境活动之前必须承担安全评估义务(第3条),同时,收集境内用户个人信息并出境的境外机构也被纳入评估范围,境外机构应在境内通过法定代表人或机构履行网络运营者的责任和义务(第12条)。因此,《征求意见稿》不仅适用于网络运营者和境外接收者分属不同主体的场合,而且适用于两者同属一个主体的场合。

《征求意见稿》明确列举了需要进行重点评估的内容:是否符合国家有关

法律法规和政策规定;合同条款是否能够充分保障个人信息主体合法权益;合同能否得到有效执行;网络运营者或接收者是否有损害个人信息主体合法权益的历史、是否发生过重大网络安全事件;网络运营者获得个人信息是否合法、正当;其他应当评估的内容(第6条)。从评估内容上看,《征求意见稿》对数据传输双方的安全保护能力都提出了要求,且更侧重于对个人信息出境合同的内容和可执行性的审核,关注个人信息来源的合法正当性。

同时,《征求意见稿》还明确了网络运营者的救济渠道:网络运营者对省级网信部门的个人信息出境安全评估结论存在异议的,可以向国家网信部门提出申诉(第7条),以保证网络运营者的权益。

(2)合同机制

《征求意见稿》明确网络运营者与个人信息接收者应当通过签合同来确定网络运营者和个人信息接收者的权利和义务(第13条)。这一制度类似于欧盟《一般数据保护条例》中"标准合同条款"的模式,通过合同设定数据控制者和处理者面向数据主体的民事义务,通过民事权利义务的设置约束双方。如果数据控制者和处理者违反合同条款的义务和责任,则会面临民事赔偿责任和行政处罚责任。但是,《征求意见稿》中关于合同的规定与欧盟的"标准合同条款"模式仍然存在一定的差异。"标准合同条款"模式,主要依赖于民事权利和义务的设定来督促数据控制达到的数据保护水准,而行政监管行为的介入以事后或事件驱动为主要方式。而在中国的监管方案中,行政监管的有形之手会管贯穿整个数据周期。

同时,《征求意见稿》中对传输合同的要求也在一定程度上加强了对数据主体权利的保护。《征求意见稿》规定,个人信息主体是合同中涉及个人信息主体权益的条款的受益人,个人信息主体合法权益受到损害时,可以自行或者委托代理人向网络运营者或者接收者或者双方索赔,网络运营者或者接收者应当予以赔偿,除非证明没有责任。数据传输合同规定的是网络运营者和数据接收者之间的权利义务,依据合同的相对性原则,合同所设定的权利义务关系仅约束合同双方,对第三方并不产生效力。但是数据主体作为第三方受益人,依据涉他合同的相关规定追究网络运营者和接收者的责任,以非合同相对方的身份对合同违约方提起诉讼,请求法院强令其履行合同义务,以此来维护自身的权益。

(3)持续报告和持续监管

《征求意见稿》规定了持续的评估和监管机制,网络运营者应当不断报告,接受有关部门持续监督,而非仅一次性的评估。网络运营者通过网信办安全评估后,在两年内无须就同一接收者后续的多次或连续的传输类似数据申请重新评估。但是如果出境目的、相关数据类型和境外保存时间等发生变化时,则网络运营者需要申请重新评估(第3条)。同时,网络运营者必须保存信息出境记录至少5年,每年向省级网信部门报告有关个人信息出境、传输合同履行情况的详情,并在发生严重的数据泄露事件时立即通知省级网信部门。

总体上,《征求意见稿》变自主评估原则为申报评估原则,并从重点评估内容、合同条款设计以及后续义务设置等方面覆盖了个人信息出境活动全过程的相关要求,全面提高了网络运营者的安全评估义务。对于存在个人信息出境需求的网络运营者而言,需要保持对该稿立法动态的关注,及时采取相应对策提供自身安全保护能力,设计符合要求的个人信息出境合同,并筛选合适的个人信息接收者,为通过安全评估做好准备。在安全评估后进行个人信息出境活动时,也需要对接收者的安全保护能力和合同履行情况进行追踪,尽可能降低发生数据泄露、数据滥用等安全事件的风险。

与数据、信息相关的行政法规、部门规章汇总见表2-2,与数据、信息相关的行政法规、部门规章发布趋势如图2-2所示。

表2-2 与数据、信息相关的行政法规、部门规章汇总

序号	行政法规/部门规章	发布日期	发布部门
1	《中国人民银行金融消费者权益保护实施办法(征求意见稿)》	2019年12月27日	中国人民银行
2	《工业互联网企业网络安全分类分级指南(试行)》(征求意见稿)	2019年12月20日	工业和信息化部
3	《网络信息内容生态治理规定》	2019年12月15日	国家互联网信息办公室
4	《关于促进"互联网+社会服务"发展的意见》	2019年12月6日	国家发展和改革委员会、教育部、民政部、商务部、文化和旅游部、国家卫生健康委员会、国家体育总局

续表

序号	行政法规/部门规章	发布日期	发布部门
5	《App违法违规收集使用个人信息行为认定方法》	2019年11月28日	国家互联网信息办公室、工业和信息化部、公安部、市场监管总局
6	《信用评级业管理暂行办法》	2019年11月26日	中国人民银行、国家发展和改革委员会、财政部、中国证券监督管理委员会
7	《网络安全威胁信息发布管理办法(征求意见稿)》	2019年11月20日	国家互联网信息办公室
8	《网络音视频信息服务管理规定》	2019年11月18日	国家互联网信息办公室、文化和旅游部、国家广播电视总局
9	《携号转网服务管理规定》	2019年11月11日	工业和信息化部
10	《关于开展银行保险机构侵害消费者权益乱象整治工作的通知》	2019年9月24日	中国银行保险监督管理委员
11	《关于加强P2P网贷领域征信体系建设的通知》	2019年9月2日	互联网金融风险专项整治工作领导小组、网络借贷风险专项整治工作领导小组
12	《信息安全技术　移动互联网应用(App)收集个人信息基本规范(草案)》	2019年8月5日	国家市场监督管理总局、中国国家标准化管理委员会
13	《儿童个人信息网络保护规定》	2019年8月22日	国家互联网信息办公室
14	《互联网信息服务严重失信主体信用信息管理办法(征求意见稿)》	2019年7月22日	国家互联网信息办公室

续表

序号	行政法规/部门规章	发布日期	发布部门
15	《信息安全技术　个人信息安全规范(征求意见稿)》	2019年6月21日	国家市场监督管理总局、国家标准化管理委员会
16	《电信和互联网行业提升网络数据安全保护能力专项行动方案》	2019年6月28日	工业和信息化部
17	《支付结算合规监管数据接口规范V1.0(试行)》	2019年6月14日	中国人民银行
18	《个人信息出境安全评估办法(征求意见稿)》	2019年6月13日	国家互联网信息办公室
19	《国家邮政局、商务部关于规范快递与电子商务数据互联共享的指导意见》	2019年6月12日	国家邮政局、商务部
20	《数据安全管理办法(征求意见稿)》	2019年5月28日	国家互联网信息办公室
21	《网络安全审查办法(征求意见稿)》	2019年5月21日	国家互联网信息办公室
22	《互联网个人信息安全保护指南》	2019年4月10日	公安部网络安全保卫局、北京网络行业协会、公安部第三研究所
23	《区块链信息服务管理规定》	2019年1月10日	国家互联网信息办公室
24	《公安机关办理刑事案件电子数据取证规则》	2019年2月1日	公安部
25	《关于加强绿色数据中心建设的指导意见》	2019年1月21日	工业和信息化部、国家机关事务管理局、国家能源局

续表

序号	行政法规/部门规章	发布日期	发布部门
26	《网络安全等级保护条例(征求意见稿)》	2018年6月27日	公安部
27	《银行业金融机构数据治理指引》	2018年5月21日	中国银行保险监督管理委员会
28	《科学数据管理办法》	2018年3月17日	国务院办公厅
29	《教育部机关及直属事业单位教育数据管理办法》	2018年1月22日	教育部办公厅
30	《国家林业局关于促进中国林业云发展的指导意见》	2017年10月25日	国家林业局
31	《个人信息和重要数据出境安全评估办法(征求意见稿)》	2017年4月11日	国家互联网信息办公室
32	《政务信息资源共享管理暂行办法》	2016年9月5日	国务院
33	《中华人民共和国电信条例》	2016年2月6日	国务院
34	《电信和互联网用户个人信息保护规定》	2013年7月16日	工业和信息化部
35	《征信业管理条例》	2013年1月21日	国务院
36	《中华人民共和国计算机信息系统安全保护条例》	2011年1月8日	国务院
37	《信息安全等级保护管理办法》	2007年6月22日	公安部、国家保密局、国家密码管理局、国务院信息工作办公室
38	《互联网电子邮件服务管理办法》	2006年2月20日	信息产业部
39	《个人信用信息基础数据库管理暂行办法》	2005年8月18日	中国人民银行

续表

序号	行政法规/部门规章	发布日期	发布部门
40	《互联网信息服务管理办法》	2000 年 9 月 25 日	国务院
41	《计算机病毒防治管理办法》	2000 年 4 月 26 日	公安部
42	《计算机信息系统国际联网保密管理规定》	1999 年 12 月 27 日	国家保密局
43	《商用密码管理条例》	1999 年 10 月 7 日	国务院
44	《金融机构计算机信息系统安全保护工作暂行规定》	1998 年 8 月 31 日	公安部、中国人民银行

注:本部分数据及信息统计时间截至 2020 年 2 月 14 日,数据主要来源为“法律法规数据库”及“北大法宝”等数据库,检索方式为关键词检索,检索内容为名称中包含“信息”“数据”等关键词的文件。我们已尽力实现相关信息的真实性、完整性和全面性,但并不对其准确性做出任何明示或隐含的保证。

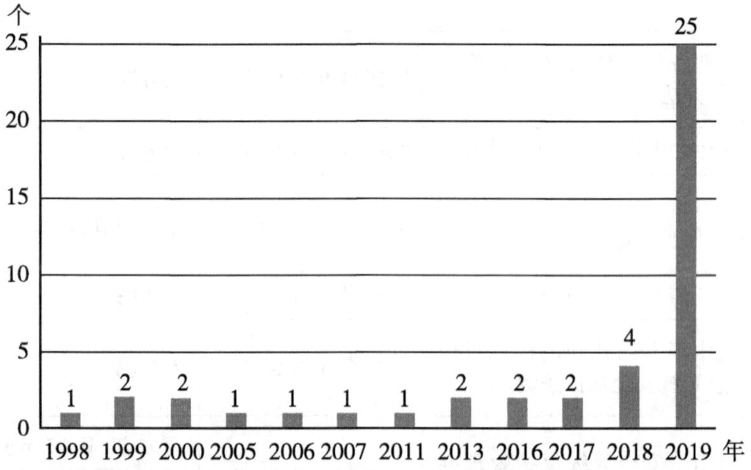

图 2-2　与数据、信息相关的行政法规、部门规章发布趋势

(三)地方性法规和地方政府规章

当前,全国省份出台与信息、数据相关的地方性法规(见表 2-3 和图 2-3)及地方政府规章(见表 2-4 和图 2-4),主要集中在地理信息测绘、政府信息公开、信用信息条例以及公共数据管理等领域。从 2019 年全国制定的地方性法规和地方政府规章的内容来看,除了对上述信息领域的管理规定之外,各地根据实践中的相关数据安全问题以及相关法律和部门规章的指导,针对大数据发展应用和数据保护进行了积极有益的制度探索,以此回应现阶段数字经济发展过程中出现的问题。但是,由于地区产业发展重点和法治水平的差异,各省在大数据和数据安全等领域的立法程度也有明显的不同,从而无法形成较为统一的数据安全管理规范,也进一步拉大了各省解决数据问题能力的差距。

1. 地方性法规

表2-3 数据相关的地方性法规汇总

序号	地区	地方性法规	发布部门	发布日期
1	江苏	《江苏省测绘地理信息条例》	江苏省人大常委会	2018年1月24日
		《泰州市公共信用信息条例》	泰州市人大常委会	2016年7月29日
		《无锡市公共信用信息条例》	无锡市人大常委会	2015年12月4日
		《江苏省信息化条例》	江苏省人大常委会	2011年9月23日
2	贵州	《贵州省大数据安全保障条例》	贵州省人大常委会	2019年8月1日
		《贵州省信息化条例》	贵州省人大常委会	2017年11月30日
		《贵阳市政府数据共享开放条例》	贵阳市人大常委会	2017年4月11日
		《贵州省大数据发展应用促进条例》	贵州省人大常委会	2016年1月15日
		《贵州信息基础设施条例》	贵州省人大常委会	2014年3月19日
3	浙江	《浙江省测绘地理信息条例》	浙江省人大常委会	2019年3月28日
		《浙江省公共信用信息管理条例》	浙江省人大常委会	2017年9月30日
		《浙江省信息化促进条例》	浙江省人大常委会	2010年7月30日
		《宁波市信息化条例》	宁波市人大常委会	2007年4月17日

续表

序号	地区	地方性法规	发布部门	发布日期
4	河北	《河北省社会信用信息条例》	河北省人大常委会	2017年9月28日
		《河北省信息化条例》	河北省人大常委会	2012年9月26日
		《河北省经济信息市场管理条例》	河北省人大常委会	1997年6月29日
5	广东	《广州市信息化促进条例》(2015年修正)	广州市人大常委会	2015年12月23日
		《广东省企业信用信息公开条例》	广东省人大常委会	2007年7月27日
		《深圳经济特区信息化建设条例》(2004年修正)	深圳市人大常委会	2004年6月25日
6	山西	《山西省信息化促进条例》	山西省人大常委会	2013年8月1日
		《山西省计算机信息系统安全保护条例》	山西省人大常委会	2008年9月25日
		《大同市政务信息公开条例》	大同市人大常委会	2004年6月5日
7	山东	《山东省信息化促进条例》(2018年修正)	山东省人大常委会	2018年9月21日
		《淄博市信息化条例》	淄博市人大常委会	2008年9月27日
8	湖北	《湖北省信息化条例》	湖北省人大常委会	2017年11月29日
		《湖北省社会信用信息管理条例》	湖北省人大常委会	2017年3月30日

续表

序号	地区	地方性法规	发布部门	发布日期
9	宁夏	《银川市智慧城市建设促进条例》	银川市人大常委会	2016年9月2日
		《宁夏回族自治区计算机信息系统安全保护条例》	宁夏回族自治区人大常委会	2009年7月31日
10	辽宁	《辽宁省信息技术标准化监督管理条例》(2015年修正)(已废止)	辽宁省人大常委会	2015年9月25日
		《辽宁省计算机信息系统安全管理条例(2013)》	辽宁省人大常委会	2013年9月27日
11	安徽	《安徽省信息化促进条例》	安徽省人大常委会	2016年10月8日
12	云南	《云南省信息化促进条例》(2015年修正)	云南省人大常委会	2015年9月25日
13	海南	《海南省信息化条例》	海南省人大常委会	2013年9月25日
		《海南省测绘地理信息条例》	海南省人大常委会	2019年7月29日
14	湖南	《湖南省信息化条例》	湖南省人大常委会	2012年5月31日
15	陕西	《陕西省公共信用信息条例》	陕西省人大常委会	2011年11月24日
16	吉林	《吉林省信息化促进条例》	吉林省人大常委会	2011年3月30日
17	新疆	《新疆维吾尔自治区信息化促进条例》	新疆维吾尔自治区人大常委会	2009年9月25日

续表

序号	地区	地方性法规	发布部门	发布日期
18	河南	《河南省信息化条例》	河南省人大常委会	2008 年 6 月 6 日
19	北京	《北京市信息化促进条例》	北京市人大常委会	2007 年 9 月 14 日
20	天津	《天津市信息化促进条例》	天津市人大常委会	2007 年 9 月 12 日
21	重庆	《重庆市计算机信息系统安全保护条例》	重庆市人大常委会	2006 年 9 月 29 日

注:本部分数据及信息统计时间截至 2020 年 2 月 14 日,数据主要来源为“法律法规数据库”及“北大法宝”等数据库,检索方式为关键词检索,检索内容为名称中包含“信息”“数据”等关键词的文件。我们已尽力实现相关信息的真实性、完整性和全面性,但并不对其准确性做出任何明示或隐含的保证。

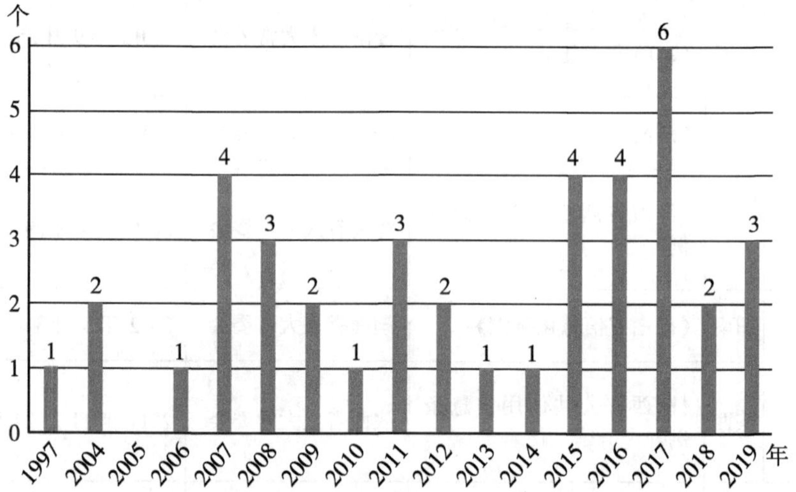

图 2-3　与数据、信息相关的地方性法规发布趋势

2. 地方政府规章

表 2-4 大数据相关的地方政府规章汇总

序号	地区	地方政府规章	发布部门	发布日期
1	安徽	《合肥市大数据企业认定管理办法》	合肥市政府	2018 年 7 月 23 日
		《合肥市政务数据资源共享开放管理暂行办法》	合肥市政府	2018 年 1 月 19 日
		《合肥市信息化项目管理办法》	合肥市政府	2018 年 1 月 16 日
		《安徽省计算机信息系统安全保护办法》	安徽省政府	2017 年 12 月 1 日
		《安徽省政务信息资源共享管理暂行办法》	安徽省政府	2017 年 2 月 21 日
		《安徽省公共安全视频图像信息系统管理办法》	安徽省政府	2016 年 11 月 2 日
		《马鞍山市政务信息资源共享管理办法》	马鞍山市政府	2014 年 4 月 22 日
		《安徽省政府信息公开办法》	安徽省政府	2014 年 11 月 20 日
		《宣城市政府信息公开暂行办法》	宣城市政府	2008 年 12 月 16 日
		《安徽省企业信用信息征集和使用管理暂行办法》	安徽省政府	2005 年 12 月 6 日
		《淮南市计算机信息系统安全管理办法》	淮南市政府	2001 年 12 月 25 日

续表

序号	地区	地方政府规章	发布部门	发布日期
2	福建	《福建省食品安全信息追溯管理办法》	福建省政府	2017 年 12 月 29 日
		《福州市公共信用信息管理暂行办法》	福州市政府	2017 年 11 月 17 日
		《福州市政务数据资源管理暂行办法》	福州市政府	2017 年 7 月 27 日
		《福州市健康医疗大数据资源管理暂行办法》	福州市政府	2017 年 4 月 21 日
		《厦门市流动人口信息采集暂行办法》	厦门市政府	2017 年 1 月 17 日
		《福建省政务数据管理办法》	福建省政府	2016 年 10 月 15 日
		《福州市政务信息资源交换共享管理暂行办法》	福州市政府办公厅	2015 年 9 月 27 日
		《福建省公共信用信息管理暂行办法》	福建省政府	2015 年 6 月 24 日
3	广东	《汕头经济特区公共信用信息管理办法》	汕头市政府	2018 年 1 月 18 日
		《佛山市测绘地理信息管理办法》	佛山市政府	2019 年 2 月 18 日
		《广州市政务信息共享管理规定》	广州市政府	2019 年 4 月 10 日
		《广州市公共信用信息管理规定》	广州市政府	2019 年 5 月 23 日
		《江门市政务数据资源共享和开放管理暂行办法》	江门市政务服务数据管理局	2019 年 5 月 5 日

续表

序号	地区	地方政府规章	发布部门	发布日期
		《广东省政务数据资源共享管理办法(试行)》	广东省政府	2018 年 11 月 29 日
		《广东省公共安全视频图像信息系统管理办法》(2018 年修正)	广东省政府	2018 年 1 月 23 日
		《阳江市公共信用信息管理暂行办法》	阳江市政府	2018 年 10 月 17 日
		《惠州市测绘地理信息管理办法》	惠州市政府	2014 年 5 月 5 日
		《深圳市公共信用信息管理办法》	深圳市政府	2017 年 8 月 10 日
		《广东省电子政务信息安全管理暂行办法》	广东省政府	2003 年 6 月 24 日
		《东莞市政务信息资源共享平台使用管理规定》	东莞市政府	2013 年 7 月 26 日
		《惠州市社会信用信息征集和管理试行办法》	惠州市政府	2013 年 6 月 20 日
		《广东省计算机信息系统安全保护管理规定》(已废止)	广东省政府	2003 年 4 月 8 日
		《珠海市信息化建设规定》(已废止)	珠海市政府	2003 年 4 月 8 日
		《深圳市个人信用征信及信用评级管理办法》	深圳市政府	2001 年 12 月 18 日

续表

序号	地区	地方政府规章	发布部门	发布日期
4	上海	《上海市公共数据开放暂行办法》	上海市政府	2019年8月29日
		《上海市公共数据和一网通办管理办法》	上海市政府	2018年9月30日
		《上海市公共信用信息归集和使用管理办法》	上海市政府	2018年1月4日
		《上海市政务数据资源共享管理办法》	上海市政府	2016年2月29日
		《上海市食品安全信息追溯管理办法》	上海市政府	2015年7月27日
		《上海市个人信用征信管理试行办法》(已废止)	上海市政府	2003年12月28日
5	江苏	《镇江市政务信息资源共享管理暂行办法》	镇江市政府	2019年9月28日
		《南通市政务信息资源共享管理办法》	南通市政府	2018年5月7日
		《常州市政务信息资源共享管理暂行办法》	常州市政府	2018年6月5日
		《江苏省政务信息资源共享管理暂行办法》	江苏省政府	2017年10月26日
		《泰州市地理信息资源共享管理办法》	泰州市政府	2017年1月16日
		《江苏省测绘地理信息基础设施管理规定》	江苏省政府	2015年12月28日
		《徐州市信息资源整合与共享管理办法》	徐州市政府	2015年6月5日
		《无锡市个人信用信息征集管理办法》(已废止)	无锡市政府	2012年12月3日
		《江苏省个人信用征信管理暂行办法》	江苏省政府	2007年9月13日
		《苏州市企业信用信息管理办法》	苏州市政府	2004年7月21日

续表

序号	地区	地方政府规章	发布部门	发布日期
6	贵州	《贵阳市政府数据共享开放考核暂行办法》	贵阳市政府	2018年6月27日
		《贵阳市政府数据共享开放实施办法》	贵阳市政府	2018年1月12日
		《贵阳市政府数据资源管理办法》	贵阳市政府	2017年11月23日
		《贵州省政务数据资源管理暂行办法》	贵州省政府	2016年11月1日
		《贵州省公共安全视频信息系统管理办法》	贵州省政府	2010年10月27日
		《贵阳市经济信息市场管理办法》	贵阳市政府	1996年8月22日
7	浙江	《丽水市公共数据资源管理暂行办法(征求意见稿)》	丽水市政府	2019年8月15日
		《浙江省公共数据和电子政务管理办法》	浙江省政府	2017年3月16日
		《杭州市公共信用信息管理办法》	杭州市政府	2016年8月28日
		《浙江省政府信息公开暂行办法》(2019年修正)	浙江省政府	2019年11月10日
		《浙江省地理空间数据交换和共享管理办法》	浙江省政府	2010年5月4日
		《浙江省企业信用信息征集和发布管理办法》	浙江省政府	2005年8月1日

续表

序号	地区	地方政府规章	发布部门	发布日期
8	四川	《四川省地理信息交换共享管理办法》	四川省政府	2017年1月18日
		《四川省测绘地理信息市场管理办法》	四川省政府	2015年9月23日
		《成都市信息化建设管理暂行规定》	成都市政府	2003年7月7日
		《成都市计算机信息系统安全保护办法》	成都市政府	1996年12月25日
9	湖北	《黄石市行政管理中使用信用信息暂行办法》	黄石市政府	2017年10月30日
		《武汉市公共信用信息管理办法》	武汉市政府	2016年7月20日
		《武汉市政务数据资源共享管理暂行办法》	武汉市政府办公厅	2015年11月20日
		《湖北省个人信用信息采集与应用管理办法(试行)》(已废止)	湖北省政府	2008年6月4日
		《湖北省行政机关归集和披露企业信用信息试行办法》	湖北省政府	2005年9月27日
10	重庆	《重庆市政务数据资源管理暂行办法》	重庆市政府	2019年7月31日
		《重庆市政务信息资源共享开放管理办法》(已废止)	重庆市政府	2018年5月5日
		《重庆市企业信用信息管理办法》	重庆市政府	2016年12月12日
		《重庆市公共安全视频图像信息系统管理办法》	重庆市政府	2016年6月17日

续表

序号	地区	地方政府规章	发布部门	发布日期
11	北京	《北京市交通出行数据开放管理办法(试行)》	北京市政府	2019年11月1日
		《北京市公共信用信息管理办法》	北京市政府	2018年3月8日
		《北京市政务信息资源管理办法(试行)》	北京市政府	2017年12月27日
		《北京市公共服务网络与信息系统安全管理规定》	北京市政府	2005年11月11日
		《北京市党政机关计算机网络与信息安全管理办法》	北京市政府	2001年11月15日
12	江西	《江西省地理信息数据管理办法》	江西省政府	2017年12月26日
		《江西省国防信息动员办法》	江西省政府	2017年12月4日
		《南昌市公共安全视频图像信息系统管理办法》	南昌市政府	2016年8月19日
13	湖南	《湖南省地理空间数据管理办法》	湖南省政府	2017年3月3日
		《湖南省信用信息管理办法》(已废止)	湖南省政府	2005年11月24日
		《长沙市信用征信管理办法》	长沙市政府	2012年8月7日
14	海南	《海南省大数据管理局管理暂行办法》	海南省政府	2019年5月21日
		《海南省征信和信用评估管理暂行规定》	海南省政府	2005年12月7日
		《海南省政务信息化工程建设管理办法》	海南省政府	2005年6月15日
		《海南省政务信息化管理办法》	海南省政府	2002年5月8日

续表

序号	地区	地方政府规章	发布部门	发布日期
15	山东	《山东省公共信用信息管理办法》	山东省政府	2018 年 3 月 9 日
		《青岛市测绘地理信息管理办法》	青岛市政府	2018 年 2 月 7 日
		《济南市公共数据管理办法(征求意见稿)》	济南市政府	2019 年 11 月 29 日
		《淄博市政务信息资源共享管理暂行办法》	淄博市政府	2017 年 10 月 15 日
16	青海	《青海省测绘地理信息市场管理办法》	青海省政府	2018 年 3 月 1 日
		《青海省地理空间数据交换和共享管理办法》	青海省政府	2015 年 10 月 14 日
		《西宁市测绘地理信息管理办法》	西宁市政府	2012 年 10 月 16 日
17	云南	《昆明市政务信息资源共享管理办法》	云南省政府	2019 年 7 月 24 日
		《云南省公共安全视频图像信息系统管理规定》	云南省政府	2016 年 8 月 25 日
		《保山市政务信息资源管理暂行办法》	保山市政府	2016 年 3 月 17 日
		《云南省网络与信息系统安全监察管理规定》	云南省政府	2004 年 11 月 7 日
18	辽宁	《辽宁省公共信用信息管理办法》	辽宁省政府	2015 年 12 月 12 日
		《大连市信息化工程管理办法》(2019 年修正)	大连市政府	2019 年 2 月 19 日

续表

序号	地区	地方政府规章	发布部门	发布日期
19	天津	《天津市数据安全管理办法(暂行)》	天津市政府	2019年8月1日
		《天津市市场主体信用信息管理办法》	天津市政府	2015年11月20日
		《天津市企业信用征信数据库管理暂行办法》	天津市政府	2013年7月16日
20	河北	《河北省政务信息资源共享管理规定》	河北省政府	2015年11月12日
		《河北省信息系统审计规定》	河北省政府	2015年9月18日
21	甘肃	《甘肃省消防安全信用信息管理规定》	甘肃省政府	2018年1月9日
		《酒泉市信息化及新型智慧城市项目建设管理办法(试行)》	酒泉市政府	2018年9月4日
22	西藏	《西藏自治区电话用户真实身份信息登记管理办法》	西藏自治区政府	2017年12月5日
23	河南	《郑州市政府信息资源共享管理办法》	郑州市政府	2015年3月28日
24	广西	《南宁市个人信用信息征集使用管理办法》	南宁市政府	2014年4月24日
		《广西壮族自治区市场主体信息管理办法》	广西壮族自治区政府	2018年12月14日
25	内蒙古	《乌海市政务云计算中心管理办法(试行)》	乌海市政府	2017年5月3日
		《内蒙古自治区信用信息管理办法》(已废止)	内蒙古自治区政府	2006年7月12日

续表

序号	地区	地方政府规章	发布部门	发布日期
26	山西	《山西省气象灾害预警信息发布与传播管理办法》	山西省政府	2018 年 12 月 28 日
27	陕西	《西安市公共安全视频图像信息系统管理办法》	西安市政府	2019 年 5 月 9 日
		《咸阳市政务信息资源共享管理办法》	咸阳市政府	2018 年 1 月 8 日
28	吉林	《吉林省促进大数据发展应用条例(征求意见稿)》	吉林省政府	2019 年 6 月 10 日
29	宁夏	《银川市城市数据共享开放管理办法》	银川市政府	2018 年 3 月 2 日
		《宁夏回族自治区政务数据资源共享管理办法》	宁夏回族自治区政府	2018 年 9 月 4 日
		《银川市公共信用信息管理暂行办法》	银川市政府	2016 年 12 月 13 日
30	黑龙江	《黑龙江省政务信息工作管理办法》	黑龙江省政府	2007 年 5 月 11 日

注:本部分数据及信息统计时间截至 2020 年 2 月 14 日,数据主要来源为"法律法规数据库"及"北大法宝"等数据库,检索方式为关键词检索,检索内容为名称中包含"信息""数据"等关键词的文件。我们已尽力实现相关信息的真实性、完整性和全面性,但并不对其准确性做出任何明示或隐含的保证。

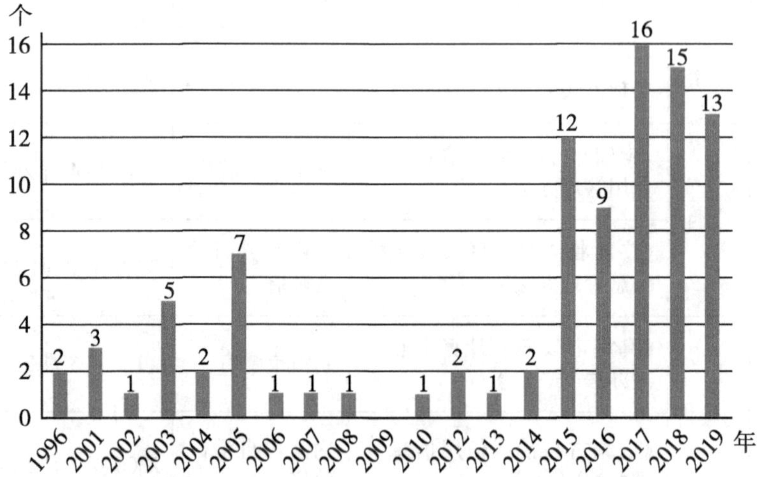

图 2-4 数据信息相关的地方政府规章发布趋势

(四)国际立法趋势

表2-5 数据信息相关的国际立法汇总

序号	国家/地区	名称
1	德国	《联邦数据保护法》
2	韩国	《个人信息保护法》
3	日本	《个人信息保护法》
4	新加坡	《个人数据保护法》
5	新加坡	《网络安全法》
6	新加坡	《身份信息保护指导规则》
7	新加坡	《可信数据共享框架》
8	加拿大	《个人信息保护法》
9	法国	《数字共和国法案》
10	法国	《数据共享指南》
11	欧盟	《一般数据保护法案》
12	欧盟	《非个人数据自由流动条例》
13	欧盟	《网络安全法案》
14	英国	《数据保护法案》
15	意大利	《个人数据保护法》
16	意大利	《国家网络安全边界法案》
17	爱尔兰	《数据保护法案》
18	爱尔兰	《个人数据泄露指南》
19	奥地利	《数据保护修正法案》
20	奥地利	《隐私声明适当程序》
21	印度	《个人数据保护法案》
22	巴西	《一般数据保护法》
23	美国	《国土安全局数据框架法案》
24	美国	《上市公司网络安全披露指南》

续表

序号	国家/地区	名称
25	美国	《澄清域外合法使用数据法》
26	美国	《加州消费者隐私法案》
27	美国	《开放政府数据法》
28	澳大利亚	《消费者数据权利法案》
29	泰国	《网络安全法》
30	泰国	《个人数据保护法》

1. 国际立法趋势

2018 年生效的《一般数据保护条例》采取统一立法的模式保护个人数据和信息安全,成功整合了欧盟成员国的数据隐私法规,促使欧洲形成了完善统一的数据法律体系,同时也带动亚洲、美洲各国相继立法完善数据体系,如印度正式发布《2018 年个人数据保护法案(草案)》,巴西批准了《通用数据保护法》(见表 2－5)。在各国数据立法逐渐开展的背景下,2019 年国际数据立法趋势主要表现为以下几个方面:

(1)各国数据保护一般性立法继续推进

2019 年 8 月,澳大利亚政府通过《消费者数据权利法案》(Consumer Data Right),其是在数字经济的大背景下,从实践层面探索数据共享与数据保护的新方法。该新法案增加了隐私和信息安全保护条款,为消费者提供一系列权利救济途径,包括内部、外部争议解决以及直接提起诉讼的权利,以此保护消费者数据安全;同时,法案构建了开放银行模式下的数据共享框架,积极探索了数据可携带权的应用,优化银行业对数据资源的利用和保护,也为其他行业数据资源的利用提供指引。另外,新加坡最新《身份信息保护指导规则》(NRIC Advisory Guidelines)(以下简称《指导规则》)在 2019 年 9 月 1 日生效,强化对身份信息的保护。《指导规则》细化规定了身份信息的各种类型,并明确了各类身份信息收集、使用和公开的各种标准以及不同的保护方式和手段。

(2)数据问题细化研究

在各个国家相继颁布统一的数据保护一般规范之后,立法关注点开始将数据保护的重点放在更为具体的问题上。首先是关于数据可携带权的问题,《一般数据保护条例》和《加利福尼亚消费者隐私法案》(California Consumer Privacy Act,CCPA)对数据携带问题作出了一般性的规定,因此,2019 年的相关立法和政策更多关注数据可携带权的具体适用问题，进一步探讨如何在保护用户隐私的同时实现进行用户主导的数据转移，以及如何在用户、数据转移者和数据接收者之间合理分配权利义务和责任。新加坡个人数据保护委员会、竞争与消费委员会于 2019 年 2 月 25 日发布了关于可携带性的讨论文件，主要分析了数据可携带权对市场竞争秩序的影响；欧盟委员会于 2019 年 7 月 15 日发布的《2018 年度竞争政策报告》也探讨了数字时代背景下数据可携带权对欧盟竞争法的重构。其次，聚焦跨境调取数据问题。2019 年 4 月美国司法部发布了关于“云法案”的白皮书——《推动全球公共安全、隐私与法治——云法案的目的和影响》，在白皮书中，“云法案”为执法跨境调取数据的新范式，认为其符合当代商业模式和技术发展的现实，同时在保障公民权利和执法需要之间取得了良好的平衡。对于“云法案”，各国持不同的态度，如德国最高数据保护官员曾就美国“云法案”提出警告，欧盟数据保护委员会也曾评估认为“云法案”与 GDPR 存在冲突，而在 2019 年 10 月 3 日，英国政府首次正式就执法部门电子数据的跨境获取与美国达成协议，美国“云法案”取得历史性海外推进。虽然“云法案”白皮书的目的在于让世界接受美国“云法案”，具有一定的导向性，但也反映了国际目前对数据问题研究讨论的重点。

(3)数据立法实施细则不断推出

为了保证各国出台的一般数据立法能够有效解决数据问题，指引互联网企业有效贯彻数据保护立法，针对一般性数据保护法规的实施细则也相继推出。2019 年 10 月 10 日，加利福尼亚州总检察长根据《加利福尼亚州消费者隐私法案》的要求正式发布了第一版《实施细则》，其旨在建立可行的程序保证消费者的新权利，并为企业如何遵守该法提供一定的指导。同时，欧盟数据保护委员会发布了与 GDPR 有关的适用指引，包括《有关 GDPR 地域范围(第 3 条)的指引》《有关认证以及根据 GDPR 第 42 条和第 43 条确定认证标准的指引》《有关 GDPR 下行为准则和监督机构的指引》，以此指导企业完成数据合规的义务。

2. 我国可借鉴之处

放眼国内，我国法律体系目前正对数据产业中的问题进行一一回应，但由于我国之前在行业层面和制度层面对数据保护不够重视，因而没有深厚的经验积累，再加之国内互联网行业中数据问题的复杂多样，同时，现行数据保护法律制度的内容之间存在重合和割裂，保护利益的失衡和监管权限不清晰等问题也在影响相关制度发挥作用。因此，可以借鉴国际上对数据立法的成功经验,进一步促进我国数据保护法律体系在国际化的同时实现本土化,从而有效保护个人数据安全,并带动相关企业的快速发展。

在数据跨境方面,目前我国已经针对个人信息的跨境传输作出了规范,公布了《个人信息出境安全评估办法(征求意见稿)》,弥补了我国在数据跨境制度中的空白。但是,数据跨境的语境更多是应用于商业环境中,是对数据贸易行为的规范。而对于涉及国家数据主权的数据跨境,即数据跨境调取,我国的相关制度还是空白。随着美国提出"云法案",跨境调取电子数据证据将进一步加剧数据主权之争。一方面,我们应认识到该问题形成的必然性,在数据化的背景下,越来越多的刑事调查取证涉及跨境数据调取问题,而传统的双边司法协助条约的低效率无法满足现实需求,传统司法协作机制正面临着前所未有的挑战。另一方面,从美欧跨境电子证据制度改革看,虽然其制度尝试还远未成熟,但已显露出其基本共性——充分考虑提升跨境电子证据数据调取效率的同时,通过程序和实体机制的设计,来兼顾调取国、数据存储国和信息服务提供商的基本利益平衡。因此,我国应重视跨境数据调取的重要性,并在跨境数据调取的制度设计上正视问题并以务实态度参与跨境数据调取制度的国际规则建设,从而有助于未来数据主权问题的真正落地。

数字经济已经成为中国经济快速发展的新引擎,而数据共享又是发展数据经济的重要着力点。欧盟预测,其数据市场价值在2020年将超过1060亿欧元,增长前景可期,这有赖于建立更为完善的数据共享政策环境,以促进数字领域的无缝衔接,通过规模效应实现基于数据的新产品和新服务的大发展。在欧盟政策引领下,数据共享政策环境框架在未来仍然将会得到持续完善。我国目前并没有全国性的数据共享规范,只有部分省份作出了相关的规定,从而阻碍了数据在全国范围内的流动,因此,我国在后续立法中应尽快弥补这一空白,可以借鉴欧盟关于数据共享的框架,在明确数据权属的前提下,明确数据共享各方的数据安全责任,并配合相关审计、技术手段来增强数据共享中的安全可信水平,在国内形成统一数据共享体系,提高数据的利用效率,促进数字经济的进一步发展。但是,我国关于数据共享的制度构建不能一味地照搬国际经验,还要认识到我国公民个人数据保护意识和行业发展的现状,在共享与安全之间合理平衡,形成适合我国国情的数据共享机制。

三、大数据监管现状[①]

(一)监管部门及职能

1. 中央监管部门及职能综述

2019年,中央在大数据方面新出台的政策大多来自各个部门,一方面,继续落实《促进大数据发展行动纲要》(国发〔2015〕50号)所提出的目标:把大数据作为推动经济转型发展的新动力,促进生产组织方式的集约和创新。进一步推进将大数据技术应用于工业、快递与电子商务、交通运输等各个具体的领域,例如,工业和信息化部编制了《工业大数据发展指导意见(征求意见稿)》,国家邮政局、商务部出台了《关于规范快递与电子商务数据互联共享的指导意见》,交通运输部印发了《推进综合交通运输大数据发展行动纲要(2020—2025年)》。另一方面,更加重视数据安全管理及个人信息保护,严格落实《网络安全法》、全国人民代表大会常务委员会《关于加强网络信息保护的决定》和《互联网信息服务管理办法》等法律法规,坚持维护数据安全与促进数据开发利用并重。例如,中央网络安全和信息化委员会办公室、工业和信息化部、公安部、市场监管总局决定,自2019年1月至12月,在全国范围组织开展App违法违规收集使用个人

① 本部分相关表格、图示基于网络检索结果数据形成,虽然我们已尽力实现相关信息的真实性、完整性和全面性,但并不对它们的准确性做出任何明示或隐含的保证。

信息专项治理,工业和信息化部制定了《电信和互联网行业提升网络数据安全保护能力专项行动方案》。上述文件并未改变2017年所构建的监管机构体系,中央网信办仍作为统筹协调网络安全工作和监督管理工作的主要机构,其他各部委在各自职权范围内行使监管职能。即大数据法律、法规以及监管政策的出台主要以中央网信办为统筹牵头单位,其他部门在各自职权范围内行使行政监督管理职权。

工业和信息化部编制了《工业大数据发展指导意见(征求意见稿)》,核心问题就是推进工业大数据发展,系统构建工业大数据资源体系、融合体系、产业体系和治理体系。在监管方面的政策为:"完善工业大数据分类分级顶层规划,制定《工业数据分类分级指南》,实现数据的差异化管理。鼓励行业主管部门、行业组织、研究机构广泛参与,推动构建以企业为主体的工业数据分类分级管理体系,为工业数据的流动、共享和使用奠定基础。""设置工业大数据管理办公室,牵头对接协调各方资源,统筹规划工业大数据相关重大工作。各省工业行业管理部门应设立工业大数据推进工作领导小组,切实加强与上级部门的对接沟通,推动工业大数据管理贯标、融合应用和安全发展,系统推进任务落实。"《关于规范快递与电子商务数据互联共享的指导意见》是为贯彻落实国务院办公厅《关于推进电子商务与快递物流协同发展的意见》而制定的,目的是建立完善电子商务与快递数据互联共享规则,促进电子商务经营者、经营快递业务的企业数据管理和自身治理能力的全面升级,在监管方面强调:"商务主管部门和邮政管理部门利用大数据等技术,优化电子商务与快递业监管,客观评估数据互联共享状况,加强行业监测分析,提高政府科学决策和风险预判能力,提高政府科学决策和风险预判能力,加强对市场主体的事中事后监管。"交通运输部为推进交通运输治理体系和治理能力现代化,提升综合交通运输服务水平,加快建设交通强国,出台了《推进综合交通运输大数据发展行动纲要(2020—2025年)》,以数据资源赋能交通发展为切入点,按照统筹协调、应用驱动、安全可控、多方参与的原则,聚焦基础支撑、共享开放、创新应用、安全保障、管理改革等重点环节,实施综合交通运输大数据发展"五大行动",推动大数据与综合交通运输深度融合,有效构建综合交通大数据中心体系,为加快建设交通强国提供有力支撑。

四部门《关于开展App违法违规收集使用个人信息专项治理的公告》主要是针对App强制授权、过度索权、超范围收集个人信息的现象开展专项治理,以保障个人信息安全,维护广大网民合法权益,对于App违法违规使用个人信息的问题提出了具体监管措施:“有关主管部门加强对违法违规收集使用个人信息行为的监管和处罚”“公安机关开展打击整治网络侵犯公民个人信息违法犯罪专项工作”。《电信和互联网行业提升网络数据安全保护能力专项行动方案》主要针对工信部主管的电信和互联网行业的网络数据安全管理,积极应对新形势新情况新问题,全面提升行业网络数据安全保护能力,在“加快完善网络数据安全制度标准”“开展合规性评估和专项治理”“强化行业网络数据安全管理”“创新推动网络数据安全技术防护能力建设”“强化社会监督和宣传交流”五个方面制定了有关监管措施。上述政策既有各职能部门在具体领域内出台的大数据相关政策,运用大数据技术服务具体的社会领域,也有各部门共同制定发布的,强调各部门之间的协同监管与信息互通的政策。

2. 地方监管部门职能综述

截至 12 月 31 日,2019 年地方各级政府及新出台了大数据相关政策文件共计 19 项。2015 年国务院下发《国务院关于印发促进大数据发展行动纲要的通知》(国发〔2015〕50 号)之后,各级政府及其办公厅根据行政管辖区域内大数据发展需求及现状等具体情况发布了关于促进大数据产业发展规划、社会信用体系建设、公共数据资源开发等促进和规范大数据发展的政策等文件。这些文件的内容主要规划地方大数据发展方向,制定大数据发展的优惠政策,完成国务院关于政务信息资源共享建设的整体规划等事项。同时省市两级新成立了 31 个大数据管理机构,主要职责是拟定并组织实施大数据战略、规划和政策措施等(见表 3－1):

表 3－1 中国省、市级大数据管理机构汇总(2019 年 1 月 1 日至 2019 年 12 月 31 日成立)

机构名称	成立时间	隶属机构	职能
淮北市数据资源管理局(政务服务管理局)	2019 年 2 月 14 日	淮北市政府	整合了市政务服务中心的职责和市政府办公室、市经济和信息化委员会的数据资源管理相关职责

续表

机构名称	成立时间	隶属机构	职能
滁州市数据资源管理局	2019年1月30日	滁州市政府	将市政府政务服务中心(市政府政务公开办公室)的政务服务相关职责,市信息化建设和管理办公室的职责,以及市政府办公室、市发展和改革委员会、市经济和信息化委员会的数据资源管理相关职责整合
潍坊市大数据局	2019年1月27日	潍坊市政府	贯彻落实中央、省委部署,主动适应数字信息技术快速发展,加快推动大数据发展和应用,优化全市大数据资源配置、加快建设数字政府和服务型政府,助推新旧动能转换和高质量发展
聊城市大数据局	2019年1月28日	聊城市人民政府	运用大数据提升政府治理能力,建立用数据说话、决策、管理、创新的机制,推进政府数字化转型;运用大数据优化营商环境,最大限度利企便民;运用大数据保障改善民生,更好地解决民生“痛点”“堵点”“难点”问题。深入推进大数据与云计算、物联网、移动互联网、人工智能等新一代信息技术融合发展,培育新兴业态,推进大数据生态产业成为新旧动能转换的新亮点,为全市经济社会高质量发展提供坚强保障
南京市大数据管理局	2019年1月16日	南京市人民政府	(一)负责统筹全市大数据发展工作,负责智慧南京工程建设相关工作,拟订智慧南京和大数据发展战略、发展规划、年度计划、政策措施和评价体系并组织实施。 (二)负责起草全市大数据相关地方性法规、规章草案和规范性文件。负责制定政务数据资源采集、归集、使用、共享、开放以及质量和安全管理等标准规范并监督实施。 (三)负责统筹全市政务数据管理工作,指导全市政务数据基础支撑平台和应用服务平台的规划建设、集约利用和绩效评估,组织实施政务数据共享应用工作。

续表

机构名称	成立时间	隶属机构	职能
			(四)指导全市经济社会各领域的数据开发利用工作,推动数据资源在城市治理和公共服务领域的应用。指导全市政务数据开放工作,促进大数据产业和数字经济发展。 (五)负责全市政府投资电子政务项目的立项审批、资金管理和绩效评价。负责拟订智慧南京及电子政务专项资金年度计划并组织实施。 (六)负责全市政府网站的建设规划、组织保障、健康发展、安全管理、考核评价等工作,主办南京市人民政府网站。 (七)指导全市政务数据安全保障体系建设,负责全市政务数据和电子政务安全的组织推进及监督管理工作。 (八)负责全市大数据开发应用、智慧城市建设等领域的对外交流合作,以及人才队伍建设等工作。 (九)完成市委、市政府交办的其他任务
无锡市大数据管理局	2019年1月26日	无锡市人民政府	(一)拟订并组织实施全市大数据、信息化及智慧城市建设等相关发展战略、发展规划、年度计划、政策措施和评价体系;起草大数据相关的地方性法规和规章草案。 (二)组织实施国家和地方大数据、信息化及智慧城市建设行业技术规范和标准;组织拟订全市数据资源采集、使用、管理、开放等标准规范,并监督实施。 (三)组织实施城市大数据中心和数据共享开放平台的建设管理;组织协调全市政务数据和公共数据资源的目录制订、归集管理、整理利用、共享开放。 (四)推动大数据在政府治理、社会治理、产业发展、技术研发等领域的研究和开发应用工作;推进全市大数据、云计算等相关产业发展。 (五)指导全市大数据安全保障体系建设,组织实施全市公共数据的安全保障工作。 (六)统筹智慧城市建设发展工作,组织协调全市电子政务建设和管理。

续表

机构名称	成立时间	隶属机构	职能
			(七)负责全市大数据、信息化领域的人才培养和对外交流合作。 (八)完成市委、市政府交办的其他任务。 (九)与市工业和信息化局的有关职责分工。市工业和信息化局负责信息基础设施规划协调和管理,推进电信、广播电视和互联网的“多网”融合发展;负责软件产业发展;协调电子商务发展;承担跨部门、跨地区和重要时期的信息化应急管理、国防动员职责;市大数据管理局负责统筹推进大数据、云计算产业发展和行业管理工作,推进全市政务信息化和智慧城市建设工作
上饶市大数据发展管理局	2019年1月31日	上饶市人民政府	整合了市政府办公室的公共数据和电子政务及政府门户网站建设管理职责,市工信和信息化委员会的电子政务发展、政务和社会公共服务信息资源开发利用职能,以及市委市政府电子政务办公室的相关职能
西安市大数据管理局	2019年2月1日	西安市人民政府	整合了市政府办公厅的12345热线、网上群众工作和电子政务有关数据管理职责,以及原市工信委的数据资源管理和产业发展职责,原市投资委的新经济产业发展职责
濮阳市政务服务和大数据管理局	2019年2月	濮阳市人民政府	将市政府相关部门的推进“放管服”改革、行政审批与便民服务建设、电子政务规划建设指导、数据挖掘利用、智慧城市建设、公共资源交易管理等相关职责整合
遂宁市政务服务和大数据管理局	2019年2月21日	遂宁市人民政府	整合市政府政务服务中心,市政府办公室推进全市行政审批制改革职责、政务服务管理职责,有关部门大数据管理职责,通过对大数据潜力的挖掘和使用,利用信息技术手段打破数据壁垒,实现政务服务高效、优化,为下一步智慧城市的建设奠定基础。深化大数据挖掘和应用,努力构建集约高效、互联互通、便民惠民的政务服务平台。充分开发和运用好大数据,顺应数字经济时代推动大数据经济发展。着眼营商环境的优化和审批便民服务,持续做好服务企业服务群众的各项工作,促进行政审批提质增效

续表

机构名称	成立时间	隶属机构	职能
雅安市政务服务和大数据局	2019年1月23日	雅安市人民政府	将市政管办的职责、相关部门的深化行政审批制度改革、电子政务以及大数据信息资源整合与应用等职责整合
临沂市大数据局	2019年1月29日	临沂市人民政府	政府信息公开;统筹管理全市数据资源;指导规范数据资源交易;促进政务、民生、产业领域各类数据资源的深度开发利用与共享开放
郑州市大数据管理局	2019年1月26日	郑州市人民政府	(一)贯彻执行国家、省有关大数据工作的方针政策和法律法规;研究拟定并组织实施全市大数据战略、地方性法规规章草案、发展规划、年度计划、政策措施和评价体系;研究制订全市数据采集、存储、使用、开放、共享、交易等标准规范并组织实施。 (二)负责全市“数字政府”、新型智慧城市、“互联网+”行动、电子政务的规划、实施、考核;负责研究拟订新型智慧城市发展的规划政策和标准规范、考核体系并组织实施。 (三)拟订市级大数据、信息化项目建设计划及专项资金年度计划并组织实施;负责市政府投资的信息化项目的计划编制、论证、建设、监管、验收、考核工作;会同有关部门做好市级财政用于大数据发展和信息化建设资金的监管和使用工作。 (四)负责全市政务信息基础设施规划、协调、管理和监督;统筹协调相关部门拟定全市信息通信管线、公共通信网、下一代互联网、物联网规划建设;统筹指导全市政务信息系统、数据中心、政务云、政务网络、公共服务大数据等系统平台建设和管理。 (五)指导全市经济社会各领域、各行业信息化建设和大数据开发、挖掘、利用,统筹推进数字经济,构建数字经济产业生态体系,促进全市数据资源的深度应用。

续表

机构名称	成立时间	隶属机构	职能
郑州市大数据管理局	2019年1月26日	郑州市人民政府	(六)负责全市人口、法人、空间地理、电子证照等基础数据库和若干主题数据库建设,推进全市跨部门、跨层级数据交换共享平台的建设和应用。 (七)负责全市大数据产业发展和行业管理,促进大数据核心业态、关联业态、衍生业态发展;监测分析大数据产业发展运行态势,协调产业发展中的重大问题并提出对策建议;指导行业技术创新和技术进步,促进科研成果产业化;推动大数据政产学研用体系建设。 (八)负责全市数据资源、政务信息化领域的对外交流合作;拟订并组织实施大数据相关信息化人才发展规划;会同有关部门做好全市大数据、政务信息化人才引进、培养和教育培训等工作;建立全市大数据专家咨询机制;组织企业开展区域合作与招商。 (九)统筹推进全市数据安全保障体系建设;会同有关部门指导和监督全市政府部门、重点行业的重要信息安全系统与基础信息网络的安全保障工作,参与信息安全应急协调工作;组织实施全市政务数据的安全保障工作,会同有关部门做好全市公共数据安全保障工作。 (十)指导各县(市、区)、开发区和各部门数据管理机构开展工作,并实施考核。 (十一)完成市委、市政府交办的其他事项
新乡市政务服务和大数据管理局	2019年1月14日	新乡市人民政府	负责全市行政审批制度改革的组织实施工作,制定政务服务中心大厅各项规章制度、管理办法并组织实施,指导监督全市政府信息公开工作,负责市政府机关政务信息化系统的规划、建设、技术与安全保障,推进物联网、云计算、大数据等基于信息技术的新兴产业发展
三门峡市政务服务和大数据管理局	2019年1月31日	三门峡市人民政府	全面推进新型智慧城市建设和大数据产业培育,积极加强网络经济大市建设,努力把三门峡市建设成为中西部地区知名的新型智慧城市建设先行区、智能产品制造集聚区、数据经济创业创新高地

续表

机构名称	成立时间	隶属机构	职能
洛阳市政务服务和大数据管理局	2019年1月8日	洛阳市人民政府	深入推进国家“互联网＋政务服务”示范工程建设，深度整合部门资源，进一步深化大数据挖掘和应用，建成统一的电子政务服务平台和数据共享交换平台，建立整体联动、部门协调、一网办理的“互联网＋政务服务”支撑及应用体系，推动政府部门数据的共享开放
驻马店市政务服务和大数据管理局	2019年1月29日	驻马店市人民政府	将相关部门的电子政务规划建设指导、行政审批与便民服务建设、数据挖掘利用、市政府办公室“放管服”改革等相关职责进行整合，实现了相关职能、资源和力量的深度融合，重点是积极推进“一网通办”前提下的“最多跑一次”改革，着力推动政务信息联通共享，不断提升政府服务水平，最大限度地方便企业和群众办事
武汉市政务服务和大数据管理局(市公共资源交易监督管理局)	2019年1月29日	武汉市人民政府	在原市政务办职能基础上整合政务公开、大数据管理以及市审批制度改革等职能
德州市大数据局	2019年1月30日	德州市人民政府	整合市政府办公室的电子政务管理职责，市电子政务办公室承担的行政职能，以及相关部门的大数据管理、大数据发展规划、大数据基础设施建设等职责
孝感市政务服务和大数据管理局	2019年3月1日	孝感市人民政府	将市人民政府政务服务中心管理办公室的职责，市公共资源交易管理委员会办公室(市公共资源交易监督管理局)的行政职能，以及市机构编制委员会办公室的行政审批制度改革职责，市人民政府办公室的政务信息管理、电子政务建设管理等职责整合
百色市大数据发展局	2019年3月13日	百色市人民政府	承担推进数字百色建设，统筹全市电子政务基础设施和重要信息系统建设，采集、汇聚、管理政府和社会数据，推进战略新兴产业发展，整合相关部门信息化建设、政务服务监督管理等职能

续表

机构名称	成立时间	隶属机构	职能
四川省大数据中心	2019年7月19日	四川省人民政府	为开展全省大数据发展战略、地方性法规、规章草案和标准规范的基础性研究工作;为全省电子政务基础设施规划建设、组织实施、运行维护提供支撑服务;承担全省政府数据、公共数据、社会数据汇聚整合、共享开放、应用融合等数据管理工作;负责全省一体化政务服务平台、四川政务服务网等政务服务平台建设管理;开展面向政务服务的大数据、物联网、人工智能等新技术新模式应用研究及示范试点;推进政务系统大数据安全体系建设和安全保障工作等
黑龙江省政务大数据中心	2019年5月22日	黑龙江省营商环境建设监督局	整合了省政务信息化管理服务中心、省工信委信息中心、省科技厅所属计算中心、省计算机软件研究中心、原省委防办所属省教育转化中心以及省发改委所属省信息中心等6家单位或职能,组建了省政务大数据中心。该中心承担推进数字龙江建设,统筹全省电子政务基础设施和重要信息系统建设,肩负政府数据和社会数据采集、汇聚、管理,推进战略新兴产业发展等方面重要职责
哈尔滨市大数据中心	2019年9月9日	哈尔滨市人民政府(业务上接受哈尔滨市委网络安全和信息化委员会办公室、哈尔滨市政府办公厅、哈尔滨市工业和信息化局、哈尔滨市营商环境建设监督局等部门指导)	依托哈尔滨市信息中心为主体,将哈尔滨市政府计算机网络管理服务中心、哈尔滨市教育信息中心等全市14家市直信息服务类机构职责、人员整合并入,旨在大力推动政务数据采集、存储、共享、开放及应用,使大数据在哈尔滨市各项工作中发挥更大作用。推动全市统一的"大平台、大数据、大系统"集约化建设,形成基础设施集约统一、数据资源开放共享、业务应用协同联动、政务服务利企便民的发展格局,使数据资源更好服务全市经济社会发展和人民生活改善,为全市信息化、智慧城市、大数据发展提供技术支持和服务保障

续表

机构名称	成立时间	隶属机构	职能
许昌市政务服务和大数据管理局	2019年1月31日	许昌市人民政府	整合市政府办公室的优化政务服务、市编办的行政审批制度改革、市工信局的信息化管理服务(大数据管理)、智慧城市建设和市行政服务中心承担的相关行政职能等职责,肩负着深化“放管服”改革,提升政府治理能力,优化营商环境,保障和改善民生等重要职责
阳泉市大数据应用局	2019年4月19日	阳泉市人民政府	(一)贯彻执行国家、省有关大数据、信息化工作的方针政策和法律法规。研究制定并组织实施全市大数据发展战略,编制全市大数据建设中长期规划和年度计划并组织实施、监督检查。研究制定大数据工作的相关规定和管理办法,制订技术规范及标准并组织实施。统筹推进我市以大数据、云计算、人工智能为主的新一代信息技术及产业的发展,加强大数据工作的管理。 (二)统筹推进全市新型智慧城市、“互联网+”行动计划规划、实施、考核工作。负责研究拟订智慧城市发展的规划政策和标准规范,制定智慧城市建设年度工作任务,并负责考核评价工作。统筹协调全市电子政务建设工作。负责统筹全市电子政务建设资源的调配,统筹管理市直部门政务信息系统建设项目和资金。指导县(区)和市直部门信息化建设,并实施考核。 (三)统筹推进大数据、云计算、人工智能、智能物联网等新一代信息技术为代表的数字经济,构建现代信息技术和产业生态体系。组织实施大数据采集、管理、开放、交易、应用等相关工作。负责以大数据为引领的信息产业行业管理。做好“企业上云”的服务工作。负责对全市国资大数据公司的业务指导、监督与考核。 (四)主管全市数据资源工作,研究拟订全市数据资源战略、规划和政策措施。统筹全市数据资源体系的建设、管理工作,实现数据资源跨层级、跨部门、跨行业、跨领域的共享和交换,促进数据资源的政用、民用和商用。负责建设全市数据共享开放平台,推动政府数据资源共享与开放,引导社会数据资源汇聚融合。

续表

机构名称	成立时间	隶属机构	职能
			(五)负责全市新型智慧城市、新一代信息技术应用项目的审核、规划、管理、备案和协调工作。制定年度大数据信息化项目建设计划。组织协调市级重大电子政务项目建设和“互联网+应用”工程。会同有关部门统筹安排全市大数据专项资金的使用、验收、考核工作。 (六)负责全市信息技术领域基础设施规划、协调、管理和监督工作。统筹协调全市智能物联网应用基地及大数据信息产业园区建设工作,负责全市大数据、云计算数据中心体系建设。统筹推进公用通信网、广播电视网、计算机网、物联网等信息基础设施规划建设及融合发展。 (七)负责全市新型智慧城市、新一代信息技术及产业领域对外交流合作,推动大数据产学研用结合。参与全市大数据领域信息化人才培养和引进工作,建立全市大数据信息化专家咨询机制。组织企业开展区域合作,指导有关行业协会、研究院、联盟机构工作。指导行业技术创新和技术进步,促进科研成果产业化,推动软件业、信息服务业等大数据新兴产业发展和技术进步。 (八)促进全市信息安全保障体系建设。协助有关部门指导和监督政府部门、重点行业的重要信息安全系统与基础信息网络的安全保障工作。促进信息安全防范工作,开展信息安全宣传教育。 (九)完成市委、市政府交办的其他任务
丽水市大数据发展管理局	2019年1月	丽水市人民政府	将市政府办公室公共数据和电子政务及政府门户网站建设管理职责与市经济和信息化委员会电子政务发展、政务和社会公共服务信息资源开发利用职责等整合,统筹全市公共数据资源,打破信息孤岛,促进数据整合开放共享,推进政府数字化转型

续表

机构名称	成立时间	隶属机构	职能
南昌市大数据发展管理局	2019年4月3日	南昌市人民政府	围绕“善政、惠民、兴业”三大重点，开展南昌“城市大脑”、“大数据中心”和“南昌政务云”等工程建设，将各个部门“背靠背”分散的“小数据”，变为该市统一管理的“大数据”
济南市大数据局	2019年3月22日	济南市人民政府	(一)贯彻执行大数据相关法律法规和方针政策，起草有关地方性法规、政府规章草案和规范性文件。落实国家、省大数据相关技术标准和大数据标准规范，拟订相关标准规范实施办法并组织实施。 (二)牵头实施大数据战略，负责拟订市大数据局发展规划、政策措施和评价体系并组织实施，推进“智慧泉城”“数字政府”“数字政务”建设，推动社会治理模式创新。 (三)负责统筹大数据基础设施建设，承担全市大数据基础设施建设的规划、协调、管理职责。牵头推进政务领域大数据基础设施建设，负责市电子政务云平台、电子政务外网等统一基础设施的规划、建设、协调、管理。指导其他领域大数据基础设施建设。 (四)统筹管理全市数据资源。建立完善数据资源管理体系，管理政务数据资源和社会数据资源，指导规范数据资源交易。组织编制全市政务信息资源目录，推动数据资源采集汇聚。建立完善数据服务政府决策的机制，完善市级政务信息资源共享交换平台和公共数据资源开放平台，促进政务、民生、产业领域各类数据资源的深度开发利用与共享开放。 (五)负责全市电子政务工作。研究提出全市电子政务发展规划并组织实施，对相关工作开展评估考核，推进政务信息系统整合共享。推动全市政务服务平台和业务协同体系建设，承担市政务服务平台的统筹规划和建设管理工作。配合市委办公厅推进全市电子政务内网建设和管理工作。

续表

机构名称	成立时间	隶属机构	职能
			(六)负责宏观指导协调、微观组织实施大数据相关产业发展,负责全市大数据相关产业行业管理。牵头制定和落实促进大数据以及相关产业发展的政策措施,促进政用、民用、商用大数据融合发展,促进以数据为关键要素的数字经济发展,推动数字经济与实体经济深度融合。推进大数据与云计算、物联网、移动互联网、人工智能等新一代信息技术融合发展,培育新兴业态。监测分析大数据以及相关产业发展运行态势,协调产业发展中的重大问题。 (七)负责统筹推进全市大数据安全保障体系建设,指导监督政务数据、公共数据和重点行业数据的安全保障工作。 (八)配合有关部门拟订全市大数据人才队伍建设的相关政策措施,做好大数据相关知识普及、教育培训等工作。开展大数据对外交流与合作。 (九)承担市电子政务建设和大数据发展工作领导小组日常工作。 (十)负责本部门党的建设、意识形态、宣传思想和群众工作。 (十一)履行法律、法规、规章规定的其他职责。 (十二)完成市委、市政府交办的其他任务。 (十三)职能转变。按照党中央、国务院关于转变政府职能、深化“放管服”改革,深入推进审批服务便民化的决策部署,认真落实省委、省政府深化“一次办好”和市委、市政府“一次办成”改革的要求。加快实施大数据发展战略,推进“智慧泉城”和“互联网+政务服务”建设,推进信息资源整合利用,着力解决信息“孤岛”和数据“烟囱”问题,加快政府数字化转型,提升民生公共服务水平。主动适应信息时代发展的新要求,培植壮大大数据以及相关产业,助力全市新旧动能转换,推动经济社会各领域数字化转型发展

续表

机构名称	成立时间	隶属机构	职能
海南省大数据管理局	2019年5月23日	海南省人民政府	承担我省大数据建设、管理和服务等职责,具体包括负责相关项目管理和审核;组织实施大数据、信息化、智慧城市政策措施;推进社会经济、民生保障各领域大数据开发应用;统筹全省政务信息网络系统等项目的建设和管理以及政府数据采集汇聚、登记管理、共享开放;推动大数据产业发展和对外交流合作、人才队伍建设等职责
吕梁市大数据应用局	2019年1月31日	吕梁市人民政府	(一)研究拟订大数据发展战略、规划、政策措施,组织拟订地方性标准规范。 (二)负责全市大数据发展应用工作。承担大数据行业管理工作,推动大数据行业公共服务体系建设,统筹推进社会经济各领域的大数据开发应用,负责大数据基础设施建设的协调、管理和监督工作。 (三)负责市级大数据项目建设的统筹管理、资金使用等工作,促进公共数据资源共享开放。 (四)协调数据安全保障体系建设,组织实施数据安全审查和监管工作,承担数据安全应急协调相关工作。 (五)负责大数据领域对外交流合作,承担全市大数据人才队伍建设工作,承办市大数据产业发展推进领导组的具体工作。 (六)将所属事业单位承担的行政职能全部划归市大数据应用局。 (七)承担法律法规规定的其他职能。完成市委、市政府交办的其他任务

续表

机构名称	成立时间	隶属机构	职能
鹤壁市政务服务和大数据管理局	2019年1月25日	鹤壁市人民政府	(一)组织起草全市政务服务和政务信息化相关政策、标准规范并组织实施。 (二)统筹推进全市"数字政府"建设,拟订建设规划和年度建设计划并组织实施。 (三)统筹推进全市"一网通办"前提下"最多跑一次"改革工作。 (四)统筹市级政务信息系统建设规划,提出项目建设具体意见。 (五)统筹管理政务云平台、政务服务平台、金融服务共享平台和电子政务网络等。 (六)统筹推进全市政务服务和数据管理体系建设,指导各县区、各部门政务服务和数据管理机构开展工作。 (七)组织协调全市政务服务环境优化和评价工作,负责市级政务服务质量的监督评价。 (八)负责全市行政审批改革、审批服务便民化相关工作,负责全市政务服务事项目录管理和标准化建设。 (九)统筹全市数据资源管理和建设工作。组织推动大数据研究、开发、应用和对外合作交流。承担大数据人才队伍建设工作。协调服务大数据产业发展。 (十)统筹全市电子政务基础设施、信息系统、数据资源等安全保障工作,负责"数字政府"平台安全技术和运营体系建设,监督管理市级信息系统和数据库安全。 (十一)健全完善全市统一规范的公共资源交易平台。 (十二)完成市委、市政府交办的其他任务

续表

机构名称	成立时间	隶属机构	职能
兰州市大数据管理局	2019年2月19日	兰州市人民政府	根据《兰州市机构改革方案》,将全市人工智能、信息化推进、社会公共信息资源整合与应用、智慧城市建设等职能进行整合,组建兰州市大数据管理局
德阳市政务服务和大数据管理局	2019年2月19日	德阳市人民政府	(一)贯彻执行国家和省、市“放管服”、行政审批制度改革、政务服务、大数据、政府信息公开等方面的方针政策、法律法规和重大决策部署。负责拟订全市相关发展规划、政策措施、管理办法和考核细则并组织实施。 (二)牵头推进全市“放管服”、行政审批制度和新时代政务服务改革,营造优质高效的营商投资政务服务环境。 (三)负责全市政务服务标准化建设,建立健全市、县(市、区)、乡镇(街道)、村(社区)四级政务服务体系。 (四)负责规范全市政务服务行为,跟踪督办进驻市级政务服务大厅政务服务事项,对进驻窗口工作人员进行管理、培训和考核,承担对办理政务服务事项投诉举报的处理、转办和督办等工作。 (五)统筹推进全市大数据资源开发应用、互联互通、共享开放和新型智慧城市建设等工作。 (六)负责大数据领域对外交流合作。指导大数据行业协会、学会、联盟机构等社会组织工作。承担大数据人才队伍建设工作。 (七)统筹推进全市电子政务工作,负责拟订全市电子政务和“互联网+政务服务”发展规划、政策、规章制度并组织实施。 (八)统筹规划全市大数据、电子政务、信息化基础设施建设,承担相关工作推进情况的监督管理。 (九)负责推进和监督指导全市政府信息公开、政务公开工作。 (十)负责职责范围内的安全生产、职业健康、生态环境保护、社会信用体系建设和审批服务便民化等工作。 (十一)完成市委、市政府交办的其他任务

续表

机构名称	成立时间	隶属机构	职能
柳州市大数据发展局	2019年3月5日	柳州市人民政府	1. 负责统筹推进全市信息化、数字化发展工作。负责统筹全市相关机构的信息化、数字化领域有关项目建设,信息资源开发利用共享等工作。负责全市大数据发展、数字柳州建设及其管理、指导、协调等工作。 2. 负责起草大数据发展、数字柳州建设领域的地方性法规、规章草案,拟订相关行业技术标准规范、管理办法和考核评估办法并组织实施。 3. 负责组织拟订并推动实施大数据发展、数字柳州发展战略规划,负责拟订并组织实施全市数字政府、数字经济、数字社会、数字设施领域的专项发展规划和年度计划,提出加快大数据发展、数字柳州建设的意见建议。 4. 负责拟订市本级信息化、数字化领域的财政性资金(专项资金)年度投资计划并组织实施。负责审批市本级信息化、数字化领域财政性资金投资项目。 5. 负责统筹协调推进数字设施建设,配合做好网络安全工作。负责推进电子政务网络、数据资源安全体系建设。负责协调通信基础设施等其他基础设施建设。负责协调推进公共数据共享开放平台建设。 6. 负责统筹全市数据资源建设、管理、应用,政务数据的汇聚、共享。指导协调行业主管部门推进社会数据的汇聚、共享,统筹推进政府数据和社会数据的开放、应用。 7. 负责统筹数字政府建设。负责全市统一的电子政务云平台、公共应用平台和公共支撑平台建设。负责全市政府网站的统筹规划、监督考核、综合分析等工作。 8. 负责统筹数字经济发展。协调推进大数据与三次产业深度融合。协调业务主管部门推动大数据、人工智能、物联网等新一代信息技术在实体经济中的创新融合。负责全市数字经济运行分析。

续表

机构名称	成立时间	隶属机构	职能
			9. 负责统筹数字社会建设。协调推动互联网、大数据、云计算、人工智能等新技术与社会民生深度融合。协调推进数字城市、数字乡村、数字信用、数字文化、数字公共安全等领域的大数据应用。协调推动民生服务市场化发展。 10. 负责统筹大数据领域人才队伍建设。 11. 完成市委、市政府交办的其他任务
深圳市政务服务数据管理局	2019年2月1日	深圳市人民政府	(一)贯彻执行国家、省、市关于政务服务、电子政务、政务数据管理、信息安全等工作的法律、法规和政策,拟订有关地方性法规、规章草案和政策并组织实施。 (二)负责统筹推进“智慧城市”和“数字政府”建设,拟订有关发展规划、年度计划并组织实施。 (三)负责统筹推进电子政务建设。负责电子政务外网(含政务办公网和政务服务网)、政务云平台、公共支撑平台、通用应用系统(含“织网工程”系统和“公务员之窗”网站)的建设、管理、应用和安全保障工作,统筹协调各部门业务应用系统建设,指导各区电子政务建设。 (四)负责政务数据管理。拟订政务数据体系规划并组织实施,建设管理基础信息资源库,统筹政务数据的归集、管理、分析和应用工作,推进政务数据资源共享和开放。 (五)负责对电子政务项目建设实施集约化管理和监督指导,协助开展电子政务项目的立项审批和验收监督。协助开展部门电子政务运维经费审核。 (六)负责推进信息安全管理。推进信息安全保障体系建设,组织实施信息安全防护、应急管理和处置。统筹电子政务安全管理工作,指导监督各部门电子政务安全工作。 (七)协同推进行政审批制度改革、审批服务便民化相关工作,按规定负责政务服务事项管理,推进政务服务事项目录管理、标准化建设及流程优化等工作。

续表

机构名称	成立时间	隶属机构	职能
			(八)统筹政务服务体系建设,推动政务服务一体化和改革创新。负责市行政服务大厅和网上办事大厅的管理,指导各区各部门开展政务服务工作。 (九)负责管理市政府 12345 公开电话,承担来电事项的转办、督促检查等工作。 (十)负责统筹政府网站工作,负责市政府门户网站建设,指导协调全市政府网站建设和管理。 (十一)协调推进公共资源交易平台的建设和管理等工作。 (十二)负责政务服务、电子政务、政务数据管理和信息安全标准体系建设、效能监督和考核工作。推进政务服务、电子政务、政务数据管理和信息安全标准化工作。 (十三)完成市委、市政府和上级部门交办的其他任务。 (十四)与市政府办公厅有关职责分工。市政府办公厅负责政府职能转变、行政审批制度改革的统筹协调工作。市政务服务数据管理局按规定负责政务服务事项管理,推进政务服务事项目录管理、标准化建设及流程优化等工作

注:本部分信息统计时间截至 2019 年 12 月 31 日,数据主要来源为网络搜索及各地方政府官方网站,检索内容为名称中包含"信息""数据""数字"的行政部门,并根据该部门的职能判定其是否为大数据管理机构。我们已尽力实现相关信息的真实性、完整性和全面性,但并不对其准确性做出任何明示或隐含的保证。

2019 年新增的地方大数据管理机构共 36 家,各地方大数据管理机构职能的侧重点不同,如南昌市大数据发展管理局、丽水市大数据发展管理局、许昌市政务服务和大数据管理局等更加注重电子政务工作的建设,强调大数据与政务相结合;而三门峡市政务服务和大数据管理局、阳泉市大数据应用局、郑州市大数据管理局注重指导协调、组织实施大数据相关产业发展,负责大数据相关产业行业管理;另外,深圳市政务服务数据管理局、雅安市政务服务和大数据局、临沂市大数据局的职能主要专注于数据信息资源整合与应用、共享与开放。因此,各个地方的大数据管理局职能并不统一,而是因地制宜,根据各地方发展需要和经济社会特点而设置。

截至目前,我国共有 76 个地方的大数据管理机构,从历年设立数量上看,从 2016 年开始,每年新设的地方大数据管理机构数量呈逐年上升的态势(见图 3-1)。但是从已设立大数据管理机构的省市的比例上看,全国设立大数据管理局的城市逐渐增多,市级大数据管理机构数量上已经超过省级。

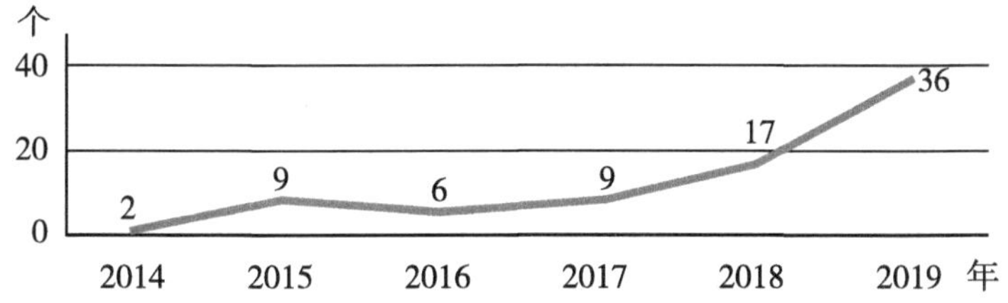

图 3-1　大数据管理局设立数量发展趋势

从级别来看,省级的大数据管理机构有 19 个,其余均为地级市大数据管理机构。从地域来看,有 27 个省、自治区、直辖市设有地区大数据管理机构,其中山东省和河南省最多,有 8 个大数据管理局,其他省份均为 1~5 个。(见图 3-2)

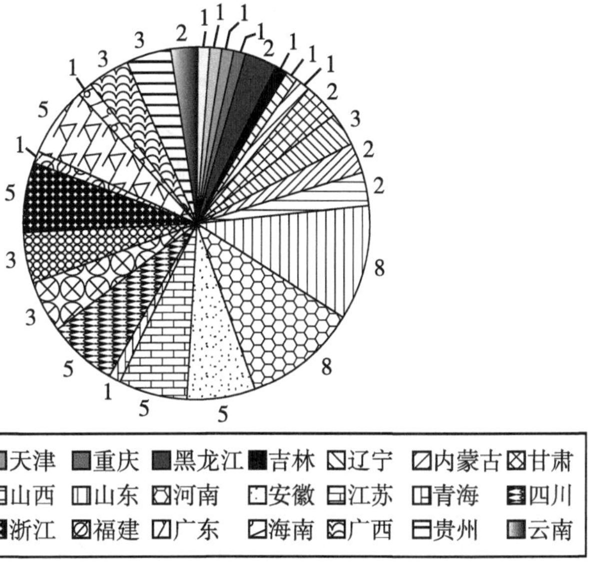

图 3-2　地方大数据管理局分布(单位:个)

综上所述,我国地方政府在大数据监管方面的职责除了中央行政法规及部门规章规定的职责外,还主要负责制定地方大数据产业发展政策,促进大数据产业发展,实现政务信息资源共享等。成立大数据管理局的地方,政府大数据管理局的职责具有专业性、职权集中性等特征,大数据管理局主要负责大数据产业规划、拟定大数据标准体系、建设政务服务平台、促进本地区数据资源的整合与利用等职责。总体来说,成立大数据管理局成为地方政府监管大数据发展的趋势,2019 年新成立的地方大数据监管机构数量再创新高,成立大数据管理局对制定大数据相关规章制度及实施行政监管都具有重大意义,目前大数据管理局的数量越来越多,正在逐渐成为普遍存在的机构。

(二)政府推进大数据发展政策综述

1. 中央推进大数据发展政策综述

2019 年,中央新发布的关于推进大数据发展政策主要是以下三项:工业和信息化部编制的《工业大数据发展指导意见(征求意见稿)》以及国家邮政局、商务部出台的《关于规范快递与电子商务数据互联共享的指导意见》、交通运输部制定的《推进综合交通运输大数据发展行动纲要(2020—2025 年)》。

《工业大数据发展指导意见(征求意见稿)》是工业和信息化部为贯彻落实国家大数据战略,推进工业大数据发展,系统构建工业大数据资源体系、融合体系、产业体系和治理体系,在广泛调研的基础上起草的。工业大数据是落实国家大数据战略的重要领域,《促进大数据发展行动纲要》《大数据产业发展规划(2016 ~ 2020 年)》《关于深化“互联网 + 先进制造业”发展工业互联网的指导意见》等文件均把促进工业大数据的发展和应用作为重点任务。通过印发《工业大数据发展指导意见(征求意见稿)》,一方面,促进行业发展,逐步激活工业数据资源要素潜力;另一方面,保障行业安全,不断提升数据治理和安全保障能力。该指导意见共六部分,包括总体思路、资源体系、融合体系、产业体系、治理体系和保障措施。在该指导意见内容编制过程中,注重政策举措的可操作性和落地实施,加强与现有政策衔接,针对性提出了创新举措。按照高质量发展的要求,坚持集聚共享、融合牵引、创新驱动、安全有序的发展原则,着力提升微观企业数据管理能力,打造资源富集、应用繁荣、产业进步、治理有序的工业大数据生态体系,推动大数据与工业全面深度融合。力争到 2025 年,基本建成我国工业大数据资源、融合、产业和治理体系,全面提升工业大数据管理能力,激发工业大数据价值潜力,为制造业高质量发展提供澎湃动力。统筹考虑工业大数据全要素发展,提出打造以资源体系建设为基础、以融合体系建设为动力、以产业体系建设为支撑、以治理体系建设为保障的工业大数据发展整体架构,兼顾数据资源采集汇聚与分析应用的平滑衔接、技术产业支撑与融合应用牵引的相互促进、数据创新发展与治理保障的合理平衡。《工业大数据发展指导意见(征求意见稿)》统筹考虑政府和市场协同推动,供给和需求双向发力,点线面综合推进,以工程形式牵引落地实施,以试点示范效应带动推广应用。结合政策推进的普遍诉求,该指导意见提出了5条保障措施,包括加强完善组织领导、健全统筹推进机制、强化财税金融支持、培育融合型人才队伍、促进国际交流合作等。

《关于规范快递与电子商务数据互联共享的指导意见》是国家邮政局和商务部为贯彻落实国务院办公厅《关于推进电子商务与快递物流协同发展的意见》,建立完善电子商务与快递数据互联共享规则,促进电子商务经营者、经营快递业务的企业数据管理和自身治理能力的全面升级而出台的。国务院办公厅《关于推进电子商务与快递物流协同发展的意见》要求,健全企业间数据共享制度。完善电子商务与快递物流数据保护、开放共享规则,建立数据中断等风险评估、提前通知和事先报告制度。在确保消费者个人信息安全的前提下,鼓励和引导电子商务平台与快递物流企业之间开展数据交换共享,共同提升配送效率。为此,国家邮政局、商务部全面梳理电子商务与快递数据互联共享现状,结合电子商务与快递协同发展的客观实际,并广泛征求相关市场主体意见,制定出台了《关于规范快递与电子商务数据互联共享的指导意见》。该意见主要包括五方面内容:一是保障电子商务与快递数据正常传输。二是加强电子商务与快递数据管控。三是加强电子商务与快递数据互联共享管理。四是建立电子商务与快递数据中断通知报告制度。鼓励电子商务经营者和经营快递业务的企业建立数据中断风险评估制度,要求不得恶意中断数据传输。因约定期满等正当理由中断数据传输的,应当提前通知对方,并对后续事项做出妥善安排。必要时,应事先报告商务主管部门和邮政管理部门,及时向用户、平台内经营者等主体公示。五是提高电子商务与快递数据安全防护水平。

交通运输部制定的《推进综合交通运输大数据发展行动纲要(2020—2025年)》,是为贯彻落实习近平总书记关于网络强国的重要论述和国家大数据战略部署,推进交通运输治理体系和治理能力现代化,提升综合交通运输服务水平,加快建设交通强国。总体思路是以数据资源赋能交通发展为切入点,按照统筹协调、应用驱动、安全可控、多方参与的原则,聚焦基础支撑、共享开放、创新应用、安全保障、管理改革等重点环节,实施综合交通运输大数据发展

“五大行动”,推动大数据与综合交通运输深度融合,有效构建综合交通大数据中心体系,为加快建设交通强国提供有力支撑。力争到2025年实现综合交通运输大数据标准体系更加完善,基础设施、运载工具等成规模、成体系的大数据集基本建成等目标。该文件强调了加强大数据安全保障,要求完善数据安全保障措施,保障国家关键数据安全。还重视完善大数据管理体系。要求推动管理体制改革,完善技术管理体系。

2. 地方推进大数据发展政策综述

2019年,地方新出台19项促进大数据发展的政策文件,这些政策以强调促进大数据产业的发展为主要内容,各省市针对自身具体情况制定了大数据产业发展规划纲要、建设社会信用体系与大数据融合发展、公共数据资源开放的若干政策等(见表3-2)。19项政策文件分别来自广西、湖南、贵州、山西、山东、上海、宁夏、河北、四川、河南和黑龙江11个省、自治区、直辖市,其中贵州省和河北省数量最多,均出台了3项政策。在19项新增的政策中,关于促进大数据产业发展的有9项,关于政务服务和大数据发展的有4项,此外还有关于社会信用体系、公共数据资源、农业大数据等特定领域的发展规划。

表3-2 各地大数据发展政策汇总(2019年1月1日至2019年12月31日发布)

省/自治区/直辖市	级别	文件名称	颁布时间
广西	广西壮族自治区	广西壮族自治区大数据发展局《关于印发2019年全区大数据发展和政务服务工作要点的通知》	2019年4月1日
	来宾市	来宾市政务服务和大数据发展局《关于印发2019年全市政务服务和大数据发展工作要点的通知》	2019年5月22日
湖南	湖南省	《湖南省大数据产业发展三年行动计划(2019~2021年)》	2019年1月24日
贵州	贵州省	《贵州省大数据战略行动2019年工作要点》	2019年3月8日
		《贵州建设社会信用体系与大数据融合发展试点省2019年工作要点》	2019年4月15日
	黔南州	《黔南州大数据战略行动2019年工作要点》	2019年5月9日

续表

省/自治区/直辖市	级别	文件名称	颁布时间
山西	山西省	《山西省促进大数据发展应用 2019 年行动计划》	2019 年 4 月 17 日
	晋城市	晋城市人民政府办公室《关于印发促进大数据发展应用的若干意见的通知》	2019 年 7 月 26 日
河南	郑州市	郑州市人民政府《关于进一步支持大数据产业发展的实施意见》	2019 年 10 月 22 日
黑龙江	齐齐哈尔市	齐齐哈尔市人民政府办公室《关于加强农业经济大数据统计监测的实施意见》	2019 年 11 月 19 日
山东	日照市	日照市人民政府《关于促进大数据发展的实施意见》	2019 年 7 月 5 日
上海	上海市	《上海市公共数据资源开放 2019 年度工作计划》	2019 年 7 月 8 日
云南	曲靖市	曲靖市人民政府办公室《关于加快推进智慧曲靖大数据建设应用工作的通知》	2019 年 4 月 28 日
四川	四川省	四川省人民政府《关于加快推进数字经济发展的指导意见》	2019 年 8 月 1 日
宁夏	宁夏回族自治区	《自治区加快推进“数字政府”建设工作方案》	2019 年 6 月 24 日
		《宁夏回族自治区“互联网 + 医疗健康”示范区建设规划(2019 年—2022 年)》	2019 年 1 月 18 日
河北	石家庄市	《石家庄市政务数据归集和应用工作推进方案》	2019 年 9 月 9 日
	张家口市	《中国数坝 · 张家口市大数据产业发展规划(2019—2025 年)》	2019 年 6 月 28 日
		《支持大数据产业发展十项措施(试行)》	2019 年 10 月 2 日

注:本部分数据及信息统计时间截至 2019 年 12 月 31 日,数据主要来源为“法律法规数据库”及“北大法宝”等数据库及地方政府官方网站,检索方式为关键词检索,检索内容为名称中包含“信息”“数据”等关键词的文件。我们已尽力实现相关信息的真实性、完整性和全面性,但并不对其准确性做出任何明示或隐含的保证。

2019年出台的地方政策中,一些地方结合本地优势,制定了特色鲜明的发展规划。比如,《宁夏回族自治区"互联网+医疗健康"示范区建设规划(2019年—2022年)》是由国家卫生健康委员会与宁夏回族自治区政府共同制定的,以卫生健康信息数据互联互通为基础,以数据安全为保障,以便民惠民为出发点和落脚点,以"互联网+"为手段,打造全区统一的"互联网+医疗健康"一体化应用服务平台,推动跨区域、跨层级、跨部门医疗资源共享和业务协同,推进全区医疗服务和卫生健康管理现代化。深入落实《健康中国2030规划纲要》等国家重大战略部署,紧扣国家卫生健康委、自治区人民政府关于共建"互联网+医疗健康"示范区的要求,突出宁夏"易统筹"特色,加速推动互联网与医疗卫生健康深度融合,满足人民群众多层次、多元化医疗健康需求。《中国数坝·张家口市大数据产业发展规划(2019—2025年)》中强调大数据产业的"绿色发展",要求抢抓京津冀协同发展、冬奥会筹办、首都水源涵养功能区和生态环境支撑区建设、国家级可再生能源示范区建设、河北新"两翼"建设等一系列重大机遇,以绿色数据存储为龙头,培育发展大数据"核心、关联、衍生"业态,大力推进全产业链发展,打造"中国数坝"品牌,积极探索走出一条欠发达地区创新发展、绿色发展、高质量发展的新路。

通过对各省市政策文件的分析,发现关于大数据发展的行动计划或总体规划类政策文件中,关于大数据法治建设、数据监管等方面的内容着墨不多,一般以地方政府提出一些原则性的意见,仍需相关部门进一步细化。例如,《湖南省大数据产业发展三年行动计划(2019~2021年)》中,在"三、保障措施"中"(五)健全安全保障制度"部分写到:"研究制订公共信息资源保护和开放的制度性文件,强化大数据知识产权保护,支持第三方机构开展数据合规应用的监督和审计。加强个人信息保护,建立个人信息泄露报告制度,加强对数据滥用、侵犯个人隐私等行为的管理和惩戒。强化关键信息基础设施安全保护。"相比之下,地方政府关于大数据具体应用类政策文件中,规定更加具体、可操作性更强,关于大数据法治建设的规定也更为详尽,列出了具体的立法计划。例如,《贵州建设社会信用体系与大数据融合发展试点省2019年工作要点》中"一、健全社会信用体系与大数据融合发展制度规范"中"(二)推进信用法规制度建设。编制《贵州省社会信用条例(草案)》,力争通过省人大常委会审议后出台实施。研究编制《贵州省公共信用信息管理办法(试行)》,加快推进全省信用信息归集、共享、公开和使用以及失信行为联合惩戒和惩戒结果反馈等方面制度建设。推动各地区、各部门制定实施信用信息采集、公示、应用以及信用承诺、信用修复、信用联合奖惩等方面的制度。(牵头单位:省发展改革委;责任单位:省司法厅、人民银行贵阳中心支行、省市场监管局等省社会信用体系建设联席会议相关成员单位,各市州人民政府、贵安新区管委会)”。由此可见,各地在制定大数据发展规划时一般规定得较为原则,需要在具体政策文件中分解落实,有关大数据监管的内容也是如此。

(三)监管与执法实践

2019年,大数据监管与执法实践有了可喜的进展,中央机关重视个人信息保护、数据安全管理,出现了一些大数据行政监管执法实践。以往的政策更多关注运用大数据技术帮助政府发挥传统的监管职责,而忽视了对“大数据运用”行为本身的监管,对数据安全、信息安全产生了较大的风险。2019年,这种情况得到了一定的改观,监管机构开始运用监管技术处理好大数据发展与数据安全之间的平衡。主要有如下监管与执法实践:

2019年1月,中央网信办、工信部、公安部、市场监管总局四部门联合发布《关于开展App违法违规收集使用个人信息专项治理的公告》,成立了App违法违规收集使用个人信息专项治理工作组。要求App运营者收集使用个人信息时要严格履行《网络安全法》规定的责任义务,对获取的个人信息安全负责,采取有效措施加强个人信息保护。遵循合法、正当、必要的原则,不收集与所提供服务无关的个人信息;收集个人信息时要以通俗易懂、简单明了的方式展示个人信息收集使用规则,并经个人信息主体自主选择同意;不以默认、捆绑、停止安装使用等手段变相强迫用户授权,不得违反法律法规和与用户的约定收集使用个人信息。倡导App运营者在定向推送新闻、时政、广告时,为用户提供拒绝接收定向推送的选项。此次专项治理行动成效显著,App违法违规收集使用个人信息专项治理工作组已经评估近600款用户量大、与民众生活密切相关的App,并向其中问题严重的200余款App运营者告知评估结果,建议其及时整改,整改问题达800余个。根据《关于开展App违法违规收集使用个人信息专项治理的公告》,受中央网信办、工信部、公安部、市场监管总局委托,全国信息安全标准化技术委员会、中国消费者协会、中国互联网协会、中国网络空间安全协会成立App专项治理工作组,对用户数量大、与民众生活密切相关的App隐私政策和个人信息收集使用情况进行评估,并发布了《关于督促40款存在收集使用个人信息问题的App运营者尽快整改的通知》,敦促存在个人信息收集使用方面问题的App尽快整改。在四部门指导下,App专项治理工作组开通了违法违规收集使用个人信息举报渠道,收到大量关于App强制、超范围索要权限等举报信息,为让公众直观了解常用App申请收集使用个人信息权限情况,公布了《百款常用App申请收集使用个人信息权限列表》;为监督管理部门认定App违法违规收集使用个人信息行为提供参考,为App运营者自查自纠和网民社会监督提供指引,四部门制定了《App违法违规收集使用个人信息行为认定方法》。

2019年7月,工业和信息化部发布了《电信和互联网行业提升网络数据安全保护能力专项行动方案》,部署推进电信和互联网行业提升网络数据安全保护能力专项行动。本次专项整治于2019年7月正式启动,专项整治情况将纳入对基础电信企业2019年网络与信息安全主体责任考核。专项行动通过集中开展数据安全合规性评估、专项治理和监督检查,督促基础电信企业和重点互联网企业强化网络数据安全全流程管理,及时整改消除重大数据泄露、滥用等安全隐患,2019年10月底前完成全部基础电信企业(含专业公司)、50家重点互联网企业以及200款主流App数据安全检查。专项行动完成后,将基本建立行业网络数据安全保障体系。网络数据安全制度标准体系进一步完善,形成行业网络数据保护目录,制定15项以上行业网络数据安全标准规范,贯标试点企业不少于20家;行业网络数据安全管理和技术支撑平台基本建成,遴选网络数据安全技术能力创新示范项目不少于30个;基础电信企业和重点互联网企业网络数据安全管理体系有效建立。工信部门将强化网络数据安全监督执法。将企业网络数据安全责任落实情况、数据安全合规性评估落实情况作为重点内容,纳入2019年网络信息安全"双随机一公开"检查和基础电信企业网络与信息安全责任考核检查,采取远程测试、实地检查等方式开展监督检查,督促问题整改。持续开展数据泄露等网络数据安全和用户信息安全事件监测跟踪与执法调查,对违法违规行为及时采取约谈、公开曝光、行政处罚等措施,将处罚结果纳入电信业务经营不良名单或失信名单。

行政监管执法实践的开展,源于大数据法制的逐步健全。2019年,国家互联网信息办公室制定公布了《儿童个人信息网络保护规定》,并就《数据安全管理办法(征求意见稿)》《个人信息出境安全评估办法(征求意见稿)》《互联网信息服务严重失信主体信用信息管理办法(征求意见稿)》公开征求意见。相关法律法规的完善,有利于理顺网络执法体制机制,明确执法主体、执法权限、执法标准。加强部门信息共享与执法合作,创新执法手段,形成执法合力。相信随着上述法规的正式实施及其他相关法律法规的进一步完善,监管部门在大数据监管执法领域将更有作为。

表 3-3 各地方大数据管理局汇总(截至 2019 年 12 月)

序号	机构名称	成立时间	隶属机构	职能
1	安徽省数据资源管理局(省政务服务管理局)	2018 年 11 月 28 日	安徽省政府	贯彻执行国家关于政务公开和政务服务方面的法律法规和方针政策;组织、协调、指导、监督全省人民政府信息公开工作;承担行政审批服务工作等
2	广西壮族自治区大数据发展管理局	2018 年 11 月 14 日	广西壮族自治区政府	承担推进数字广西建设,统筹全区电子政务基础设施和重要信息系统建设,负责政府数据和社会数据采集、汇聚、管理,推进战略新兴产业发展等方面重要职责,整合相关部门信息化建设、政务服务监督管理等职能
3	数字福建建设领导小组办公室(省大数据管理局)	2018 年 11 月 5 日	福建省发改委	贯彻落实国家有关信息化的政策和法律法规,拟定并组织实施我省信息化的政策和法规规章;具体统筹我省信息化工作,推进重点领域信息化应用;统筹规划和协调推进重大信息化基础设施和公共平台建设;负责全省公共信息资源综合管理和开发利用;组织编制数字福建建设投资计划,负责相关项目管理;负责我省互联网经济牵头抓总、宏观指导、统筹协调和组织推进相关工作等。承担数字福建建设领导小组和省互联网经济联席会议日常工作
4	重庆市大数据应用发展管理局	2018 年 11 月 5 日	重庆市政府	将市经济和信息化委员会的人工智能、大数据、信息化推进职责,市发展和改革委员会的社会公共信息资源整合与应用、智慧城市建设职责等整合

续表

序号	机构名称	成立时间	隶属机构	职能
5	广东省政务服务数据管理局	2018年10月26日	广东省政府办公厅	按照省委、省政府关于“数字政府”改革建设的既定部署,按时保质保量推进政务信息化集约化建设,加强统筹协调
6	浙江省大数据发展管理局	2018年10月25日	浙江省办公厅	整合办公厅的公共数据和电子政务及政府门户网站建设管理职责,和省经信委的电子政务发展、政务和社会公共服务信息资源开发利用职责,目标是加强互联网与政务服务的深度融合,统筹管理公共数据资源和电子政务,加快推进政府数字化转型和数字浙江建设
7	吉林省政务服务和数字化建设管理局	2018年10月	吉林省政府	将省政府办公厅的电子政务建设、政务公开协调职责,省发改委、省工信厅等相关部门的省大数据建设项目和资金管理、政务信息系统整合共享、行政审批制度改革、“数字吉林”建设、优化营商环境建设职责等整合
8	山东省大数据局	2018年10月	山东省政府	负责牵头制定并组织实施全省大数据发展应用规划和政策措施,加快建设“数字山东”和“互联网+政务服务”;统筹规划大数据基础设施建设,建立完善数据开放平台和标准体系,推动政府数据开放共享利用、承担政务服务平台建设管理工作;指导协调大数据产业发展、健全大数据安全保障体系等
9	西宁市大数据监管服务中心	2018年9月5日	西宁市市场监督管理局	对网络商品交易、网络传销、互联网金融、互联网广告、各大主流电商平台、App应用市场、微信公众号进行全方位、多维度监测,以解决网络传销频发、网络监管难、网络金融监测空白、网络监管技术手段落后的问题

续表

序号	机构名称	成立时间	隶属机构	职能
10	天津市大数据管理中心	2018 年 7 月 13 日	天津市互联网信息办公室	数据资源的采集、存储、登记、开发利用和共享,监测分析大数据产业发展运行态势,以及数据安全体系建设、安全保障工作;承担全市统一政务信息资源共享交换平台、“津云(政务云)”平台、数据开放平台、数据中心的运行、维护等工作
11	常州市大数据管理局	2018 年 6 月 4 日	常州市政府	牵头全市智慧政府建设和管理工作;拟订全市政务数据资源发展规划、政策措施和评价体系并组织实施;牵头负责电子政务项目审核、业务指导和目标考核;制定全市政务信息资源共享相关制度规定;指导全市政务数据安全保障体系建设,组织实施全市政务数据的安全保障等工作。市大数据管理局成立后,将按照建设人民满意的服务型政府要求,围绕当前政务服务的“堵点”“痛点”和智慧政府建设的重点领域,加快制定并组织实施《市大数据发展行动计划(2018 ~ 2020 年)》,深入推进五项行动
12	上海大数据中心	2018 年 4 月 12 日	上海市政府	贯彻落实国家大数据发展的方针政策,做好上海大数据发展战略、地方性法规、规章草案和政策建议的基础性工具。该中心承担制定政务数据资源归集、治理、共享、开放、应用、安全等技术标准及管理办法的具体工作。同时,推进上海政务信息系统的整合共享,贯通汇聚各行、各行政部门和各区的政务数据

续表

序号	机构名称	成立时间	隶属机构	职能
13	徐州市大数据管理局	2018年1月11日	徐州市人民政府	负责制订实施全市大数据战略规划和政策措施;拟订大数据的标准体系,制定大数据收集、管理、开放、应用、交易等市级标准和规范,统筹推进社会经济各领域大数据开发应用;促进政府数据资源的共享与开放;负责全市大数据信息安全技术保障体系建设等
14	江西省大数据中心	2018年1月3日	江西省发改委	主要承担落实国家和江西大数据发展政策及规划,承担江西省大数据发展核心技术研究和标准制订、基础设施及应用的建设维护、公共数据的汇聚共享和开放等工作
15	南通市大数据管理局	2017年11月	南通市政府	尚无官方介绍
16	黔西南州大数据局	2017年10月	黔西南州人民政府	设有义龙、教育、公安、国土、工商、人社、财政、卫计、双创等9个分中心
17	酒泉市大数据管理局	2017年8月	酒泉市人民政府	贯彻落实中央和省、市党委、政府信息化建设重大决策部署;承担全市信息化社会服务管理规划、智慧城市建设规划、信息化产业发展规划;统筹全市大数据平台建设,负责政府数据统一“云平台”建设管理,组织制定相关标准规范,积极推动大数据信息产业开发应用;负责全市信息化重大项目审核、资金使用、业务指导和工作考核;协调推进全市信息资源整合和共享工作;指导、协调、监督、检查全市电子政务工作;承担酒泉市智慧城市工作领导小组办公室主要职能

续表

序号	机构名称	成立时间	隶属机构	职能
18	合肥市数据资源局	2017年8月	合肥市人民政府	统筹全市信息化、电子政务、智慧城市、大数据、“互联网+”等工作职能,加快推进政务、民生、产业领域各类数据资源的深度开发利用与开放共享,显著提升政府治理和公共服务能力,打造新型智慧城市等
19	杭州市数据资源管理局	2017年6月	杭州市人民政府	贯彻执行国家、省有关数据资源管理的方针政策和法律法规;受委托起草杭州市相关的地方性法规、规章草案和规范性文件,经审议通过后组织实施;拟订全市数据资源发展战略、发展规划、年度计划、政策措施和评价体系并组织实施。组织实施国家和地方数据技术标准;研究制定杭州市数据资源采集、存储、使用、开放、共享等标准规范,并监督实施。负责全市政务数据和公共数据平台建设和管理;组织协调全市政务数据和公共数据资源的目录制定、归集管理、整理利用、共享开放;推动数据资源在政府管理和社会治理领域的应用,组织实施城市“数据大脑”等重大项目的建设。此外,还要指导全市经济社会各领域的数据开发利用,促进全市大数据产业发展。并组织协调智慧电子政务项目,以及数据资源基础设施的建设、管理和绩效评估等
20	中卫市云计算和大数据发展服务局	2017年6月	中卫市人民政府	主要负责研究编制及组织实施全市云计算、大数据和军民融合产业规划、发展、管理;促进大数据的政用、民用、商用,并承担中卫西部云基地建设、云计算和大数据、军民融合产业相关项目的招商引资、技术洽谈、项目落地、工程实施等

续表

序号	机构名称	成立时间	隶属机构	职能
21	哈尔滨市大数据中心	2019 年 9 月 9 日	哈尔滨市人民政府	依托哈尔滨市信息中心为主体,将哈尔滨市政府计算机网络管理服务中心、哈尔滨市教育信息中心等全市 14 家市直信息服务类机构职责、人员整合并入,旨在大力推动政务数据采集、存储、共享、开放及应用,使大数据在哈尔滨市各项工作中发挥更大作用。推动全市统一的“大平台、大数据、大系统”集约化建设,形成基础设施集约统一、数据资源开放共享、业务应用协同联动、政务服务利企便民的发展格局,使数据资源更好服务全市经济社会发展和人民生活改善,为全市信息化、智慧城市、大数据发展提供技术支持和服务保障
22	昆明市大数据管理局	2017 年 3 月	昆明市经信委	按照国家、省的要求拟定大数据标准体系和考核体系,组织实施大数据采集、管理、开放、交易、应用等相关工作;统筹推进社会经济各领域大数据开放应用;统筹协调智慧城市建设的整体推进工作等
23	内蒙古自治区大数据发展管理局	2017 年 1 月	内蒙古自治区人民政府	尚无官网简介
24	青岛市大数据发展促进局	2016 年 11 月	青岛市人民政府	调整完善大数据发展协调推进体制;负责组织建立信息资源安全管理制度,指导督促信息资源采集、共享、使用全过程的安全保障工作,指导推进信息资源风险评估和安全审查,加强对大数据安全技术、设备和服务提供商的风险评估和安全管理;突出加强大数据信息安全体系建设;健全大数据发展法规和政策体系等

续表

序号	机构名称	成立时间	隶属机构	职能
25	成都市大数据和电子政务管理办公室	2017 年	成都市人民政府办公厅	负责拟订全市大数据发展战略、规划和政策措施并组织实施，引导和推动大数据研究和应用工作；组织拟订大数据收集、管理、开放、应用等标准规范和考核体系；统筹推进全市数据资源互联互通和共享开放等
26	银川市大数据管理服务局	2016 年 11 月	银川市人民政府	研究并组织实施智慧银川建设以及大数据战略、规划和政策措施，引导和推动智慧银川建设以及大数据的研究和应用工作，协调信息资源的互联互通、资源共享；协调、组织实施国家和地方数据技术标准，研究基础信息资源共享交换目录、技术规范和范围；组织实施大数据的标准体系和考核体系，推动大数据形成机制的建立和开发应用；组织实施大数据收集、管理、开放、交易、应用等标准规范；组织实施智慧银川运行管理规范和部件标准；协调全市信息安全保障体系建设等
27	贵阳市大数据发展管理委员会	2016 年 9 月	贵阳市人民政府	研究拟订并组织实施大数据战略、规划和政策措施，引导和推动大数据研究和应用工作；组织拟订大数据的标准体系和考核体系；拟定大数据收集、管理、开放、应用等标准规范；负责以大数据为引领的信息产业行业管理，统筹推进社会经济各领域大数据开发应用；组织编制电子政务建设规划“互联网 +”行动计划并组织实施；组织协调市级重大电子政务项目建设和“互联网 +”应用工程；负责信息基础设施规划、协调、管理和监督；负责统筹政务信息网络系统、政务数据中心的建设、管理，促进政府数据资源的共享与开放；统筹协调信息安全保障体系建设；承担信息安全等级保护、应急协调和数字认证相关工作；承办市委、市人民政府交办的其他事项

续表

序号	机构名称	成立时间	隶属机构	职能
28	咸阳市大数据管理局	2016年7月	咸阳市人民政府	负责全市信息共享工作的组织领导,协调解决与政府信息共享有关的重大问题;研究拟订并组织实施大数据战略、规划和政策措施,引导和推动大数据研究和应用工作;组织制定大数据收集、整理、发布、维护、更新等标准规范;建立全市统一的数据服务中心和信息共享机制;对共享信息实行动态管理,确保共享信息的准确性、实效性;统筹协调信息资源的安全管理,承担信息安全等级保护、应急协调和数字认证等工作
29	宁波市大数据管理局	2016年6月	宁波市经信委	负责拟订并组织实施全市大数据发展战略、规划和政策措施;组织制定全市大数据资源收集、共享、开放、应用、交易等标准规范,统筹管理全市政务数据资源收集、挖掘、共享、开放工作;负责全市信息基础设施集约化规划、建设、管理和应用;协调并监督重大信息基础设施建设和信息资源开发项目建设,组织推进国家大数据相关工程建设;统筹推进城市公共服务大数据应用,协调推进全社会大数据建设,推进面向全社会的城市大数据资源体系、交易体系、应用体系建设;组织制定大数据发展工作考核体系、标准并监督检查和评估考核;指导产业大数据应用,制定大数据产业发展政策,培育大数据产业,协调大数据产业合作,配合推进大数据产业基地建设等

续表

序号	机构名称	成立时间	隶属机构	职能
30	江门市网络信息统筹局	2016年5月	江门市人民政府	统筹数据管理,为当地政府的决策提供数据支撑,确保科学决策等
31	浙江省数据管理中心	2015年11月	浙江省人民政府	拟定并组织实施大数据发展规划和政策措施;研究制定数据资源采集、应用、共享等标准规范;统筹推进大数据基础设施建设、管理;组织协调大数据资源归集整合、共享开放,推进大数据应用;组织协调大数据信息安全保障体系建设;负责大数据发展的政策制定、相关整合工作、数据开放共享等顶层设计职能
32	保山市大数据管理局	2015年11月	保山市人民政府	推荐数据资源整合、开放与利用;深入推进"互联网+"惠民工程;促进保山国际数据服务产业园发展。一是推进数据资源整合、开放与利用;二是深入推进"互联网+"惠民工程;三是促进保山国际数据服务产业园发展
33	黄石市大数据管理局	2015年11月	黄石市经信委	研究拟订并组织实施大数据战略、规划和政策措施,引导和推动大数据研究和应用工作;组织制定大数据收集、管理、开放、应用等标准规范;推动形成全社会大数据形成机制的建立和开发应用;承担企业情况综合工作,负责企业数据收集和存储;负责统筹政务信息网络系统、政务数据中心的建设、管理等

续表

序号	机构名称	成立时间	隶属机构	职能
34	贵州省大数据发展管理局	2015 年 10 月	贵州省人民政府	研究拟订并组织实施大数据战略、规划和政策措施,引导和推动大数据研究和应用工作;组织拟定大数据的标准体系和考核体系;拟定大数据收集、管理、开放、应用等标准规范;负责以大数据为引领的信息产业行业管理,统筹推进社会经济各领域大数据开发应用;组织编制电子政务建设规划"互联网 +"行动计划并组织实施;组织协调市级重大电子政务项目建设和"互联网 +"应用工程;负责信息基础设施规划、协调、管理和监督;负责统筹政务信息网络系统政务数据中心的建设、管理,促进政府数据资源的共享与开放;统筹协调信息安全保障体系建设,承担信息安全等级保护,应急协调和数字认证相关工作等
35	兰州市大数据管理局	2019 年 2 月 19 日	兰州市人民政府	根据《兰州市机构改革方案》,将全市人工智能、信息化推进、社会公共信息资源整合与应用、智慧城市建设等职能进行整合,组建兰州市大数据管理局
36	沈阳市大数据管理局	2015 年 6 月	沈阳市经信委	负责组织制定智慧沈阳的总体规划和实施方案;研究制定大数据战略、规划和相关政策;组织制定大数据的标准体系和考核体系,统筹推动全社会大数据库建设,组织制定大数据采集、管理、开放、交易、应用等标准规范;指导大数据产业发展;组织协调政务信息资源共享;统筹协调信息安全保障体系建设等工作

续表

序号	机构名称	成立时间	隶属机构	职能
37	广州市大数据管理局	2015 年 5 月	广州市工信委	研究拟订并组织实施大数据战略、规划和政策措施,引导和推动大数据研究和应用工作;协调、组织实施国家和地方数据技术标准,研究拟定基础信息资源共享交换目录、技术规范和范围;组织制定大数据收集、管理、开放、应用等标准规范;制定智慧城市运行管理规范和部件标准并组织实施;推动形成全社会大数据形成机制的建立和开发应用;负责统筹规划建设工业大数据库,建立企业能耗、环保、安全生产监测指标等数据库。支撑量化融合公共信息平台的运行;负责企业数据信息采集、统计、分析、报告等企业情况综合工作等
38	广东省大数据管理局	2014 年 2 月	广东省经信委	研究拟定并组织实施大数据战略、规划和政策措施,引导和推动大数据研究;组织制定大数据收集、管理、开放、应用等标准规范;推动形成全社会大数据形成机制的建立和开发应用;承担企业情况综合工作,负责企业数据收集和存储;组织编制电子政务建设规划并组织实施;组织协调政务信息资源共享;负责统筹政务信息网络系统、政务数据中心建设、管理;统筹协调信息安全保障体系建设;承担信息安全等级保护、应急协调和数字认证相关工作等

续表

序号	机构名称	成立时间	隶属机构	职能
39	深圳市政务服务数据管理局	2019年2月1日	深圳市人民政府	(一)贯彻执行国家、省、市关于政务服务、电子政务、政务数据管理、信息安全等工作的法律、法规和政策,拟订有关地方性法规、规章草案和政策并组织实施。 (二)负责统筹推进"智慧城市"和"数字政府"建设,拟订有关发展规划、年度计划并组织实施。 (三)负责统筹推进电子政务建设。负责电子政务外网(含政务办公网和政务服务网)、政务云平台、公共支撑平台、通用应用系统(含"织网工程"系统和"公务员之窗"网站)的建设、管理、应用和安全保障工作,统筹协调各部门业务应用系统建设,指导各区电子政务建设。 (四)负责政务数据管理。拟订政务数据体系规划并组织实施,建设管理基础信息资源库,统筹政务数据的归集、管理、分析和应用工作,推进政务数据资源共享和开放。 (五)负责对电子政务项目建设实施集约化管理和监督指导,协助开展电子政务项目的立项审批和验收监督。协助开展部门电子政务运维经费审核。 (六)负责推进信息安全管理。推进信息安全保障体系建设,组织实施信息安全防护、应急管理和处置。统筹电子政务安全管理工作,指导监督各部门电子政务安全工作。 (七)协同推进行政审批制度改革、审批服务便民化相关工作,按规定负责政务服务事项管理,推进政务服务事项目录管理、标准化建设及流程优化等工作。

续表

序号	机构名称	成立时间	隶属机构	职能
				(八)统筹政务服务体系建设,推动政务服务一体化和改革创新。负责市行政服务大厅和网上办事大厅的管理,指导各区各部门开展政务服务工作。 (九)负责管理市政府12345公开电话,承担来电事项的转办、督促检查等工作。 (十)负责统筹政府网站工作,负责市政府门户网站建设,指导协调全市政府网站建设和管理。 (十一)协调推进公共资源交易平台的建设和管理等工作。 (十二)负责政务服务、电子政务、政务数据管理和信息安全标准体系建设、效能监督和考核工作。推进政务服务、电子政务、政务数据管理和信息安全标准化工作。 (十三)完成市委、市政府和上级部门交办的其他任务。 (十四)与市政府办公厅有关职责分工。市政府办公厅负责政府职能转变、行政审批制度改革的统筹协调工作。市政务服务数据管理局按规定负责政务服务事项管理,推进政务服务事项目录管理、标准化建设及流程优化等工作
40	宁夏回族自治区银川市大数据管理服务局	2016年11月	银川市人民政府	研究并组织实施智慧银川建设以及大数据战略、规划和政策措施,引导和推动智慧银川建设以及大数据的研究和应用工作,协调信息资源的互联互通、资源共享;协调、组织实施国家和地方数据技术标准,研究基础信息资源共享交换目录、技术规范和范围;组织实施大数据的标准体系和考核体系,推动大数据形成机制的建立和开发应用;组织实施大数据收集、管理、开放、交易、应用等标准规范;组织实施智慧银川运行管理规范和部件标准;协调全市信息安全保障体系建设等

续表

序号	机构名称	成立时间	隶属机构	职能
41	芜湖市人民政府信息化办公室(大数据管理局)	未知	芜湖市人民政府	(一)贯彻执行国家、省有关国民经济和社会信息化工作的方针政策和法律法规;结合本市实际,研究拟定信息化工作的政策、规定和管理办法;制定技术规范及标准,并组织实施。 (二)根据国民经济和社会发展总体规划,研究制定信息化发展战略,编制信息化建设中长期规划、信息化建设年度计划,并组织实施和监督、检查。 (三)负责全市信息化建设项目的规划、管理和协调工作;负责政府投资信息化建设项目的立项审查、过程监督和验收评估,并会同有关部门组织、协调和监督信息化专项资金的使用。负责规划、组织和实施全市电子政务工作,推进重大信息化工程建设;组织、协调和推动跨行业、跨部门的互联互通和重要信息资源的开发利用。 (四)协调信息安全管理,指导和监督政府部门、重点行业的重要信息安全系统与基础信息网络的安全保障工作,协调全市信息安全保障体系建设,指导信息安全防范工作;会同有关部门协调处理网络与信息安全重大事件。 (五)会同有关部门协调通信管线、公用通信网、有线电视网、专用信息网等通信信息基础设施的规划与建设。 (六)负责信息化宣传、教育、培训和信息专业人才推荐引进等工作;负责信息化工作的国际、国内交流与合作;指导县、区信息化建设工作。 (七)承担市信息化工作领导小组暨智慧城市建设工作领导小组办公室的日常工作

续表

序号	机构名称	成立时间	隶属机构	职能
42	北京市经济和信息化局(大数据管理局)	2018年11月8日	北京市人民政府	组织研究制定本市信息化工作的方针、政策,组织协调本市有关法规、规章草案和技术标准的制定工作,负责国家及本市有关政策、法规、规范、技术标准的宣传、贯彻工作;组织研究制定本市信息化的发展战略、总体规划以及分阶段实施方案,并负责监督、检查规划、方案的实施;组织协调跨部门、跨地区、关系国民经济和社会发展的重大信息工程项目的建设,指导重点信息化建设工作,在统筹规划下,对重大信息工程项目的立项、可行性研究和开工建设提出意见
43	日照市大数据发展局	2018年12月28日	日照市人民政府	主要负责牵头制定并组织实施全市大数据发展应用规划和政策措施,加快建设“互联网+政务服务”;统筹规划大数据基础设施建设,建立完善数据开放平台和标准体系,推动政府数据开放共享利用,承担政务服务平台建设管理工作;指导协调大数据产业发展,健全大数据安全保障体系等
44	淮北市数据资源管理局	2019年2月14日	淮北市人民政府	整合了市政务服务中心的职责和市政府办公室、市经济和信息化委员会的数据资源管理相关职责
45	滁州市数据资源管理局	2019年1月30日	滁州市人民政府	将市政府政务服务中心(市政府政务公开办公室)的政务服务相关职责,市信息化建设和管理办公室的职责,以及市政府办公室、市发展和改革委员会、市经济和信息化委员会的数据资源管理相关职责整合

续表

序号	机构名称	成立时间	隶属机构	职能
46	潍坊市大数据局	2019年1月27日	潍坊市人民政府	贯彻落实中央、省委部署，主动适应数字信息技术快速发展，加快推动大数据发展和应用，优化全市大数据资源配置、加快建设数字政府和服务型政府，助推新旧动能转换和高质量发展
47	聊城市大数据局	2019年1月28日	聊城市人民政府	运用大数据提升政府治理能力，建立用数据说话、决策、管理、创新的机制，推进政府数字化转型；运用大数据优化营商环境，最大限度利企便民；运用大数据保障改善民生，更好地解决民生“痛点”“堵点”“难点”问题。深入推进大数据与云计算、物联网、移动互联网、人工智能等新一代信息技术融合发展，培育新兴业态，推进大数据生态产业成为新旧动能转换的新亮点，为全市经济社会高质量发展提供坚强保障
48	南京市大数据管理局	2019年1月16日	南京市人民政府	将市政府办公厅、市发展和改革委员会、市经济和信息化委员会承担的大数据开放共享、产业发展、开发应用以及电子政务等管理职责整合

续表

序号	机构名称	成立时间	隶属机构	职能
49	无锡大数据管理局	2019年1月26日	无锡市人民政府	(一)拟订并组织实施全市大数据、信息化及智慧城市建设等相关发展战略、发展规划、年度计划、政策措施和评价体系;起草大数据相关的地方性法规和规章草案。 (二)组织实施国家和地方大数据、信息化及智慧城市建设行业技术规范和标准;组织拟订全市数据资源采集、使用、管理、开放等标准规范,并监督实施。 (三)组织实施城市大数据中心和数据共享开放平台的建设管理;组织协调全市政务数据和公共数据资源的目录制订、归集管理、整理利用、共享开放。 (四)推动大数据在政府治理、社会治理、产业发展、技术研发等领域的研究和开发应用工作;推进全市大数据、云计算等相关产业发展。 (五)指导全市大数据安全保障体系建设,组织实施全市公共数据的安全保障工作。 (六)统筹智慧城市建设发展工作,组织协调全市电子政务建设和管理。 (七)负责全市大数据、信息化领域的人才培养和对外交流合作。 (八)完成市委、市政府交办的其他任务。 (九)与市工业和信息化局的有关职责分工。市工业和信息化局负责信息基础设施规划协调和管理,推进电信、广播电视和互联网的“多网”融合发展;负责软件产业发展;协调电子商务发展;承担跨部门、跨地区和重要时期的信息化应急管理、国防动员职责;市大数据管理局负责统筹推进大数据、云计算产业发展和行业管理工作,推进全市政务信息化和智慧城市建设工作

续表

序号	机构名称	成立时间	隶属机构	职能
50	上饶市大数据发展管理局	2019年1月31日	上饶市人民政府	整合了市政府办公室的公共数据和电子政务及政府门户网站建设管理职责,市工信和信息化委员会的电子政务发展、政务和社会公共服务信息资源开发利用职能,以及市委市政府电子政务办公室的相关职能
51	西安市大数据管理局	2019年2月1日	西安市人民政府	整合了市政府办公厅的12345热线、网上群众工作和电子政务有关数据管理职责,以及原市工信委的数据资源管理和产业发展职责,原市投资委的新经济产业发展职责
52	濮阳市政务服务和大数据管理局	2019年2月	濮阳市人民政府	将市政府相关部门的推进“放管服”改革、行政审批与便民服务建设、电子政务规划建设指导、数据挖掘利用、智慧城市建设、公共资源交易管理等相关职责整合
53	遂宁市政务服务和大数据管理局	2019年2月21日	遂宁市人民政府	整合市政府政务服务中心,市政府办公室推进全市行政审批制改革职责、政务服务管理职责,有关部门大数据管理职责,通过对大数据潜力的挖掘和使用,利用信息技术手段打破数据壁垒,实现政务服务高效、优化,为下一步智慧城市的建设奠定基础。深化大数据挖掘和应用,努力构建集约高效、互联互通、便民惠民的政务服务平台。充分开发和运用好大数据,顺应数字经济时代推动大数据经济发展。着眼营商环境的优化和审批便民服务,持续做好服务企业服务群众的各项工作,促进行政审批提质增效

续表

序号	机构名称	成立时间	隶属机构	职能
54	雅安市政务服务和大数据局	2019 年 1 月 23 日	雅安市人民政府	将市政管办的职责、相关部门的深化行政审批制度改革、电子政务以及大数据信息资源整合与应用等职责整合
55	临沂市大数据局	2019 年 1 月 29 日	临沂市人民政府	政府信息公开;统筹管理全市数据资源;指导规范数据资源交易;促进政务、民生、产业领域各类数据资源的深度开发利用与共享开放
56	郑州市大数据管理局	2019 年 1 月 26 日	郑州市人民政府	(一)贯彻执行国家、省有关大数据工作的方针政策和法律法规;研究拟定并组织实施全市大数据战略、地方性法规规章草案、发展规划、年度计划、政策措施和评价体系;研究制订全市数据采集、存储、使用、开放、共享、交易等标准规范并组织实施。 (二)负责全市"数字政府"、新型智慧城市、"互联网+"行动、电子政务的规划、实施、考核;负责研究拟订新型智慧城市发展的规划政策和标准规范、考核体系并组织实施。 (三)拟订市级大数据、信息化项目建设计划及专项资金年度计划并组织实施;负责市政府投资的信息化项目的计划编制、论证、建设、监管、验收、考核工作;会同有关部门做好市级财政用于大数据发展和信息化建设资金的监管和使用工作。 (四)负责全市政务信息基础设施规划、协调、管理和监督;统筹协调相关部门拟定全市信息通信管线、公共通信网、下一代互联网、物联网规划建设;统筹指导全市政务信息系统、数据中心、政务云、政务网络、公共服务大数据等系统平台建设和管理。

续表

序号	机构名称	成立时间	隶属机构	职能
				(五)指导全市经济社会各领域、各行业信息化建设和大数据开发、挖掘、利用,统筹推进数字经济,构建数字经济产业生态体系,促进全市数据资源的深度应用。 (六)负责全市人口、法人、空间地理、电子证照等基础数据库和若干主题数据库建设,推进全市跨部门、跨层级数据交换共享平台的建设和应用。 (七)负责全市大数据产业发展和行业管理,促进大数据核心业态、关联业态、衍生业态发展;监测分析大数据产业发展运行态势,协调产业发展中的重大问题并提出对策建议;指导行业技术创新和技术进步,促进科研成果产业化;推动大数据政产学研用体系建设。 (八)负责全市数据资源、政务信息化领域的对外交流合作;拟订并组织实施大数据相关信息化人才发展规划;会同有关部门做好全市大数据、政务信息化人才引进、培养和教育培训等工作;建立全市大数据专家咨询机制;组织企业开展区域合作与招商。 (九)统筹推进全市数据安全保障体系建设;会同有关部门指导和监督全市政府部门、重点行业的重要信息安全系统与基础信息网络的安全保障工作,参与信息安全应急协调工作;组织实施全市政务数据的安全保障工作,会同有关部门做好全市公共数据安全保障工作。 (十)指导各县(市、区)、开发区和各部门数据管理机构开展工作,并实施考核。 (十一)完成市委、市政府交办的其他事项

续表

序号	机构名称	成立时间	隶属机构	职能
57	新乡市政务服务和大数据管理局	2019年1月14日	新乡市人民政府	负责全市行政审批制度改革的组织实施工作,制定政务服务中心大厅各项规章制度、管理办法并组织实施,指导监督全市政府信息公开工作,负责市政府机关政务信息化系统的规划、建设、技术与安全保障,推进物联网、云计算、大数据等基于信息技术的新兴产业发展
58	三门峡市政务服务和大数据管理局	2019年1月31日	三门峡市人民政府	全面推进新型智慧城市建设和大数据产业培育,积极加强网络经济大市建设,努力把三门峡市建设成为中西部地区知名的新型智慧城市建设先行区、智能产品制造集聚区、数据经济创业创新高地
59	洛阳市政务服务和大数据管理局	2019年1月8日	洛阳市人民政府	深入推进国家"互联网+政务服务"示范工程建设,深度整合融合部门资源,进一步深化大数据挖掘和应用,建成统一的电子政务服务平台和数据共享交换平台,建立整体联动、部门协调、一网办理的"互联网+政务服务"支撑及应用体系,推动政府部门数据的共享开放
60	驻马店市政务服务和大数据管理局	2019年1月29日	驻马店市人民政府	将相关部门的电子政务规划建设指导、行政审批与便民服务建设、数据挖掘利用、市政府办公室"放管服"改革等相关职责进行整合,实现了相关职能、资源和力量的深度融合,重点是积极推进"一网通办"前提下的"最多跑一次"改革,着力推动政务信息联通共享,不断提升政府服务水平,最大限度地方便企业和群众办事

续表

序号	机构名称	成立时间	隶属机构	职能
61	武汉市政务服务和大数据管理局	2019年1月29日	武汉市人民政府	在原市政务办职能基础上整合政务公开、大数据管理以及市审批制度改革等职能
62	德州市大数据局	2019年1月30日	德州市人民政府	整合市政府办公室的电子政务管理职责,市电子政务办公室承担的行政职能,以及相关部门的大数据管理、大数据发展规划、大数据基础设施建设等职责
63	孝感市政务服务和大数据管理局	2019年3月1日	孝感市人民政府	将市人民政府政务服务中心管理办公室的职责,市公共资源交易管理委员会办公室(市公共资源交易监督管理局)的行政职能,以及市机构编制委员会办公室的行政审批制度改革职责,市人民政府办公室的政务信息管理、电子政务建设管理等职责整合
64	百色市大数据发展局	2019年3月13日	百色市人民政府	承担推进数字百色建设,统筹全市电子政务基础设施和重要信息系统建设,采集、汇聚、管理政府和社会数据,推进战略新兴产业发展,整合相关部门信息化建设、政务服务监督管理等职能
65	四川省大数据中心	2019年7月19日	四川省人民政府	为开展全省大数据发展战略、地方性法规、规章草案和标准规范的基础性研究工作;为全省电子政务基础设施规划建设、组织实施、运行维护提供支撑服务;承担全省政府数据、公共数据、社会数据汇聚整合、共享开放、应用融合等数据管理工作;负责全省一体化政务服务平台、四川政务服务网等政务服务平台建设管理;开展面向政务服务的大数据、物联网、人工智能等新技术新模式应用研究及示范试点;推进政务系统大数据安全体系建设和安全保障工作等

续表

序号	机构名称	成立时间	隶属机构	职能
66	黑龙江省政务大数据中心	2019年5月22日	黑龙江省营商环境建设监督局	整合了省政务信息化管理服务中心、省工信委信息中心、省科技厅所属计算中心、省计算机软件研究中心、原省委防办所属省教育转化中心以及省发改委所属省信息中心等6家单位或职能，组建了省政务大数据中心。该中心承担推进数字黑龙江建设，统筹全省电子政务基础设施和重要信息系统建设，肩负政府数据和社会数据采集、汇聚、管理，推进战略新兴产业发展等方面重要职责
67	许昌市政务服务和大数据管理局	2019年1月31日	许昌市人民政府	整合市政府办公室的优化政务服务、市编办的行政审批制度改革、市工信局的信息化管理服务（大数据管理）、智慧城市建设和市行政服务中心承担的相关行政职能等职责，肩负着深化“放管服”改革，提升政府治理能力，优化营商环境，保障和改善民生等重要职责
68	阳泉市大数据应用局	2019年4月19日	阳泉市人民政府	（一）贯彻执行国家、省有关大数据、信息化工作的方针政策和法律法规。研究制定并组织实施全市大数据发展战略，编制全市大数据建设中长期规划和年度计划并组织实施、监督检查。研究制定大数据工作的相关规定和管理办法，制订技术规范及标准并组织实施。统筹推进我市以大数据、云计算、人工智能为主的新一代信息技术及产业的发展，加强大数据工作的管理。 （二）统筹推进全市新型智慧城市、“互联网＋”行动计划规划、实施、考核工作。负责研究拟订智慧城市发展的规划政策和标准规范，制定智慧城市建设年度工作任务，并负责考核评价工作。统筹协调全市电子政务

续表

序号	机构名称	成立时间	隶属机构	职能
				建设工作。负责统筹全市电子政务建设资源的调配,统筹管理市直部门政务信息系统建设项目和资金。指导县(区)和市直部门信息化建设,并实施考核。 (三)统筹推进大数据、云计算、人工智能、智能物联网等新一代信息技术为代表的数字经济,构建现代信息技术和产业生态体系。组织实施大数据采集、管理、开放、交易、应用等相关工作。负责以大数据为引领的信息产业行业管理。做好"企业上云"的服务工作。负责对全市国资大数据公司的业务指导、监督与考核。 (四)主管全市数据资源工作,研究拟订全市数据资源战略、规划和政策措施。统筹全市数据资源体系的建设、管理工作,实现数据资源跨层级、跨部门、跨行业、跨领域的共享和交换,促进数据资源的政用、民用和商用。负责建设全市数据共享开放平台,推动政府数据资源共享与开放,引导社会数据资源汇聚融合。 (五)负责全市新型智慧城市、新一代信息技术应用项目的审核、规划、管理、备案和协调工作。制定年度大数据信息化项目建设计划。组织协调市级重大电子政务项目建设和"互联网+应用"工程。会同有关部门统筹安排全市大数据专项资金的使用、验收、考核工作。 (六)负责全市信息技术领域基础设施规划、协调、管理和监督工作。统筹协调全市智能物联网应用基地及大数据信息产业园区建设工作,负责全市大数据、云计算数据中心体系建设。统筹推进公用通信网、广播电视网、计算机网、物联网等信息基础设施规划建设及融合发展

续表

序号	机构名称	成立时间	隶属机构	职能
				(七)负责全市新型智慧城市、新一代信息技术及产业领域对外交流合作,推动大数据产学研用结合。参与全市大数据领域信息化人才培养和引进工作,建立全市大数据信息化专家咨询机制。组织企业开展区域合作,指导有关行业协会、研究院、联盟机构工作。指导行业技术创新和技术进步,促进科研成果产业化,推动软件业、信息服务业等大数据新兴产业发展和技术进步。 (八)促进全市信息安全保障体系建设。协助有关部门指导和监督政府部门、重点行业的重要信息安全系统与基础信息网络的安全保障工作。促进信息安全防范工作,开展信息安全宣传教育。 (九)完成市委、市政府交办的其他任务
69	丽水市大数据发展管理局	2019年1月	丽水市人民政府	将市政府办公室公共数据和电子政务及政府门户网站建设管理职责与市经济和信息化委员会电子政务发展、政务和社会公共服务信息资源开发利用职责等整合,统筹全市公共数据资源,打破信息孤岛,促进数据整合开放共享,推进政府数字化转型
70	南昌市大数据发展管理局	2019年4月3日	南昌市人民政府	围绕"善政、惠民、兴业"三大重点,开展南昌"城市大脑""大数据中心""南昌政务云"等工程建设,将各个部门"背靠背"分散的"小数据",变为该市统一管理的"大数据"

续表

序号	机构名称	成立时间	隶属机构	职能
71	济南市大数据局	2019年3月22日	济南市人民政府	(一)贯彻执行大数据相关法律法规和方针政策,起草有关地方性法规、政府规章草案和规范性文件。落实国家、省大数据相关技术标准和大数据标准规范,拟订相关标准规范实施办法并组织实施。 (二)牵头实施大数据战略,负责拟订市大数据局发展规划、政策措施和评价体系并组织实施,推进“智慧泉城”“数字政府”“数字政务”建设,推动社会治理模式创新。 (三)负责统筹大数据基础设施建设,承担全市大数据基础设施建设的规划、协调、管理职责。牵头推进政务领域大数据基础设施建设,负责市电子政务云平台、电子政务外网等统一基础设施的规划、建设、协调、管理。指导其他领域大数据基础设施建设。 (四)统筹管理全市数据资源。建立完善数据资源管理体系,管理政务数据资源和社会数据资源,指导规范数据资源交易。组织编制全市政务信息资源目录,推动数据资源采集汇聚。建立完善数据服务政府决策的机制,完善市级政务信息资源共享交换平台和公共数据资源开放平台,促进政务、民生、产业领域各类数据资源的深度开发利用与共享开放。 (五)负责全市电子政务工作。研究提出全市电子政务发展规划并组织实施,对相关工作开展评估考核,推进政务信息系统整合共享。推动全市政务服务平台和业务协同体系建设,承担市政务服务平台的统筹规划和建设管理工作。配合市委办公厅推进全市电子政务内网建设和管理工作。

续表

序号	机构名称	成立时间	隶属机构	职能
				(六)负责宏观指导协调、微观组织实施大数据相关产业发展,负责全市大数据相关产业行业管理。牵头制定和落实促进大数据以及相关产业发展的政策措施,促进政用、民用、商用大数据融合发展,促进以数据为关键要素的数字经济发展,推动数字经济与实体经济深度融合。推进大数据与云计算、物联网、移动互联网、人工智能等新一代信息技术融合发展,培育新兴业态。监测分析大数据以及相关产业发展运行态势,协调产业发展中的重大问题。 (七)负责统筹推进全市大数据安全保障体系建设,指导监督政务数据、公共数据和重点行业数据的安全保障工作。 (八)配合有关部门拟订全市大数据人才队伍建设的相关政策措施,做好大数据相关知识普及、教育培训等工作。开展大数据对外交流与合作。 (九)承担市电子政务建设和大数据发展工作领导小组日常工作。 (十)负责本部门党的建设、意识形态、宣传思想和群众工作。 (十一)履行法律、法规、规章规定的其他职责。 (十二)完成市委、市政府交办的其他任务。 (十三)职能转变。按照党中央、国务院关于转变政府职能、深化放管服改革,深入推进审批服务便民化的决策部署,认真落实省委、省政府深化"一次办好"和市委、市政府"一次办成"改革的要求。加快实施大数据发展战略,推进"智慧泉城"和"互联网+政务服务"建设,推进信息资源整合利用,着力解决信息"孤岛"和数据"烟囱"问题,加快政府数字化转型,提升民生公共服务水平。主动适应

续表

序号	机构名称	成立时间	隶属机构	职能
				信息时代发展的新要求,培植壮大大数据以及相关产业,助力全市新旧动能转换,推动经济社会各领域数字化转型发展
72	海南省大数据管理局	2019 年 5 月 23 日	海南省人民政府	承担我省大数据建设、管理和服务等职责,具体包括负责相关项目管理和审核;组织实施大数据、信息化、智慧城市政策措施;推进社会经济、民生保障各领域大数据开发应用;统筹全省政务信息网络系统等项目的建设和管理以及政府数据采集汇聚、登记管理、共享开放;推动大数据产业发展和对外交流合作、人才队伍建设等职责
73	吕梁市大数据应用局	2019 年 1 月 31 日	吕梁市人民政府	(一)研究拟订大数据发展战略、规划、政策措施,组织拟订地方性标准规范。 (二)负责全市大数据发展应用工作。承担大数据行业管理工作,推动大数据行业公共服务体系建设,统筹推进社会经济各领域的大数据开发应用,负责大数据基础设施建设的协调、管理和监督工作。 (三)负责市级大数据项目建设的统筹管理、资金使用等工作,促进公共数据资源共享开放。 (四)协调数据安全保障体系建设,组织实施数据安全审查和监管工作,承担数据安全应急协调相关工作。 (五)负责大数据领域对外交流合作,承担全市大数据人才队伍建设工作,承办市大数据产业发展推进领导组的具体工作。 (六)将所属事业单位承担的行政职能全部划归市大数据应用局。 (七)承担法律法规规定的其他职能,完成市委、市政府交办的其他任务

续表

序号	机构名称	成立时间	隶属机构	职能
74	鹤壁市政务服务和大数据管理局	2019 年 1 月 25 日	鹤壁市人民政府	(一)组织起草全市政务服务和政务信息化相关政策、标准规范并组织实施。 (二)统筹推进全市"数字政府"建设,拟订建设规划和年度建设计划并组织实施。 (三)统筹推进全市"一网通办"前提下"最多跑一次"改革工作。 (四)统筹市级政务信息系统建设规划,提出项目建设具体意见。 (五)统筹管理政务云平台、政务服务平台、金融服务共享平台和电子政务网络等。 (六)统筹推进全市政务服务和数据管理体系建设,指导各县区、各部门政务服务和数据管理机构开展工作。 (七)组织协调全市政务服务环境优化和评价工作,负责市级政务服务质量的监督评价。 (八)负责全市行政审批改革、审批服务便民化相关工作,负责全市政务服务事项目录管理和标准化建设。 (九)统筹全市数据资源管理和建设工作。组织推动大数据研究、开发、应用和对外合作交流。承担大数据人才队伍建设工作。协调服务大数据产业发展。 (十)统筹全市电子政务基础设施、信息系统、数据资源等安全保障工作,负责"数字政府"平台安全技术和运营体系建设,监督管理市级信息系统和数据库安全。 (十一)健全完善全市统一规范的公共资源交易平台。 (十二)完成市委、市政府交办的其他任务

续表

序号	机构名称	成立时间	隶属机构	职能
75	德阳市政务服务和大数据管理局	2019年2月19日	德阳市人民政府	(一)贯彻执行国家和省、市放管服、行政审批制度改革、政务服务、大数据、政府信息公开等方面的方针政策、法律法规和重大决策部署。负责拟订全市相关发展规划、政策措施、管理办法和考核细则并组织实施。 (二)牵头推进全市放管服、行政审批制度和新时代政务服务改革,营造优质高效的营商投资政务服务环境。 (三)负责全市政务服务标准化建设,建立健全市、县(市、区)、乡镇(街道)、村(社区)四级政务服务体系。 (四)负责规范全市政务服务行为,跟踪督办进驻市级政务服务大厅政务服务事项,对进驻窗口工作人员进行管理、培训和考核,承担对办理政务服务事项投诉举报的处理、转办和督办等工作。 (五)统筹推进全市大数据资源开发应用、互联互通、共享开放和新型智慧城市建设等工作。 (六)负责大数据领域对外交流合作。指导大数据行业协会、学会、联盟机构等社会组织工作。承担大数据人才队伍建设工作。 (七)统筹推进全市电子政务工作,负责拟订全市电子政务和“互联网+政务服务”发展规划、政策、规章制度并组织实施。 (八)统筹规划全市大数据、电子政务、信息化基础设施建设,承担相关工作推进情况的监督管理。 (九)负责推进和监督指导全市政府信息公开、政务公开工作。 (十)负责职责范围内的安全生产、职业健康、生态环境保护、社会信用体系建设和审批服务便民化等工作。 (十一)完成市委、市政府交办的其他任务

续表

序号	机构名称	成立时间	隶属机构	职能
76	柳州市大数据发展局	2019 年 3 月 5 日	柳州市人民政府	1. 负责统筹推进全市信息化、数字化发展工作。负责统筹全市相关机构的信息化、数字化领域有关项目建设,信息资源开发利用共享等工作。负责全市大数据发展、数字柳州建设及其管理、指导、协调等工作。 2. 负责起草大数据发展、数字柳州建设领域的地方性法规、规章草案,拟订相关行业技术标准规范、管理办法和考核评估办法并组织实施。 3. 负责组织拟订并推动实施大数据发展、数字柳州发展战略规划,负责拟订并组织实施全市数字政府、数字经济、数字社会、数字设施领域的专项发展规划和年度计划,提出加快大数据发展、数字柳州建设的意见建议。 4. 负责拟订市本级信息化、数字化领域的财政性资金(专项资金)年度投资计划并组织实施。负责审批市本级信息化、数字化领域财政性资金投资项目。 5. 负责统筹协调推进数字设施建设,配合做好网络安全工作。负责推进电子政务网络、数据资源安全体系建设。负责协调通信基础设施等其他基础设施建设。负责协调推进公共数据共享开放平台建设。 6. 负责统筹全市数据资源建设、管理、应用,政务数据的汇聚、共享。指导协调行业主管部门推进社会数据的汇聚、共享,统筹推进政府数据和社会数据的开放、应用。 7. 负责统筹数字政府建设。负责全市统一的电子政务云平台、公共应用平台和公共支撑平台建设。负责全市政府网站的统筹规划、监督考核、综合分析等工作。

续表

序号	机构名称	成立时间	隶属机构	职能
				8. 负责统筹数字经济发展。协调推进大数据与三次产业深度融合。协调业务主管部门推动大数据、人工智能、物联网等新一代信息技术在实体经济中的创新融合。负责全市数字经济运行分析。 9. 负责统筹数字社会建设。协调推动互联网、大数据、云计算、人工智能等新技术与社会民生深度融合。协调推进数字城市、数字乡村、数字信用、数字文化、数字公共安全等领域的大数据应用。协调推动民生服务市场化发展。 10. 负责统筹大数据领域人才队伍建设。 11. 完成市委、市政府交办的其他任务

注:本表基于网络检索结果形成,虽然我们已尽力实现相关信息的真实性、完整性和全面性,但并不对它们的准确性做出任何明示或隐含的保证。

表 3-4 省市大数据政策汇总(截至 2019 年 9 月)

序号	省/自治区/直辖市	级别	文件名称	颁布时间
1	贵州	贵州省	《关于促进大数据云计算人工智能创新发展加快建设数字贵州的意见》	2018 年 6 月 11 日
			《贵州建设社会信用体系与大数据融合发展试点省 2019 年工作要点》	2019 年 4 月 15 日
			《贵州省大数据战略行动 2019 年工作要点》	2019 年 3 月 8 日
			《关于进一步科学规划布局数据中心大力发展大数据应用的通知》	2017 年 10 月 30 日

续表

序号	省/自治区/直辖市	级别	文件名称	颁布时间
			《贵州省政务信息系统整合共享工作方案》	2017 年 10 月 13 日
			《贵州现代产业发展试验区建设工作方案》	2017 年 8 月 30 日
			《关于促进和规范健康医疗大数据应用发展的实施意见》	2017 年 7 月 18 日
			《贵州省“数据铁笼”工作推进方案》	2017 年 4 月 21 日
			《贵州省大数据发展管理局主要职责内设机构和人员编制规定》	2017 年 1 月 25 日
			《贵州省数字经济发展规划(2017～2020 年)》	2017 年 2 月 6 日
			《贵州省应急平台体系数据管理暂行办法》	2016 年 11 月 10 日
			《贵州省大数据产业发展引导目录(试行)》	2016 年 8 月 18 日
			《贵州省卫生计生委关于加快医疗卫生事业与大数据融合发展的指导意见》	2016 年 6 月 1 日
			《省人民政府关于积极推进“互联网+”行动实施意见》	2015 年 11 月 30 日
			《关于加快大数据产业发展应用若干政策的意见》	2014 年 2 月 25 日
			《贵州省大数据产业发展应用规划纲要(2014～2020 年)》	2014 年 2 月 25 日

续表

序号	省/自治区/直辖市	级别	文件名称	颁布时间
		黔南州	《黔南州大数据战略行动2019年工作要点》	2019年5月9日
		贵阳市	《中共贵阳市委 贵阳市人民政府关于加快建成“中国数谷”的实施意见》	2017年11月27日
			《贵阳市深化改革运用大数据推进社会信用体系建设工作的意见(试行)》	2017年7月7日
			《贵阳市大数据标准建设实施方案》	2017年2月9日
			《运用大数据管控、考核违法建筑的专项行动计划》	2016年10月11日
			《贵阳市实施大数据基础人才“万人培养计划”工作方案》	2016年9月8日
			《以大数据为引领打造创新型中心城市的十大开放平台》	2016年7月11日
			《以大数据为引领打造创新型中心城市的十大重点工程》	2016年7月11日
			《以大数据为引领打造创新型中心城市监测评价指标体系》	2016年7月11日
			《中共贵阳市委关于以大数据为引领加快打造创新型中心城市的意见》	2016年7月11日
			《以大数据为引领打造创新型中心城市的十条改革措施》	2016年7月11日
			《以大数据为引领打造创新型中心城市的十大保障机制》	2016年7月11日
			《贵阳市大数据产业人才专业技术职务评审办法(试行)》	2016年6月15日
			《关于加快大数据产业人才队伍建设的实施意见》	2015年1月6日
			《贵阳市大数据综合治税推进工作方案》	2015年7月14日
			《贵阳市政府数据交换共享平台推进工作方案》	2015年7月14日
			《关于加快发展大数据产业的实施意见》	2014年5月19日

续表

序号	省/自治区/直辖市	级别	文件名称	颁布时间
		云岩区	《云岩区大数据人才培养计划实施方案》	2016年8月17日
		贵阳国家高新区	《贵阳经济技术开发区政务数据一体化工程工作实施方案》	2017年12月21日
			《关于贵阳国家高新区大数据“十百千万”培育工程的实施意见》	2016年11月11日
			《关于贵阳国家高新区大数据“十百千万”培育工程实施细则》	2016年11月11日
			《贵阳国家高新区促进大数据技术创新十条政策措施(试行)》	2016年5月20日
			《贵阳国家高新区加快推进大数据“1+N”产业发展实施意见》	2016年1月8日
			《关于印发贵阳国家高新区大数据产业招商引智十条政策措施的通知(试行)》	2015年8月25日
		贵安新区	《贵安新区大数据港三年会战方案》	2016年11月30日
		铜仁市	《铜仁市大数据创新应用专项行动实施方案》	2018年4月4日
			《铜仁市大数据助推农业产业脱贫攻坚三年行动实施方案(2017～2019年)》	2017年10月31日
		毕节市	《毕节市2018年大数据与实体经济深度融合实施方案》	2018年3月6日

续表

序号	省/自治区/直辖市	级别	文件名称	颁布时间
2	福建	福建省	《关于推进实施产业大数据应用示范工程的通知》	2017 年 10 月 25 日
			《福建省国家税务局关于支持福州市加快大数据产业发展的意见》	2016 年 12 月 30 日
			《福建省审计厅数据分析团队管理暂行办法》	2016 年 7 月 13 日
			《福建省促进大数据发展实施方案(2016~2020 年)》	2016 年 6 月 18 日
			《福建省发展改革委省数字办关于数字福建云计算工程实施方案的通知》	2011 年 1 月 14 日
		厦门市	《厦门市促进大数据发展工作实施方案》	2017 年 3 月 2 日
			《厦门市大数据应用与产业发展规划(2015~2020 年)》	2015 年 8 月 10 日
		福州市	《关于加快中国东南大数据产业园区发展的若干政策的通知》	2017 年 12 月 6 日
			《关于加快大数据产业发展三条措施》	2017 年 12 月 6 日
			《关于印发〈福州市健康医疗大数据资源管理实施细则〉的通知》	2017 年 10 月 25 日
			《关于印发〈福州市健康医疗大数据开放开发实施细则〉的通知》	2017 年 10 月 25 日
			《关于加快大数据产业发展的三条措施》	2016 年 6 月 26 日
		南平市	《南平市运用大数据加强对市场主体服务和监管实施方案》	2016 年 3 月 16 日

续表

序号	省/自治区/直辖市	级别	文件名称	颁布时间
3	山东	山东省	《关于促进山东省大数据产业加快发展的意见》	2017 年 12 月 4 日
			山东省人民政府办公厅《关于贯彻国办发〔2016〕47 号文件促进和规范健康医疗大数据应用发展的实施意见》	2017 年 7 月 20 日
			《山东省推进农业大数据运用实施方案(2016—2020 年)》	2016 年 9 月 8 日
			《山东省人民政府办公厅关于贯彻国办发〔2015〕51 号文件运用大数据加强对市场主体服务和监管的实施意见》	2016 年 11 月 21 日
			《关于促进大数据发展的意见》	2016 年 10 月 25 日
		青岛市	青岛市人民政府《关于促进大数据发展的实施意见》	2017 年 5 月 23 日
		济南市	《济南市健康医疗大数据应用发展行动方案(2017 ~ 2020 年)》	2017 年 11 月 24 日
			《山东省济南市人民政府办公厅关于贯彻鲁政办发〔2016〕50 号文件运用大数据加强对市场主体服务和监管的实施意见》	2017 年 3 月 23 日
		日照市	日照市人民政府《关于促进大数据发展的实施意见》	2019 年 7 月 5 日
		威海市	《关于促进大数据发展的意见》	2017 年 7 月 6 日
		滨州市	滨州市人民政府办公室《关于促进和规范健康医疗大数据应用发展的实施意见》	2017 年 11 月 27 日
		菏泽市	《关于促进和规范健康医疗大数据应用发展的实施意见》	2018 年 1 月 8 日

续表

序号	省/自治区/直辖市	级别	文件名称	颁布时间
4	广东	广东	《关于推进健康医疗大数据应用的实施意见》	2018年12月20日
			《广东省政务信息系统整合共享工作方案》	2017年10月30日
			《珠江三角洲国家大数据综合试验区建设实施方案》	2017年4月6日
			《关于促进和规范健康医疗大数据应用发展的实施意见》	2017年2月8日
			《广东省政务服务大数据库建设方案(2016~2017年)》	2016年7月13日
			《广东省促进大数据发展行动计划(2016~2020)》	2016年4月22日
		广州市	《关于促进大数据发展的实施意见》	2017年1月7日
		深圳市	《深圳市促进大数据发展行动计划(2016~2018年)》	2016年11月22日
			《深圳市推进云计算发展行动计划(2016~2017年)》	2016年5月18日
		中山市	《中山市促进大数据发展行动计划(2016~2020年)》	2016年11月29日

续表

序号	省/自治区/直辖市	级别	文件名称	颁布时间
5	湖北	湖北省	《湖北省云计算大数据发展“十三五”规划》	2017年2月7日
			《湖北省人民政府办公厅关于促进和规范健康医疗大数据应用发展的实施意见》	2016年10月10日
			《湖北省大数据发展行动计划（2016～2020年）》	2016年9月14日
			《关于加快促进云计算创新发展培育信息产业新业态的实施意见》	2016年8月27日
			《关于运用大数据加强对市场主体服务和监管的实施意见》	2015年12月11日
		湖州市	《湖州市促进大数据发展实施方案》（征求意见稿）	2017年9月4日
			《湖州市促进大数据发展实施意见》（征求意见稿）	2017年9月4日
		武汉市	《武汉市大数据产业发展行动计划（2014—2018年）》	2014年7月18日
			《关于加快大数据推广应用促进大数据产业发展的意见》	2014年7月11日

续表

序号	省/自治区/直辖市	级别	文件名称	颁布时间
6	甘肃	甘肃省	《甘肃省政务信息系统整合共享实施方案》	2017年9月30日
			《甘肃省"十三五"信息化发展规划》	2016年8月29日
			《甘肃省运用大数据加强对市场主体服务和监管实施方案》	2015年11月11日
			《关于加快大数据、云平台建设促进信息产业发展的实施方案》	2015年8月19日
			《促进云计算创新发展培育信息产业新业态的实施方案》	2015年3月16日
		兰州市	《关于扶持大数据企业发展的实施意见》	2016年12月6日
			《运用大数据加强对市场主体服务和监管的实施方案》	2016年11月22日
			《关于促进大数据发展的实施意见》	2016年11月18日

续表

序号	省/自治区/直辖市	级别	文件名称	颁布时间
7	河北	河北省	《河北省政务信息系统整合共享实施方案》	2017年9月22日
			河北省人民政府办公厅《关于促进和规范健康医疗大数据应用发展的实施意见》	2016年11月7日
			《关于加快发展“大智移云”的指导意见》	2016年3月2日
			《关于促进云计算创新发展培育信息产业新业态的实施意见》	2015年5月28日
		石家庄市	《石家庄市关于加快推进“大智移云”的实施方案》	2017年11月3日
			《推进大数据发展实施意见》	2016年4月21日
			《石家庄市政务数据归集和应用工作推进方案》	2019年9月9日
		张家口市	《中国数坝·张家口市大数据产业发展规划(2019—2025年)》	2019年6月28日
			《支持大数据产业发展十项措施(试行)》	2019年10月2日
		廊坊市	《廊坊市大数据产业发展规划纲要》	2016年5月24日

续表

序号	省/自治区/直辖市	级别	文件名称	颁布时间
8	山西	山西省	《山西省云计算发展三年推进计划(2017~2019)》	2017年9月6日
			《山西省大数据技术发展规划(2017~2020)》	2017年3月13日
			《山西省促进大数据发展应用的若干政策》	2017年3月13日
			《关于运用大数据加强对市场主体服务和监管的实施意见》	2015年12月9日
			《山西省促进大数据发展应用2019年行动计划》	2019年4月17日
			《关于促进云计算创新发展培育信息产业新业态的实施意见》	2015年8月4日
		晋城市	晋城市人民政府办公室《关于印发促进大数据发展应用的若干意见的通知》	2019年7月26日
		阳泉市	《阳泉市运用大数据加强对市场主体服务和监管实施细则》	2016年3月28日
		吕梁市	《关于进一步做好“数谷吕梁·智赢未来”吕梁大数据产业发展工作的通知》	2017年11月21日
			《吕梁市大数据产业发展应用规划(2017~2020年)》	2017年7月15日

续表

序号	省/自治区/直辖市	级别	文件名称	颁布时间
9	江苏	江苏省	《江苏省大数据发展行动计划》	2016 年 6 月 19 日
			《江苏省云计算与大数据发展行动计划》	2014 年 5 月 19 日
		南京市	《南京市促进大数据发展三年行动计划(2016—2018 年)》	2016 年 1 月 15 日
			《南京市关于加快大数据产业发展的意见》	2013 年 12 月 31 日
		苏州市	《苏州市关于促进大数据应用和产业发展的若干政策意见》	2016 年 12 月 28 日
			《苏州市大数据产业发展规划》	2016 年 12 月 27 日
		镇江市	《镇江市大数据产业发展战略规划(2015 年—2020 年)》	2014 年 10 月 21 日
		扬州市	《扬州市大数据资源整合共享开放工作实施方案》	2017 年 11 月 17 日

续表

序号	省/自治区/直辖市	级别	文件名称	颁布时间
10	浙江	浙江省	《浙江省国家信息经济示范区建设实施方案》	2017年4月27日
			《浙江省促进大数据发展实施计划》	2016年2月18日
		杭州市	《杭州市数据安全保障体系规划(2018~2020)》	2017年12月19日
		台州市	《关于加快大数据产业发展的若干意见》	2017年1月12日
			《台州市促进大数据发展实施计划》	2016年10月27日
		宁波市	《关于推进大数据发展的实施意见》	2016年9月26日
11	安徽	安徽省	《安徽省政务信息系统整合共享实施方案》	2017年8月23日
			《安徽省"十三五"软件和大数据产业发展规划》	2017年1月17日
			《安徽省运用大数据加强对市场主体服务和监管实施方案》	2015年10月20日
			《关于促进云计算创新发展培育信息产业新业态的实施意见》	2015年9月14日
			《关于进一步加快推进安徽省政务信息系统整合共享工作的通知》	2018年5月28日
			《支持数字经济发展若干政策的通知》	2018年10月23日
		合肥市	《合肥市大数据企业认定管理办法》	2018年8月29日
		铜陵市	《促进大数据产业发展若干政策》	2017年10月26日

续表

序号	省/自治区/直辖市	级别	文件名称	颁布时间
12	重庆	重庆市	《重庆市政务信息系统整合共享工作方案》	2017年10月9日
			《重庆市大数据行动计划》	2013年7月31日
			《重庆市健康医疗大数据应用发展行动方案(2016~2020年)》	2016年12月16日
			《关于运用大数据加强对市场主体服务和监管的实施意见》	2015年10月16日
			《关于促进云计算创新发展培育信息产业新业态的实施意见》	2015年7月16日
		石柱县	《关于进一步促进大数据发展的实施意见(2016—2018年)》	2016年6月3日
13	辽宁	辽宁省	《辽宁省运用大数据加强对市场主体服务和监管的实施方案》	2015年10月19日
			《辽宁省政务信息系统整合共享实施方案》	2017年8月16日
		沈阳市	《关于印发沈阳市国家大数据综合试验区建设三年行动计划(2018~2020年)的通知》	2018年5月20日
			《沈阳市促进大数据发展三年行动计划(2016~2018年)》	2016年2月4日
			《沈阳市促进大数据产业发展若干政策措施》	2016年1月14日
		盘锦市	《关于促进大数据开发应用的若干政策(试行)》	2015年12月17日

续表

序号	省/自治区/直辖市	级别	文件名称	颁布时间
14	河南	河南省	《关于印发河南省大数据产业发展三年行动计划(2018~2020年)的通知》	2018年5月9日
			《河南省大数据产业发展引导目录(2017年本试行)》	2017年2月17日
			《关于运用大数据加强对市场主体服务和监管的实施意见》	2015年12月29日
			《河南省运用云计算大数据开展综合治税工作实施方案》	2015年12月29日
			河南省人民政府《关于推进云计算大数据开放合作的指导意见》	2015年10月8日
			《河南省推进国家大数据综合试验区建设实施方案》	2017年4月8日
		郑州市	郑州市人民政府《关于进一步支持大数据产业发展的实施意见》	2019年10月22日
		洛阳市	《洛阳市支持大数据及电子信息产业发展若干政策》	2018年5月30日
			《关于促进大数据发展的实施意见》	2017年11月7日

续表

序号	省/自治区/直辖市	级别	文件名称	颁布时间
15	海南	海南省	《海南省政务信息整合共享专项行动实施方案》	2017年9月30日
			《海南省促进大数据发展实施方案》	2017年3月31日
			《海南省旅游发展委员会关于各市县旅游大数据中心建设的指导意见》	2017年3月16日
			《海南省2017年促进大数据发展工作要点的通知》	2016年11月25日
			《海南省应用大数据加强对市场主体服务和监管实施方案》(征求意见稿)	2015年12月29日
16	江西	江西省	《江西省政务信息系统整合共享实施方案》	2017年9月13日
			《促进大数据发展实施方案》	2016年7月25日
			《关于运用大数据加强对市场主体服务和监管实施方案的通知》	2016年7月25日
		赣州市	《关于加快我市大数据发展的实施意见》	2016年12月21日
17	上海	上海市	《上海市政务数据资源共享和开放2017年度工作计划》	2017年8月15日
			《上海市公共数据资源开放2019年度工作计划》	2019年7月8日
			《上海市关于促进云计算创新发展培育信息产业新业态的实施意见》	2017年1月4日
			《上海市大数据发展实施意见》	2016年9月15日
			《上海推进大数据研究与发展三年行动计划(2013～2015年)》	2013年7月12日

续表

序号	省/自治区/直辖市	级别	文件名称	颁布时间
18	内蒙古	内蒙古自治区	《内蒙古自治区大数据与产业深度融合行动计划(2018~2020年)》	2018年4月29日
			《内蒙古自治区大数据发展总体规划(2017~2020年)》	2017年12月28日
			《内蒙古自治区促进大数据发展应用的若干政策》	2016年11月4日
			《2017年自治区大数据发展工作要点》	2016年6月29日
			《内蒙古自治区云计算产业发展规划(2011~2020年)》	2012年1月19日
		呼和浩特市	《呼和浩特市关于促进大数据发展应用的若干政策》	2016年11月3日
19	广西	广西壮族自治区	《脱贫攻坚大数据平台建设实施方案》	2016年1月12日
			《广西壮族自治区大数据发展局关于印发2019年全区大数据发展和政务服务工作要点的通知》	2019年4月1日
		来宾市	《来宾市政务服务和大数据发展局关于印发2019年全市政务服务和大数据发展工作要点的通知》	2019年5月22日
		钦州市	《钦州市加快云计算及大数据产业发展实施方案》	2017年6月6日
		柳州市	《柳州市大数据发展规划(2018~2022)》	2017年11月23日

续表

序号	省/自治区/直辖市	级别	文件名称	颁布时间
20	陕西	陕西省	《关于印发促进和规范健康医疗大数据应用发展实施方案的通知》	2017年12月19日
			《陕西省大数据与云计算产业示范工程实施方案》	2016年6月17日
			《关于运用大数据加强对市场主体服务和监管的实施意见》	2015年11月28日
		西安市	《西安市大数据产业发展实施方案(2017~2021年)》	2017年8月2日
21	青海	青海省	《青海省运用大数据加强对市场主体服务和监管的实施方案》	2016年4月19日
			《关于促进云计算发展培育大数据产业实施意见》	2015年8月10日
		海北自治州	《海北州运用大数据加强对市场主体服务和监管实施方案》	2016年7月26日
22	吉林	吉林省	《关于运用大数据加强对市场主体服务和监管的实施意见》	2016年5月25日
			《关于促进吉林省云计算创新发展培育信息产业新业态的实施意见》	2015年6月3日
23	四川	四川省	《关于促进和规范健康医疗大数据应用发展的实施意见》	2016年12月2日
			四川省人民政府《关于加快推进数字经济发展的指导意见》	2019年8月1日
		成都市	《成都市促进大数据产业发展专项政策》	2017年9月6日

续表

序号	省/自治区/直辖市	级别	文件名称	颁布时间
24	宁夏	宁夏回族自治区	《关于运用大数据开展综合治税工作实施方案》	2016 年 8 月 30 日
			《自治区加快推进“数字政府”建设工作方案》	2019 年 6 月 24 日
			《宁夏回族自治区“互联网 + 医疗健康”示范区建设规划(2019 年—2022 年)》	2019 年 1 月 18 日
			《关于进一步加快云计算产业发展的若干意见》	2015 年 10 月 26 日
25	天津	天津市	《关于促进和规范健康医疗大数据应用发展的实施方案》	2017 年 10 月 9 日
26	新疆	新疆维吾尔自治区	《关于运用大数据加强对市场主体服务和监管实施方案》	2016 年 10 月 27 日
			《关于印发自治区大力发展软件和信息服务业促进大数据与云计算应用若干政策的通知》	2017 年 10 月 21 日
27	云南	云南省	《关于促进和规范健康医疗大数据应用发展的实施意见》	2016 年 10 月 26 日
		曲靖市	曲靖市人民政府办公室《关于加快推进智慧曲靖大数据建设应用工作的通知》	2019 年 4 月 28 日
28	黑龙江	哈尔滨市	《哈尔滨市促进大数据发展若干政策(试行)》	2016 年 8 月 15 日
		齐齐哈尔市	齐齐哈尔市人民政府办公室《关于加强农业经济大数据统计监测的实施意见》	2019 年 11 月 19 日

续表

序号	省/自治区/直辖市	级别	文件名称	颁布时间
29	北京	北京市	《北京市大数据和云计算发展行动计划(2016～2020)》	2016 年 8 月 3 日
30	湖南	湖南省	《湖南省大数据产业发展三年行动计划(2019～2021 年)》	2019 年 1 月 24 日

注:本表基于网络检索结果形成,虽然我们已尽力实现相关信息的真实性、完整性和全面性,但并不对它们的准确性做出任何明示或隐含的保证。

四、大数据司法实践现状

最高人民法院关于印发《关于深化人民法院司法体制综合配套改革的意见——人民法院第五个五年改革纲要(2019—2023)》的通知中提出,要坚持强化科技驱动,贯彻实施网络强国战略,全面建设智慧法院。牢牢把握新一轮科技革命历史机遇,充分运用大数据、云计算、人工智能等现代科技手段破解改革难题、提升司法效能,推动人民法院司法改革与智能化、信息化建设两翼发力,为促进审判体系和审判能力现代化提供有力科技支撑。全面推进智慧法院建设,推动建立跨部门大数据办案平台,促进语音识别、远程视频、智能辅助、电子卷宗等科技创新手段深度运用,有序扩大电子诉讼覆盖范围,推动实现审判方式、诉讼制度与互联网技术深度融合,构建中国特色社会主义现代化智慧法院应用体系。

(一)司法解释评述

自 2018 年 10 月至 2019 年年底,我国新发布的有关数据及信息的司法解释共三部——最高人民法院《关于建设一站式多元解纷机制　一站式诉讼服务中心的意见》,《人民法院科技创新重大项目研究指导意见》,最高人民法院、最高人民检察院《关于办理非法利用信息网络、帮助信息网络犯罪活动等刑事案件适用法律若干问题的解释》,“两高”工作文件一部——

最高人民法院办公厅《关于做好 2019 年智慧法院建设工作的通知》。

[**相关规定**]

司法解释的重点都在于智慧法院的建设。

《人民法院科技创新重大项目研究指导意见》的核心是提升人民法院相关科技创新重大项目研究水平,促进成果应用,实现科技创新与智慧法院建设相辅相成、互相促进、不断发展。

最高人民法院《关于建设一站式多元解纷机制　一站式诉讼服务中心的意见》第 21 条规定:"推动智慧诉讼服务建设。打造依托大数据、云计算、人工智能、物联网等信息技术,贯通大厅、热线、网络、移动端,通办诉讼全程业务的'智慧诉讼服务'新模式。"第 22 条规定:"加大诉讼服务指导中心信息平台建设应用力度。强化诉讼服务指导中心信息平台大数据集成功能。聚焦多元解纷、登记立案、分调裁审、审判辅助、涉诉信访五项内容,围绕建机制、定规则、搭平台、推应用四个环节,实现四级法院诉讼服务信息资源自动化汇聚和大数据管理。整合分散、独立的诉讼服务应用系统,统一接入信息平台。做好与审判、执行、信访等系统对接,加强与调解组织、仲裁机构等互联互通,实现案件信息、调解员信息等数据共享。加快推动高级人民法院建立本地区信息平台。建立质效评估体系,实现对各地法院诉讼服务的可视化展示和可量化评估。"

"两高"工作文件的重点在于智慧法院的具体建设,提升智能化水平。

最高人民法院办公厅《关于做好 2019 年智慧法院建设工作的通知》提出,要以智能化为重点,大力推进智审、智执、智服、智管。以构建现代化诉讼服务体系建设为目标,努力提升诉讼服务智能化水平;以电子卷宗深度应用为重点,全面提升审判工作智能化水平;以深化执行模式变革为主线,切实提升执行工作智能化水平;以精准管理为导向,大幅提升司法管理智能化水平;以数据为中心,充分发挥司法大数据在社会治理中的重要作用;统筹云网建设,构建云网一体化基础设施体系;建立可视化质效型运维管理体系,探索智能化运维服务保障新模式;扎实开展信息安全专项整治,构建与智能化要求相适应的信息安全防护体系。

在智能审判方面的关键在于:首先,完善电子卷宗生成功能和机制,丰富电子卷宗内容,支持电子卷宗随案同步上传案件管理系统,完善电子卷宗全程网上应用和阅卷功能。支持电子卷宗汇聚至大数据管理和服务平台,实现案件上诉、移送、再审电子卷宗远程调阅。其次,推广刑事案件智能辅助应用,助力以审判为中心的刑事诉讼制度改革。完善刑事案件不同诉讼阶段基本证据指引,梳理技术规范和业务规则,形成以证据指引和量刑规范为重点的刑事案件证据智能辅助系统。最后,完善智能辅助审判支持功能,完善并在全国法院推广使用类案推送、判例检索、结果比对、瑕疵提示、立案风险自动拦截、敏感案件自动标识预警、案件智能画像、电子卷宗自动检查等智能化应用,支持智能化辅助应用覆盖审判各环节。

在智能执行方面,完善四级法院统一的执行办案系统,提升执行办案智能化水平。打通执行办案系统和本院办案平台、破产案件信息管理系统数据接口,接收审判环节的电子卷宗等数据,推进措施资源、信息资源和财产处置资源共享。优化完善执行办案系统流程节点信息自动回填、文书辅助自动生成、执行期限自动预警、关联案件自动提醒、终本案件智能巡查、违规行为自动冻结、区块链存证、电子送达等智能化功能。实现文书发送、财产查控、询价评估、拍卖变卖、案款发放等案件节点的可视化监管。建设完善执行查控、信用惩戒、网络评估、网络拍卖等系统,实现执行信息化全面升级。提高查控系统信息反馈及时性、准确性和一致性,实现批量勾选、自动查询、智能筛选、批量冻结等功能,实现对反馈结果智能分析,形成辅助法官确定财产查控方向和措施的财产反馈清单和线索图;扩展失信被执行人信用信息共享范围;建设完善执行财产询价评估系统,推进询价评估系统与全国性评估行业协会系统对接,推广使用定向询价评估系统,实现全程留痕、全程监管;加强网络司法拍卖系统建设,支持司法拍卖辅助工作标准化、规范化。

在智能服务方面,建设诉讼服务指导中心信息平台,实现诉讼全程服务纵向和横向贯通。整合完善多元解纷、诉讼服务、分调裁审等子系统,支撑诉讼服务中心转型升级。完善人民法院调解平台,具备在线咨询、在线评估、在线分流、在线调解、在线确认等线上多元化纠纷解决功能。建设完善"分裁审"信息子系统,实现分流、速裁、快审等功能。建设电子保单子系统,搭建保险单位与法院之间通道,可在线申请保全;建设司法鉴定子系统,实现对拟鉴定物品进行统一审计、评估和鉴定。整合集成诉讼服务大厅、诉讼服务网、12368热线,统一诉讼服务入口,提供网上立案、缴费、阅卷、鉴定、保全、庭审、送达、申诉等一站式电子诉讼服务。

在智能管理方面,以大数据平台为基础,建设完善人民法院审判管理工作平台,支持可视化展示辖区法院审判执行态势分析数据,生成审判执行运行态势报告。建设应用重大敏感案件监督管理,实现全国四级法院重大敏感案件层报、审批、移送立案和办理,提升案件管理监督水平。建设推进四类案件自动标识、重点案件自动追踪系统、负面画像自动生成,实现监管全程留痕,为法官绩效考核提供依据。推进网上办公、电子档案管理等系统应用,实现主要行政事务网络化管理,建设应用全国法院档案管理系统,提供四级法院诉讼档案、行政档案、人事档案的网上办理、统一管理、随时借阅功能,对全国法院电子档案资源进行整合,实现四级法院之间线上调阅电子卷宗,解决"调卷难"问题。

[评述]

智慧法院是司法改革和信息化时代的产物,它以数据为基础、以智能平台为依托,通过算法对大数据进行归纳、整理、分析,寻找隐藏在数据背后的规律,追求司法的公正性、高效性及便民性,使数据在司法实践中发挥更大作用。新出台司法解释细化了智慧法院建设的相关规定,为建设智慧法院提供了明确的指导方向,同时我们也要客观看待智慧法院所存在问题。

首先,司法权威性、终局性能否与高效性、便民性达到平衡。智慧法院的建设,提升了诉讼服务水平,使司法更加便捷。高效、便民作为智慧法院追求的价值目标,减轻了当事人的诉讼成本。司法具有最高权威,这既是终局性的要求,也是群众对司法的信任。当追求最高权威变得更加便捷时,可能会使各种社会矛盾纷纷涌向法院。这会带来两个不利后果:第一,法院工作压力大幅增加,可能会对纠纷解决效果造成影响,也会给法官带来更大的办案压力;第二,不能有效发挥其他纠纷解决机制的作用。司法高效性应当建立在司法终局性之上,高效性针对公平正义实现的效率问题,终局性针对多种纠纷解决手段的位阶问题,即只有当司法作为最后的纠纷解决手段时,其高效性价值才能彰显出来。因此,面对智慧法院的快速发展,其他纠纷解决手段应该同步跟进,共同完善多种纠纷解决方式,为当事人提供多元化纠纷解决渠道,在更加全面地解决矛盾纠纷、化解矛盾的同时,维护和巩固司法的权威性和终局性。①

其次,法院系统专网的信息交流是否会破坏审级独立。智慧法院的建设能够便捷法院内部信息流通,有利于跨地区、跨部门、跨层级法院的工作人员相互学习和沟通。法院系统内部通过数据平台交流,改变了以往法院之间的

---

① 苗振林、赵译超:《客观看待"智慧法院"》,载《河南教育学院学报》(哲学社会科学版)2018年第3期。

交流模式,上下级法院、同级法院的交流变得更加便捷,这有利于推进上级法院对下级法院的监督以及落实同案同判的标准。但是,便捷化的交流方式也有一个不容忽视的弊端,即审级独立如何保障。审级独立是司法独立的组成部分,其将法院以上下级作为区分标准,各级法院相互独立,由此保障一审法院能够在不受任何干预的情况下,独立做出判决。智慧法院建设之前,已经有相关司法解释出台,防止上级法院通过审级制度等干预下级法院对案件的独立审理。例如,根据最高人民法院《关于适用〈中华人民共和国刑事诉讼法〉的解释》第21条规定,通过层报制度,防止一审法院通过降低审级的方式控制二审。以往,上级法院其只能通过对卷宗或者当事人询问了解案件情况。现在,在智能法院建设的时代背景下,审判数据实时上传,上级法院通过对数据的分析,可实现对一审法院的"全面监控",这不利于司法去行政化。内部系统在一定程度上会对审级独立制度造成冲击,这应当是智慧法院建设需要解决的问题。

表4-1 与数据、信息相关的司法解释汇总(2019年12月前发布)

序号	发布部门	名称	发布日期	相关条款
1	最高人民法院、最高人民检察院	《关于办理非法利用信息网络、帮助信息网络犯罪活动等刑事案件适用法律若干问题的解释》	2019年10月21日	全文
2	最高人民法院	最高人民法院办公厅《关于做好2019年智慧法院建设工作的通知》	2019年7月22日	全文
3	最高人民法院	《人民法院科技创新重大项目研究指导意见》	2019年4月10日	第11条、第17条
4	最高人民法院	《关于互联网法院审理案件若干问题的规定》	2018年9月6日	第5条、第9条、第11条、第21条

续表

序号	发布部门	名称	发布日期	相关条款
5	最高人民法院、最高人民检察院	《关于办理侵犯公民个人信息刑事案件适用法律若干问题的解释》	2017 年 5 月 8 日	第 2 条、第 3 条、第 4 条、第 5 条、第 6 条
7	最高人民法院、最高人民检察院、公安部	《关于办理刑事案件收集提取和审查判断电子数据若干问题的规定》	2016 年 9 月 9 日	第 1 条、第 3 条、第 5 条、第 8 条、第 9 条、第 10 条、第 11 条、第 12 条、第 16 条、第 22 条
8	最高人民法院	《关于审理利用信息网络侵害人身权益民事纠纷案件适用法律若干问题的规定》	2014 年 8 月 21 日	第 12 条、第 13 条
9	最高人民法院	《关于适用〈中华人民共和国刑事诉讼法〉的解释》	2012 年 12 月 20 日	第 93 条、第 94 条
10	最高人民法院	《关于民事诉讼证据的若干规定》	2001 年 12 月 21 日	第 2 条

(二)国内经典案例评述

随着大数据技术的不断进步和发展,与大数据相关的纠纷也日渐复杂。经过搜集数据、信息的相关案例发现,民商法领域的数据纠纷多以侵犯个人隐私、反不正当竞争为主要焦点,并且首次确认了“暗刷流量”合同无效。刑法领域的数据犯罪案件多以侵犯公民个人信息罪、破坏计算机信息罪、非法获取计算机信息系统数据罪、虚拟财产的盗窃罪、诈骗罪为主要罪名。此部分所选取的案例为较具有代表性和争议性的司法案例,通过对这些案例的梳理,反思当下大数据司法实践存在的问题和争议,为司法实践的制度构建提供参考和指引。

1. 反不正当竞争——腾讯诉抖音多闪不正当竞争纠纷案①

[案情简述]

2016年9月9日、12月11日,抖音平台先后与QQ开放平台、微信开放平台通过Open API进行合作,通过微信/QQ开放平台的Open API接口调用,帮助抖音实现用户鉴权、识别身份,以及授权使用微信/QQ用户头像、昵称等数据的登录功能。2019年1月22日,腾讯停止为未使用过微信/QQ登录方式登录过抖音的新增用户提供登录授权;此前已经使用过微信/QQ授权登录功能的用户登录不受影响,可以继续使用。目前,已经通过微信/QQ账号登录过抖音的存量微信用户有2.8亿个、QQ用户有5250万个,现抖音仍可以通过微信/QQ开放平台的Open API为上述用户进行授权登录。但多闪的运营商北京拍拍看看公司并未接入申请人的微信/QQ开放平台。腾讯认为抖音和多闪超过授权或没有授权使用腾讯的用户数据,实施的四项不正当竞争行为:(1)抖音在向抖音用户推荐好友时使用源于微信/QQ开放平台的微信/QQ用户头像和昵称等微信/QQ数据的行为;(2)抖音将微信/QQ开放平台为抖音产品提供的已授权微信/QQ账号的登录服务提供给多闪产品使用(裁定生效前已通过微信/QQ账号登录方式登录过多闪产品的账号除外);(3)在多闪产品中使用源于微信/QQ开放平台的微信/QQ用户头像、昵称等用户信息;(4)多闪产品中设置邀请QQ好友、邀请微信好友、一键邀请群好友功能按钮,诱导用户邀请微信/QQ好友使用多闪、注册抖音以及迁移微信/QQ群关系及好友关系的行为。腾讯针对上述行为,向天津市滨海新区人民法院申请对抖音、多闪行为保全。

[判决结果]

天津市滨海新区人民法院经审理认为:腾讯所申请的4项行为均系不正当竞争行为,因此裁定:第一,被申请人北京微播视界科技有限公司立即停止在抖音中向抖音用户推荐好友时使用源于微信/QQ开放平台的微信/QQ用户头像、昵称,直至本案终审法律文书生效;第二,被申请人北京微播视界科技有限公司立即停止将微信/QQ开放平台为抖音提供的已授权微信/QQ账号的登录服务提供给多闪使用(裁定生效前已通过微信/QQ账号登录方式登录过多闪的账号除外),并不得以类似方式将其提供给抖音以外的应用使用,直

① 天津市滨海新区人民法院民事裁定书(2019)津0116民初2091号。

至本案终审法律文书生效;第三,被申请人北京微播视界科技有限公司、北京拍拍看看科技有限公司立即停止在多闪中使用源于微信/QQ 开放平台的微信/QQ 用户头像、昵称,直至本案终审法律文书生效;第四,驳回申请人深圳市腾讯计算机系统有限公司、腾讯科技(深圳)有限公司、腾讯数码(天津)有限公司的其他行为保全请求。

[要点评述]

本案涉及反不正当竞争法视域下应否及如何对开放 API 下的数据提供司法保护的问题,是大数据时代反不正当领域出现的一种新类型案件。本案的焦点在于开放 API 模式下数据使用的合法性,以及未经授权共享数据的行为,应如何适用反不正当竞争法的一般条款来进行评价?

首先,就开放 API 模式下数据使用的合法性而言,提供开放平台服务的经营者,为确保包括用户个人信息等在内的数据安全,不仅有权通过接入审核机制选择向什么样的第三方应用开放数据,亦有权通过制定开发者协议及平台管理规范等,确立、限制其所开放的数据范围,及第三方应用获取数据的使用方式、使用范围等,以维护平台合理秩序、维系平台有序运营。开放平台数据共享的合法性,不仅需要开放平台经营者的合法授权,而且需要保障用户的知情权、选择权和隐私权。"北京淘友天下技术有限公司等与北京微梦创科网络技术有限公司不正当竞争纠纷案"已生效判决书中提出,Open API 开发合作模式中数据提供方向第三方开放数据的前提是数据提供方取得用户同意,同时,第三方平台在使用用户信息时还应当明确告知用户其使用的目的、方式和范围,再次取得用户的同意。因此,在 Open API 开发合作模式中,第三方通过 Open API 获取用户信息时应坚持"用户授权" + "平台授权" + "用户授权"的三重授权原则。该原则已成为开放平台领域网络经营者应当遵守的商业道德。

其次,随着互联网、大数据的高速发展,既要鼓励个人信息应用方面的创新又要注重个人信息的合理保护。目前,我国《消费者权益保护法》《信息安全技术个人信息安全规范》《网络安全法》等系列法律法规都对网络用户等消费者个人信息保护提出了明确的要求。特别是 2017 年 6 月 1 日正式施行的《网络安全法》第 40 条至第 45 条规定,完整建立起以用户同意原则为基础、网络运营者担负维护用户个人信息完整、合法使用义务的规则。其中第 41 条规定,网络运营者收集、使用个人信息,应当遵循合法、正当、必要的原则,公开收集、使用规则,明示收集、使用信息的目的、方式和范围,并经被收集者同意。网络运营者不得收集与其提供的服务无关的个人信息,不得违反法律、行政法规的规定和双方的约定收集、使用个人信息，并应当依照法律、行政法规的规定和与用户的约定，处理其保存的个人信息。据此，判断被申请人获取数据后的使用行为是否正当合理，用户权益也是需要考虑的核心要素。

最后，未经授权共享数据的行为是否适用反不正当竞争法的一般条款应从三个角度分析：一是法律对该种竞争行为未作出特别规定；二是经营者的合法权益确因该竞争行为受到了实际损害；三是该种竞争行为具有不正当性。具体在本案中，法院指出被诉1～3项行为能够适用反不正当竞争法的一般条款，理由如下：

申请人腾讯与被申请人抖音、多闪之间存在竞争关系。在互联网环境下，竞争关系应该从更广泛的角度理解，腾讯与抖音、多闪经营的产品在功能内容、消费群体等方面存在交叉重合，且三者产品运营都是以用户流量为基础，注重用户关系的培养、用户体验的优化及用户信息的使用等，故可以认定两者之间存在竞争关系。

第一，申请人的请求具有事实基础和法律依据。用户信息已成为互联网经营者特别是社交网络平台的核心财富和重要的竞争资源，如何获取、使用这些用户信息也是经营活动的重要内容。在用户同意并保证用户隐私权等其他合法权益不被侵害的前提下，互联网经营者对基于自身经营活动收集并进行商业性使用的用户数据整体同样享有合法权益。同时，基于相关法律对于用户信息保护的规定及网络经营者与用户的约定，平台对于用户个人信息等数据享有相应权益，亦负有保护用户个人信息等数据安全的责任。

第二，被申请人的行为具有不当性。如前所述，在Open API开发合作模式中，第三方通过Open API获取用户信息时应坚持“用户授权”+“平台授权”+“用户授权”的三重授权原则，被申请人抖音、多闪超范围使用甚至未经授权使用腾讯的数据，明显具有不当性。

第三，被申请人的行为损害竞争秩序。开放平台的网络经营者，包括开放平台服务提供者及开发者，在商业化使用各种数据资源并以此获取竞争优势的同时，均应注重用户个人信息的保护，确保开放平台共享数据的安全，共同维护消费者的合法权益及公平的市场竞争秩序。抖音不仅在其自己经营的抖音产品中超范围使用其已获取的腾讯数据，还将通过授权登录服务获取的相关数据提供给多闪产品使用；不仅直接损害了申请人对用户信息享有的合法权益，而且侵害了用户的知情权、选择权、隐私权等合法利益。从长远角度看，还有可能对开放平台行业的市场竞争秩序造成不良影响。

2. 不正当竞争——抖音诉刷宝不正当竞争纠纷案①

[案情简述]

微播公司是抖音短视频App(以下简称抖音App)的开发者和运营者。自抖音App上线以来,微播公司投入大量的经营成本,通过高质量的运营以及对优质原创内容的扶持等,在同类产品中形成了竞争优势。微播公司对该平台上的短视频及评论享有相关权益,受法律保护。被申请人创锐公司、力奥公司为刷宝短视频App(以下简称刷宝App)的开发者和运营者,与微播公司之间存在直接竞争关系。微播公司发现,被申请人大量抓取抖音App的短视频文件及评论内容,并在刷宝App上展现、传播。

[判决结果]

北京市海淀区人民法院综合考虑申请人微播公司具有可受保护的合法权益、创锐公司和力奥公司的行为被认定构成不正当竞争的可能性较大等因素,结合涉案视频的数量、部分视频仍未删除、创锐公司和力奥公司在无足够证据证明涉案视频有合法来源等情况,责令被申请人创锐公司和力奥公司立即停止采用技术手段或人工方式获取源于抖音App中的视频文件、评论内容并通过刷宝App向公众提供的行为。

[要点评述]

行为保全作为高效、快捷的民事权利救济途径之一,在遏制侵权行为和保护权益方面发挥了积极作用。本案焦点在于,被诉行为是否构成不正当竞争以及被诉行为是否应该采取行为保全。

首先,微播公司是否具有依法应予保护的合法权益,创锐公司和力奥公司采用技术手段或人工方式获取源于抖音App中的视频文件、评论内容并通过刷宝App向公众提供等行为违反诚实信用原则、扰乱市场竞争秩序。根据《反不正当竞争法》第2条之规定,经营者在生产经营活动中,应当遵循自愿、平等、公平、诚信的原则,遵守法律和商业道德;不正当竞争行为,是指经营者在生产经营活动中,违反本法规定,扰乱市场竞争秩序,损害其他经营者或者消费者合法权益的行为。微播公司作为抖音App的开发者和运营者,投入相应的人力、财力成本,通过正当合法的经营,一方面,吸引用户至抖音App平台发布短视频,积累了用户和短视频内容;另一方面,通过经营短视频资源吸

① 北京市海淀区人民法院民事裁定书(2019)京0108民初35902号。

引用户观看、评论、分享,带来相应流量。此外,微播公司与用户之间定有协议,其在正常的经营活动中使用抖音 App 上的短视频内容亦具有合法的授权依据。故抖音 App 平台所展示的短视频内容、用户评论等资源均是微播公司通过正当合法的商业经营所获得,并由此带来经营收益、市场利益及竞争优势,上述合法权益应受反不正当竞争法的保护。被申请人不是通过正常运营刷宝 App 产品,吸引用户、培育市场、建立竞争优势,并以此获得相应的合法经营利益,而是直接采用技术手段或人工方式获取微播公司赖以经营和获利的视频资源、评论内容,在未投入相应成本的情况下,直接获得上述资源,掠夺微播公司的经营成果,并以此与微播公司争夺流量和用户,削弱了微播公司的竞争优势,损害了微播公司的合法权益,此种行为被认定为违反诚实信用原则,扰乱正常的市场竞争的可能性极大。

其次,不采取行为保全措施会使微播公司的合法权益受到难以弥补的损害且采取行为保全措施不会对二被申请人造成不当损害。法院采取行为保全措施所禁止的是二被申请人获取并向公众提供源自抖音 App 的相关内容,未禁止刷宝 App 自身的正常运营,亦未禁止其通过合法方式正当经营其产品,故采取保全措施不会对其造成不当损害,亦不会对公共利益造成损害。

3. 不正当竞争——蚂蚁诉企查查不正当竞争纠纷案①

[**案情简述**]

> 蚂蚁金服集团、蚂蚁微贷公司系合法成立运营的企业法人,其经营的"花呗"产品系一款消费类金融产品,具有较为庞大的客户群体和一定的市场影响力,朗动公司作为"企查查"平台的经营者,向平台用户推送"2019 年 5 月 5 日蚂蚁微贷公司新增清算组成员应君"的信息,蚂蚁金服集团、蚂蚁微贷公司认为朗动公司实施了商业诋毁、伪诚实信用的基本原则,属于不正当竞争行为。因此,蚂蚁金服集团、蚂蚁微贷公司向法院申请诉前保全,要求朗动公司立即停止散布相关虚假信息;撤回被申请人经营和控制范围内已经发布的相关虚假信息及因该虚假信息而进一步撰写和发布的文章、报道等;要求朗动公司发布澄清信息、公开声明并消除影响。

① 杭州铁路运输法院民事裁定书(2019)浙 8601 行保 1 号。

［判决结果］

杭州铁路运输法院综合考虑被申请人行为的不正当性以及采取诉前行为保全的紧迫性和必要性，裁定：第一，朗动公司立即停止以任何形式散布与蚂蚁微贷公司有关的清算程序的信息；第二，朗动公司立即撤回在其经营的"企查查"平台(qichacha. com)内"消息中心""监控日报"板块中及以邮件形式发布、推送的有关蚂蚁微贷公司清算内容的信息，并在原有信息发布范围内以相同方式推送澄清信息；第三，朗动公司在其经营的"企查查"平台首页针对其推送"2019 年 5 月 5 日蚂蚁微贷公司新增清算组成员应君"的行为刊登声明，澄清事实；第四，驳回蚂蚁金服集团、蚂蚁微贷公司的其他行为保全申请。

［要点评述］

本案是首例由于数据质量引起的不正当纠纷案件。法院指出，朗动公司作为"企查查"平台的经营者，向平台用户推送"2019 年 5 月 5 日蚂蚁微贷公司新增清算组成员应君"的信息，经媒体报道后，容易使相关公众产生蚂蚁微贷公司已经进入清算程序的错误认识，导致公众对蚂蚁金服集团、蚂蚁微贷公司经营能力、企业状况资产安全等方面的不信任，降低了企业长期建立的商业信誉和商品声誉，损害了企业正当的商业利益，其行为构成不正当竞争的可能性较高。鉴于被申请人朗动公司的错误信息推送行为造成的影响还在进一步扩大，若不立即停止其被诉侵权行为，不仅会导致后续行为的难以控制，而且将给申请人蚂蚁金服集团、蚂蚁微贷公司的权益造成难以弥补的损害。同时，采取行为保全措施并不会影响被申请人朗动公司的正常经营活动，给其造成的损失有限；相对于不采取行为保全措施给申请人蚂蚁金服集团、蚂蚁微贷公司带来的损害，采取行为保全措施给被申请人朗动公司带来的损害明显较小，故对被申请人朗动公司实施的被诉侵权行为理应禁止。鉴于本案中申请人已举证证明存在大量媒体报道的事实，法院认为，仅要求朗动公司停止实施被诉侵权行为，尚不足以控制因该行为造成的消极影响，为了避免因被诉侵权行为给两申请人造成进一步扩大的影响，朗动公司应当对上述行为刊登声明澄清事实，但关于两申请人要求朗动公司为其消除影响的请求，并无法律依据。

在本案中，申请人与被申请人不存在直接的产品或服务上的竞争关系，被申请人作为数据服务公司，通过数据收集、加工和处理，向用户提供数据服务而获得收益，申请人因被申请人错误的数据服务行为而利益受损，此种关系是否可以广泛地解释为“竞争关系”,法院并没有给出充足论证,只是简单解释为“构成不正当竞争的可能性较高”,此为本案的瑕疵之处。

4. 合同无效——“暗刷流量”合同无效纠纷案①

[案情简述]

被告许某通过向原告常某某购买网络暗刷服务提高点击量的方式,假借虚假流量误导网络游戏玩家,15 天刷出 2700 万点击量,被告未按照合同向原告支付服务费,故被诉至法院。

[判决结果]

北京市互联网法院一审判决驳回原告全部诉讼请求,认定涉案合同损害社会公共利益,违背公序良俗,属“绝对无效”,并作出收缴常某某、许某非法获利 16, 130 元、30, 743 元的决定书。

[要点评述]

本案的争议焦点之一,在于涉案合同是否有效以及相应的法律后果,这也是判决的亮点所在。

法院认为,真实的流量能体现用户对网络产品的真实使用情况,能在一定程度上反映网络产品的用户数量和受欢迎程度。正因其客观、可量化的属性,随着互联网经济的繁荣和数字经济时代的到来,流量逐步成为衡量网络产品市场反应程度的一项可量化的指标,成为判断该产品的市场价值、市场影响力乃至市场潜能等的重要因素。从这个意义上说,流量往往附随着经济价值,甚至在一定层面上被认为是一种虚拟财产,成为网络产品财产价值的重要数据依据。但是,虚假流量会阻碍创新价值的实现,降低诚实劳动者的信心,扭曲决策过程,干扰投资者对网络产品价值及市场前景的判断,影响网络用户的真实选择,扰乱公平有序的网络营商环境。本案中,双方当事人在进行具有明显欺诈性质的“暗刷流量”的磋商交易时,均表示不关注或不必要知晓流量对应的被访问网站或产品,仅关注与己相关的利益获取,双方的交易行为置市场公平竞争环境和网络用户利益于不顾,牟取不当利益,违反商业道德底线,违背公序良俗。同时,双方“暗刷流量”的行为,一方面,使同业竞争者的诚实劳动价值被减损,破坏正当的市场竞争秩序,侵害了不特定市场竞争者的利益;另一方面,会欺骗、误导网络用户选择与其预期不相符的网络产品,长此以往,会

① 北京市互联网法院民事判决书(2019)京 0491 民初 2547 号。

造成网络市场“劣币驱逐良币”的不良后果，最终减损广大网络用户的福祉，属于侵害广大不特定网络用户利益的行为。上述不特定主体的利益均为社会公共利益的体现，因此，本案原被告之间“暗刷流量”的交易最终损害了社会公共利益。根据我国《合同法》第52条第4项规定，当事人签订的合同损害社会公共利益的，合同无效。《民法总则》第153条第2款规定，违背公序良俗的民事法律行为无效。综上，双方订立合同进行“暗刷流量”交易，损害社会公共利益、违背公序良俗，应属绝对无效。

我国《民法总则》第157条规定，民事法律行为无效、被撤销或者确定不发生效力后，行为人因该行为取得的财产，应当予以返还；不能返还或者没有必要返还的，应当折价补偿。有过错的一方应当赔偿对方由此受到的损失；各方都有过错的，应当各自承担相应的责任。但该条同时明确规定了，法律另有规定的，依照其规定。合同无效的后果为自始无效，双方当事人不得基于合意行为获得其所期待的合同利益。一般来讲，司法行为以被动性和谦抑性为宜，但在本案中，原被告双方为了追求一起“喝肉汤”的不当利益，大量制造虚假流量，损害社会公共利益，过错程度较高，且虚假流量业已产生，如以互相返还的方式进行合同无效的处理，无异于纵容当事人通过非法行为获益，违背了任何人不得因违法行为获益的基本法理，亦会导致损害社会公共利益的行为不能得到有效遏制。为倡导诚实信用的法律精神，发挥司法裁判价值导向和社会指引的功能，同时，考虑本案呈现的技术复杂性、“暗刷流量”行为的隐蔽性，以及由此产生的对社会公共利益的严重损害，需通过个案的处理表明司法对此类行为的否定态度。鉴于此，法院援引我国《民法通则》第61条第2款和《合同法》第59条的规定，发挥法律保留的司法权收缴不当获利、平抑被损害社会公共利益的功能，另行制作决定书，对原被告双方在合同履行过程中的获利，予以收缴。

本案引发社会公众对“暗刷流量”现象的广泛关注，给通过非法方式或技术手段提高网上浏览量等违法行为敲响了警钟。对该现象将起到一定的遏制作用，并对互联网领域内的乱象治理有积极的推动作用。

5. 非法获取计算机信息系统数据、侵犯公民个人信息——田某非法获取计算机信息系统数据罪、侵犯公民个人信息罪案

[案情简述]

2017 年 12 月以来,被告人田某为非法获取四川航空股份有限公司(以下简称川航)旅客购票信息,使用自己的电脑通过租用两台香港 VPS 服务器对川航服务器攻击并渗透进内网。盗取了测试服务器中的 EB001 账号及密码,通过该账号进入川航服务器的短信平台并利用自己编写的 VBS 脚本程序对短信平台中大量旅客信息进行复制提取,随后以 5 元一条的价格将提取的信息卖与他人获取利益。经对数据排查,田某从电脑中窃取的川航旅客信息共计 8408 条。

[判决结果]

被告人田某非法侵入航空公司的计算机系统,获取该计算机系统存储的旅客信息数据并向他人出售,其行为已分别触犯我国《刑法》第 285 条第 2 款、第 253 条之一,应当以非法获取计算机信息系统数据罪、侵犯公民个人信息罪追究其刑事责任。田某既犯非法获取计算机信息系统数据罪、又犯侵犯公民个人信息罪,依照《刑法》第 69 条之规定,依法应当数罪并罚。田某归案后如实供述其犯罪事实、当庭自愿认罪,具有坦白情节,依法从轻处罚。案发后,田某的亲属退赔了违法所得,量刑时酌情从轻处罚。据此,遂依照《刑法》第 285 条第 2 款、第 253 条、第 69 条、第 67 条第 3 款、第 64 条、第 52 条、第 53 条之规定,判决:第一,被告人田某犯非法获取计算机信息系统数据罪,判处有期徒刑 1 年 6 个月,并处罚金人民币 5000 元;犯侵犯公民个人信息罪,判处有期徒刑 1 年,并处罚金人民币 5000 元,合并执行有期徒刑 2 年,并处罚金人民币 1 万元。第二,对扣押在案的电脑 3 台、手机 3 部、护照 1 本、银行卡 2 张依法予以没收并上缴国库;对扣押在案的违法所得人民币 2 万元依法予以没收并上缴国库。(二审法院撤销第二项判决)

[要点评述]

非法获取计算机信息系统数据,是指违反国家规定,侵入国家事务、国防建设、尖端科学技术领域以外的计算机信息系统或者采用其他技术手段,获取该计算机信息系统中存储、处理或者传输的数据,情节严重的行为。本案中,被告人使用自己的电脑通过租用两台香港 VPS 服务器对川航服务器攻击并渗透进内网,明知其无权获取不属于自己的计算机信息系统中的数据,仍然希

望并积极获取这些数据,侵犯社会管理秩序,构成非法获取计算机信息系统数据罪。田某从电脑中窃取的川航旅客信息系旅客购票信息 8408 条,信息本身系可能影响人身、财产安全的交易信息,且涵括旅客出行行程信息,达到了非法获取、出售或者提供交易信息等其他可能影响人身、财产安全的公民个人信息 500 条以上,依法应当认定为出售公民个人信息,情节严重,构成侵犯公民个人信息罪。

6. 郭某诉杭州野生动物世界采集游客人脸信息案①【已立案未判决】

[**案情简述**]

> 2019 年 4 月 27 日,郭某购买了杭州野生动物世界年卡,被承诺在该卡有效期内通过同时验证年卡和指纹入园。此后,杭州野生动物世界引进人脸识别技术,应用于年卡使用者的入园检票。2019 年 10 月,郭某收到来自杭州野生动物世界的一则短信,其被告知未经注册人脸识别将无法正常入园。郭某认为,面部特征属于个人敏感信息,一旦泄露、非法提供或者滥用,极易危害消费者人身和财产安全。杭州野生动物世界在未经其同意的情况下,通过升级年卡系统,强制收集他的个人生物识别信息,严重违反了《消费者权益保护法》等法律的相关规定,因此郭某不愿接受被采集人脸信息,要求办理退卡退费手续被拒。2019 年 10 月 28 日,郭某将杭州野生动物世界起诉至法院,请求对方退还 1360 元的卡费,并承担本案诉讼费。

[**要点评述**]

继指纹识别之后,人脸识别逐步成为新的识别认证方式。随着人工智能技术的不断发展,数据挖掘、处理、使用与个人隐私保护的矛盾也不断激化,如何在两者中寻求平衡,在发挥数据价值、科技方便生活的同时也加强对个人的隐私保护,引发各界讨论。

从个人信息收集的角度看,我国《消费者权益保护法》第 29 条第 1 款规定:“经营者收集、使用消费者个人信息,应当遵循合法、正当、必要的原则,明示收集、使用信息的目的、方式和范围,并经消费者同意。”《网络安全法》第 41 条规定:“网络运营者收集、使用个人信息,应当遵循合法、正当、必要的原则,公开收集、使用规则,明示收集、使用信息的目的、方式和范围,并经被收集者同意。”具体到本案中,杭州野生动物世界告知游客未经注册人脸识别将无法

① 宋佳:《中国人脸识别第一案之检讨》,载微信公众号“法律读库”2019 年 11 月 7 日。

正常入园,变相强制收集游客人脸信息,侵犯消费者的合法权益。

(三)国外经典案例

2018 年 11 月 30 日,万豪集团宣布其喜达屋酒店的一个客户预订数据库遭到黑客攻击,可能泄露了大约 5 亿名客户的信息,可能泄露的信息包括客户姓名、邮寄地址、电话号码、电子邮件、护照号码、喜达屋 VIP 客户信息、出生日期、性别和其他个人信息。两位来自美国俄勒冈州的万豪酒店客户提起了集体诉讼,索赔 125 亿美元。原告认为,这是用户因黑客攻击取消信用卡所花费时间的最低等值补偿。此外,原告还表示希望集体诉讼将使万豪国际酒店和其他大型跨国连锁酒店认识到尊重客户隐私意味着采取一切必要措施确保用户信息的安全。①

2019 年 7 月 10 日,万豪集团因 2018 年发生数据泄露或将被英国信息专员办公室(Information Commissioner's Office,ICO)处以总额 99, 200, 396 英镑(约合 1.24 亿美元)的罚款。2018 年 11 月,万豪透露,黑客从 2014 年开始入侵喜达屋的客户预订数据库。该公司最初表示,黑客窃取了大约 5 亿名酒店客人的信息。经过更全面的调查,万豪集团后来将信息泄漏的客户总数修正为 3.83 亿。根据对黑客行为的事后分析,黑客窃取了 3.83 亿名客户记录,1850 万个加密护照号码,525 万个未加密的护照号码,910 万个加密的支付卡号以及当时仍有效的 38.5 万张卡号。如今英国信息专员办公室表示,其打算对万豪集团处以巨额罚款,原因是万豪违反了欧盟《通用数据保护条例》。万豪在提交给美国证券交易委员会的一份文件中表示,其计划对英国信息专员办公室的罚款提起上诉。②

2019 年 4 月 7 日,雅虎集体诉讼和解协议被公开披露。该集体诉讼主要针对雅虎遭受的两起大规模黑客攻击。首先,2013 年发生影响 10 亿名用户的黑客攻击,泄漏的数据包括姓名、电子邮件地址、电话号码、出生日期、散列密码、加密或未加密的安全问题和答案等数据。其次,2014 年发生的影响至少 5 亿个账户的数据泄露。拟议的和解方案包括至少 5500 万美元用于受害

---

① 《万豪酒店因数据库泄露被索赔 125 亿美元》,载腾讯云网:https://cloud.tencent.com/developer/news/365372,2020 年 2 月 4 日最后访问。

② 《万豪泄漏 3.83 亿名客户信息　英国:罚款 1.24 亿美元》,载观察网:http://www.looktmt.com/0005/899/32924323691.html,2020 年 2 月 4 日最后访问。

者的自付费用,2400 万美元用于支付两年的信贷监测服务,多达 3000 万美元用于法律费用,另外 850 万美元用于未指明的费用。雅虎表示,其将在 2019 ~ 2022 年在信息安全方面投入 3.06 亿美元,是雅虎 2013 ~ 2016 年投入的 5 倍。此外,作为和解协议的一部分,雅虎还承诺将网络安全部门的员工数量增加 3 倍。目前,美国加利福尼亚州北区地方法院尚未接受雅虎提出的和解方案。①

2019 年 8 月初,某黑客团队对 StockX 用户数据库进行了一次入侵,导致超过 680 万份,包括用户名、登录密码、真实姓名和收件地址在内的用户资料被泄露,而这些数据也很快被黑客团队以仅 300 美元的价格在暗网上出售。StockX 方面则在昨日以声明的方式承认了这一入侵泄漏事件的存在,但强调用户的支付信息没有遭到任何泄露。但 StockX 也同样建议用户尽快修改自己的账户密码,保障之后的信息安全。StockX 在之后也承认了这一事件的存在。事件爆发后的 3 个星期后,来自美国堪萨斯州的一位用户已经在准备对 StockX 发起集体诉讼。他的法律团队表示,这一事件是由于 StockX 的失误所造成的,并且产生的损害是无法得到弥补的;而只有集体诉讼的方式能够保障每一位遭遇信息泄漏的用户的权益。②

2019 年 8 月 21 日,瑞典数据监管局(Swedish Data Inspection Authority)表示,基于谢莱夫特奥(Skelleftea)的一所学校一直试图通过面部识别技术来登记学生的出勤率,瑞典数据监管局将对该校处以瑞典历史上的第一个 GDPR 处罚,罚款金额为 200,000 瑞典克朗,而该局可以施加的最高罚款是 1000 万瑞典克朗。在此之前,瑞典数据监管局调查了该校的为期 3 周的面部识别试点,涉及了 22 名学生,最终认为学校董事会对学生的个人信息的处理不符合 GDPR 的要求和规定。瑞典数据监管局律师兰贾·布尼(Ranja Bunni)表示,该学校声称学生已同意参加试验,但瑞典数据监管局认为,这依然是不可接受的,因为学生处于学校的管理之下,处于附属地位。瑞典数据监管局表示,学校在日常环境中对学生进行摄像监控,这是对他们个人隐私的严重侵犯。事实上,学校确定学生的出勤率完全可以通过其他方式完成,这些方式比面部识别技术对学生权益的侵害都要小得多。

---

① 高博:《雅虎数据泄露事件后续:拟 1.175 亿美元进行赔偿》,载 IT 168 网:http://safe.it168.com/a2019/0411/5169/000005169322.shtml,2020 年 4 月 11 日最后访问。

② 《Stock X 或将因数据泄露事件面临集体诉讼》,载搜狐网:http://m.sohu.com/a/335678488_495162,2020 年 4 月 11 日最后访问。

2019年3月,丹麦数据保护机构对Taxa公司处以120万瑞典克朗(约180,000美元)的罚款,这是丹麦基于GDPR的第一笔罚款。2018年秋天,丹麦数据保护机构对出租车公司Taxa 4x35进行了审计。调查发现,Taxa公司虽然已实施了数据保留政策,但却未能完全执行。这家位于哥本哈根的出租车预订公司Taxa在没有正当理由的情况下将约900万名客户的电话号码保留了5年。Taxa公司虽然删除了每个客户的姓名和地址,但保留了他们的电话号码。Taxa公司声称该电话号码被用作"账号",因此该公司有保留其合法目的。Taxa公司也承认电话号码本身不是必需的,匿名号码足以满足此目的。然而,Taxa公司的计算机系统并没有能力将电话号码转换为不会被归类为个人数据的新的唯一ID。对此,丹麦数据保护机构表示,如果仅由于技术能力的限制使其难以遵守GDPR规定,Taxa公司也不能设置超过作为必要时间的3年的删除期限。基于此,丹麦数据保护机构在行政处罚决定书中认为,Taxa公司以三种方式违反了GDPR第5条:目的限制、数据最小化和存储限制。①

2019年9月9日,美国第九巡回上诉法院对"HiQ诉LinkedIn案"做出判决,认定HiQ从LinkedIn上抓取公开的个人信息数据的行为并未违反《计算机欺诈和滥用法案》,维持一审法院做出的对HiQ有利的裁决。HiQ的业务模式涉及利用公开的LinkedIn数据来创建企业分析工具,以确定员工何时可以离开另一家公司,或者公司应该为员工进行哪些培训。LinkedIn发出了停止信函,声称它将实施技术措施以阻止HiQ访问该网站并依赖Power Ventures案进一步争辩访问此公开信息将违反CFAA。HiQ主动提起诉讼,一审法院作出的裁定是:(1)法院的天平将向原告HiQ一方倾斜;(2)基于反不正当竞争法和联邦计算机欺诈与滥用法案,原告HiQ已提出足够重要的实体法问题;(3)基于公共利益的考量,法院将颁发预先禁令。②

(四)大数据司法实践面临的挑战与机遇

1.数据纠纷案件的司法保护

梳理总结数据纠纷案件之后可以发现,数据权益的保护手段更加多元化,

---

① 何渊:《瑞典GDPR第一案——瑞典学校因使用面部识别技术登记学生出勤率而被罚款》,载微信公众号"数据法盟"2019年8月26日。

② 何渊:《HiQ诉LinkedIn案二审判决:抓取公开数据合法,附判决书全文》,载微信公众号"数据法盟"2019年9月12日。

诉前行为保全作为快速、高效的权益保护手段逐步得到运用和认可。法院判决“暗刷流量”合同无效,通过对个案的查处表明司法对此类行为的否定态度,进一步发挥了司法在数据纠纷案件的关键作用。

从数据纠纷案件中可以看出,大数据司法实践仍面临着一些挑战。首先,关于数据的权利属性。在目前的司法实践中,无论是反不正当竞争案件,还是普通民事侵权案件,在论及应给予数据保护的时候,都没有清楚明确地确定数据的权利属性,而是大多将其称为一种财产权益、民事权益、竞争优势、竞争利益。其次,关于数据侵权行为的表现形式。目前来看,主要有不遵守共享协议或超出授权范围在经营中使用他人的数据;利用技术手段盗取他人数据后进行商业性使用;引诱他人用户分享其数据;干扰他人的数据形成,例如刷单、恶意差评。① 最后,相比国外监管机构的大额罚单和集体诉讼,国内侵犯个人隐私的成本很低,监管机构的处罚力度和消费者的隐私保护意识都有待进一步提升。

数据纠纷案件层出不穷,但在我国的司法实践领域未出现统一的裁判标准,而是更多地运用原则性的法律条文结合个案的具体案情,依靠法官的自由裁量权做出裁判。尚未统一的司法保护标准把更多的解释空间留给法官,因此要求法官在审理相关案件时更具利益衡量的思维。数据保护既涉及市场竞争、技术创新,也涉及垄断。企业控制的数据产品基本上都源自对个人数据的加工处理,因此法官需要在企业数据产权保护与个人数据保护之间寻求平衡。一方面,应当考虑个人隐私等人格利益的保护,确保个人数据通过合法、公平的方式获得,数据的获取、使用途径及相应的风险都需要经过个人的知情或同意;另一方面,要考虑企业数据产权保护,尤其是个人数据进行匿名化、脱敏处理后进一步加工形成的数据产品或数据服务,应当获得比较充分的保护。②

2. 大数据的司法运用

大数据的司法运用体现在智慧司法,主要有智慧法院、智慧检务、大数据司法分析。

---

① 《大数据保护与司法裁判研讨会发言摘登(上·法官发言)》,载《人民法院报》2019 年 7 月 4 日,第 5 版。

② 宋建宝:《加强大数据司法保护保障国家大数据战略实施》,载《人民法院报》2019 年 7 月 22 日,第 2 版。

(1)智慧法院与智慧检务

我国正在加快智慧法院的建设,将大数据的司法运用推向一个更高的平台。智慧法院建设目的是实现诉讼程序更便民、更高效。建立电子卷宗随案同步生成机制、推进全方位智能化辅助办案、加强司法运行智能化监督管理。智慧法院的建立,提高立案、调解、举证、庭审、执行等环节的效率;实行跨域立案、在线立案、在线庭审,便利当事人寻求司法救济;通过智能咨询、类案推送、案例分析等帮助当事人分析诉讼的合理预期。同时,随着智慧检务建设的加快,大数据在检务系统的作用也逐渐得以彰显。智慧公诉、智慧侦查及法医文书等内容,能够识别具体案件的特点,解决检察院在识别犯罪过程中的难题。同时,智能检务推进检务公开,整个各级检察院系统的信息资源、服务资源及管理应用,改变以往检察院内部资源无法共享、信息不能聚合的情况,逐步实现硬件标准化、软件智能化和应用规范化。

面对智慧法院和智慧检务,我们也应保持科学辩证、冷静客观的态度,坚持以人为本,在最大限度发挥数据和科技价值的同时,也要保证司法审判过程中法律人的主观能动性,理性对待科技技术给司法实践带来的便利,让法官回归本职,更加专注于案件的审理和判决。

(2)司法大数据

司法大数据是司法机关在司法活动中通过对原始数据的收集加工而形成的信息,是司法机关司法活动情况的客观记录,也是研究法律实施情况、社会综治情况、经济社会发展情况的重要参照。司法大数据具有大量性、多样性、真实性、开放性、预测性,能够提高审判质量,推进司法公开,助力社会治理。运用司法大数据可以对案件的当事人特征、案件数量、区域分布、审理情况、二审发改率、申请再审率、再审发改率等基本情况进行分析并分别形成不同案件类型的专题性报告,整理分析相关法律法规、指导性或参考性案例等法律文献,为法官提供智力支持。最高人民法院定期发布司法大数据专题报告,为学术研究和司法实务提供了重要的参考。各级人民法院也运用大数据整合相关案件信息,做到司法公开透明。①

但是,发挥司法大数据价值的基础在于数据的收集分析和挖掘,在此过程中,数据的质量就显得尤为重要,因此在收集司法数据时应该坚持准确、全面、客观、真实的原则,完善数据分析方法,让数据更加客观反映司法现状。另外,

① 代晓焜:《司法大数据的功能及其实现》,载《法制博览》2019年第11期。

司法大数据的法律体系也不够完善,收集、加工、运用及公开等各个环节既涉及大数据的确权及规则适用问题,也涉及个人隐私权与公众知情权、司法公开与司法审判保密等各种价值平衡问题。数据安全也是不可忽视的问题,一旦造成司法大数据泄漏或者被不当利用,不仅对当事人隐私权等合法权益造成侵害,而且严重损害司法公信力。

五、政府数据开放与共享现状[①]

随着信息技术的发展，数据的数量急剧增长，其相关应用日益广泛。数据已成为国家基础性战略资源，政府数据的开放与共享已成为国际趋势。八国集团(G8)2013年《开放数据宪章》指出，开放政府数据以发挥未开发数据的潜能，实现满足公众生活需求、激发创新潜能以及促进经济繁荣发展等目标。美国2018年《开放政府数据法案》指出，联邦政府数据是有价值的国家资源，政府将承诺以非专有的电子格式向公众提供数据，以改善政府运作、更好服务公民。英国《2016年至2018年英国开放政府国家行动计划》中也提出了政府关于信息访问、公民参与、政府账目和技术与创新的新承诺。在我国2015年《促进大数据发展行动纲要》(以下简称《纲要》)中，将“加快政府数据开放共享，推动资源整合，提升治理能力”放在主要任务的首位，强调推动政府数据资源共享，要制定政府数据资源共享管理办法、形成政府数据统一共

---

① 本部分统计时间截至2020年2月15日，规范性文件数据来源为“北大法宝”法律信息数据库，检索方式为关键词检索与人工观察，检索内容为文件名称中包含“公共信息资源”，或“政府数据”，或“政务数据”，或“公共数据”，或“政务信息”，以及文件名称中同时包含“信息”“共享”，或“信息”“开放”，或“数据”“共享”，或“数据”“开放”的文件，其他数据来自互联网。我们已尽力实现相关信息的真实性、完整性和全面性，但并不对其准确性作出任何明示或隐含的保证。

享交换平台、形成国家政府数据统一开放平台。此后3年间,《政务信息资源共享管理暂行办法》(以下简称《信息共享暂行办法》)、《公共信息资源开放试点工作方案》(以下简称《开放试点方案》)相继出台,我国的政府数据开放与共享取得阶段性成果,各地方政府也积极响应,出台相应政策与规范、构建政府数据开放平台。国务院办公厅在《2019年政务公开工作要点》中也指出,做好今年政务公开工作,要着力提升政务公开质量,完善政务公开制度规范。

在中央层面,目前主要存在具体规定政府数据共享的专门性规范性文件,如国务院于2016年9月发布的《信息共享暂行办法》;另有部委单独或联合发布与其职责相关的专项政务信息资源共享规范性文件,如科学技术部与财政部于2018年2月联合发布的《国家科技资源共享服务平台管理办法》(见表5-1)。在地方层面,共有15个省级政府、8个副省级和地级政府发布了综合性政府数据管理规范性文件;在政府数据开放方面,目前已有104个地方政府数据开放平台上线运行,①2个省级政府、12个副省级与地级政府作出了专门规定;在政府数据共享方面,共有19个省级政府、72个副省级和地级政府出台了政务信息资源数据共享的专门性规定。

(一)中央层级政府数据开放与共享现状

2018年1月,中央网络安全和信息化领导小组(已改为"中央网络安全和信息化委员会办公室")、国家发展和改革委员会、工业和信息化部联合印发《开放试点方案》指出,公共信息资源开放是推进国家治理现代化、促进经济转型升级的重要举措,对于建设法治政府、创新政府、廉洁政府和服务型政府以及发展壮大数字经济、共享经济具有重要意义。《开放试点方案》确定在北京、上海、浙江、福建、贵州开展公共信息资源开放试点。

在中央一级,由国务院出台的《纲要》以及《信息共享暂行办法》对政府数据管理作出了综合性规定。《纲要》将"加快政府数据开放共享,推动资源整合,提升治理能力"作为主要任务,并明确了相应实施机制;《信息共享暂行办法》明确了政务信息资源的定义和分类,提出了"以共享为原则、不共享为例外"等原则,界定了信息共享的范围和责任,明晰了信息共享的权利和义务,对政务信息资源目录、国家数据共享交换平台体系构建以及信息共享工作的

① 本部分统计时间截至2020年2月15日,平台数据来源为"中国开放数林指数网"(http://ifopendata.fudan.edu.cn/)及各地方政府网站,最后访问时间:2020年2月15日。

管理、协调、评价和监督等作出了硬性规定和要求,使政府信息的开放与共享有据可依。此外,国务院于2018年3月出台《科学数据管理办法》、交通运输部于2016年8月发布《关于推进交通运输行业数据资源开放共享的实施意见》、原农业部于2017年8月出台《农业部政务信息资源共享管理暂行办法》、科学技术部和财政部于2018年2月联合发布《国家科技资源共享服务平台管理办法》,这些有关特定行业政务数据资源的规范性文件更具针对性,有利于推动特殊行业的政务数据治理。

表5-1 中央层级政府数据管理文件汇总(2019年12月前发布)

序号	名称	发布部门	发布时间
1	《促进大数据发展行动纲要》	国务院	2015年8月31日
2	《政务信息资源共享管理暂行办法》	国务院	2016年9月5日
3	《交通运输政务信息资源共享管理办法(试行)》	交通运输部	2017年4月27日
4	《农业部政务信息资源共享管理暂行办法》	农业部(已撤销)	2017年8月24日
5	《国家科技资源共享服务平台管理办法》	科学技术部、财政部	2018年2月13日
6	《科学数据管理办法》	国务院办公厅	2018年3月17日

(二)地方层级政府数据开放与共享现状

随着中央文件的相继出台,各地方政府也积极展开行动,进行制度建构、资源整合与设施建设。在制度构建方面,各地方政府出台了对政务数据进行综合性管理的规范性文件,以及对政务数据的部门责任分工、开放与共享范围、开放与共享类型、开放与共享方式、开放与共享流程、保障与监督作出具体规定的专门性文件。① 目前,共有28个省级政府发布共计49个政府数据管理相关规定,其中包含18个综合性政府数据管理文件、2个专门性政府数据开

① 前者将数据开放、数据共享作为政务数据资源管理规定中的重要组成部分,如《贵州省政务数据资源管理暂行办法》第五章、第六章分别为"数据共享""数据开放";后者所称专门性文件,如《上海市公共数据开放暂行办法》《贵阳市政府数据共享开放条例》等。

放文件、29个专门性政府数据共享文件；在副省级与地级政府层面，共有11个综合性政府数据管理文件、14个专门性政府数据开放文件、81个专门性政府数据共享文件，共计96个规范性文件。[①]（见表5－2、表5－3、图5－1、表5－4、图5－2）

从发文时间上看，在省级政府中，福建省率先展开政府数据开放与共享领域的探索，福建省政府分别于2005年9月及2010年11月发布了《福建省政务信息网信息共享管理办法（试行）》和《福建省政务信息共享管理办法》，这两部规范性文件的出台时间均早于《纲要》。在副省级与地级政府层面，西安市政府于2008年7月发布《政务信息资源共享管理办法》，出台时间较多数同级政府早近10年。2018年11月，西安市政府出台《西安市政务数据资源共享管理办法》，对上述文件有所更新及补充。上海市政府于2019年8月29日发布《上海市公共数据开放暂行办法》，这是我国首部专门针对政府数据开放的省级地方政府规章；北京市交通委员会于2019年11月1日发布的《北京市交通出行数据开放管理办法（试行）》对交通出行数据的开放作出具体规定，这表明我国政府数据开放规范性文件的行业专门性有增强的趋势，这将为政府数据的开放提供更有力的制度保障（见表5－8、图5－5、表5－9、图5－6）。

从发文数量上看，多数地方政府发布的规范性文件集中于2015年8月《纲要》发布后（117个文件），2017年出现大幅增长（48个文件），2018年发文量依然较多（34个文件），2019年则趋于平缓（截至目前有23个文件）。这表明，各地方政府均极为重视并大力推动政府数据的开放以及整合共享工作，相关制度的建设在《纲要》出台后不断加快，达到高峰期后依然平稳推进。

从政府数据开放平台建设上看，大多数地方政府选择建设并运营独立的政府数据开放平台，另存在部分政府将政府数据开放与共享作为其官方网站中的栏目页。截至2019年12月31日，全国已有104个地方政府数据开放平台上线，较2018年增加44个，可见政府数据开放与共享的基础设施建设仍在积极进行中，这将为政府数据的开放提供基础设施保障。其中，广东省省内共有22个政府数据开放平台，在全国处于领先水平；山东省、贵州省、江苏省省内政府数据开放平台数量也较为密集。（见表5－7、图5－4）

从出台的政府数据开放与共享文件的内容上看，除一般性政府数据规定

---

① 其中有10个规范性文件名称包含“共享开放”，在专门性政府数据开放文件与专门性政府数据共享文件均纳入统计，故此处总计数删去二者重叠部分。

外,其他特殊行业领域的规定集中在医疗、食药品、科学、地理等领域,具体如福州市政府于 2017 年 10 月发布的《福州市健康医疗大数据资源管理实施细则》、宁夏药监局于 2018 年 4 月发布的《宁夏食品药品安全"黑名单"信息共享和联合惩戒办法》、陕西省政府于 2018 年 8 月发布的《陕西省科学数据管理实施细则》、湖南省政府于 2017 年 3 月发布的《湖南省地理空间数据管理办法》,上述文件涉及社会民生及社会前沿发展领域,为政府数据的开放共享在未来的进一步细化与深化提供了经验。(见表 5 – 5、表 5 – 6、图 5 – 3)

表 5 – 2 我国地方政府数据管理规定统计(2019 年 12 月前发布)

序号	省级行政区	发布省级数据规范性文件数量(个)	已发布政府数据管理规范性文件的副省级与地级行政区	
			行政区名称	发布规范性文件数量(个)
1	安徽省	1	马鞍山市	1
			六安市	1
			淮北市	1
			蚌埠市	1
			亳州市	1
			安庆市	1
			宿州市	1
			黄山市	1
			合肥市	1
			巢湖市	1
2	北京市	2	石景山区	1
3	重庆市	1	—	—
4	福建省	5	福州市	7
			南平市	1
			厦门市	2
5	甘肃省	1	兰州市	1

续表

序号	省级行政区	发布省级数据规范性文件数量（个）	已发布政府数据管理规范性文件的副省级与地级行政区	
			行政区名称	发布规范性文件数量(个)
6	广东省	2	广州市	2
			东莞市	1
			珠海市	1
			深圳市	1
7	广西壮族自治区	2	—	—
8	贵州省	2	贵阳市	4
			黔南州	2
9	海南省	2	三亚市	1
10	河北省	2	沧州市	1
11	河南省	1	郑州市	1
			商丘市	1
			开封市	1
			焦作市	1
			许昌市	1
			漯河市	1
12	黑龙江省	1	佳木斯市	1
			七台河市	1
13	湖北省	1	鄂州市	1
			武汉市	2
			襄阳市	1
			咸宁市	1

续表

序号	省级行政区	发布省级数据规范性文件数量(个)	已发布政府数据管理规范性文件的副省级与地级行政区	
			行政区名称	发布规范性文件数量(个)
14	湖南省	2	长沙市	1
			衡阳市	1
			郴州市	1
15	吉林省	1	四平市	1
16	江苏省	1	扬州市	1
			南京市	1
			泰州市	2
			徐州市	1
			淮安市	1
			连云港市	2
			南通市	1
			常州市	1
			苏州市	1
17	江西省	1	新余市	1
			抚州市	1
			萍乡市	1
			南昌市	2
			吉安市	1
18	辽宁省	1	沈阳市	1
			盘锦市	1
			葫芦岛市	1
			鞍山市	1
			大连市	1
			辽阳市	1

续表

序号	省级行政区	发布省级数据规范性文件数量（个）	已发布政府数据管理规范性文件的副省级与地级行政区	
			行政区名称	发布规范性文件数量(个)
19	内蒙古自治区	1	—	—
20	宁夏回族自治区	2	银川市	1
21	青海省	1	—	—
22	山东省	2	泰安市	1
			淄博市	1
			济南市	1
			潍坊市	1
23	山西省	1	—	—
24	陕西省	4	西安市	2
			宝鸡市	1
25	上海市	3	—	—
26	四川省	2	成都市	2
			自贡市	1
			宜宾市	1
			泸州市	1
27	云南省	1	昆明市	1
28	浙江省	3	杭州市	1
			嘉兴市	1
			绍兴市	1
			丽水市	1
			台州市	2
			宁波市	1
合计		49	合计	96

表 5-3 省级综合性政府数据管理文件汇总(2019 年 12 月前发布)

序号	行政区	文件名称	发布单位或部门	发布时间
1	北京市	北京市政务信息资源管理办法(试行)	北京市人民政府	2017 年 12 月 27 日
2	重庆市	重庆市政务数据资源管理暂行办法	重庆市人民政府	2019 年 7 月 31 日
3	福建省	福建省政务数据管理办法	福建省人民政府	2016 年 10 月 15 日
		福建省电子政务建设和应用管理办法	福建省人民政府	2015 年 2 月 16 日
4	甘肃省	甘肃省科学数据管理实施细则	甘肃省人民政府	2018 年 8 月 29 日
5	贵州省	贵州省政务数据资源管理暂行办法	贵州省人民政府	2016 年 11 月 1 日
		贵州省大数据发展应用促进条例	贵州省人大(含常委会)	2016 年 1 月 15 日
6	黑龙江省	黑龙江省贯彻落实《科学数据管理办法》实施细则	黑龙江省人民政府	2018 年 8 月 17 日
7	海南省	海南省公共信息资源安全使用管理办法	海南省人民政府	2019 年 7 月 22 日
		海南省公共信息资源管理办法	海南省人民政府	2018 年 5 月 25 日
8	湖南省	湖南省地理空间数据管理办法	湖南省人民政府	2017 年 3 月 3 日
9	吉林省	吉林省公共数据和一网通办管理办法(试行)	吉林省人民政府	2019 年 1 月 4 日

续表

序号	行政区	文件名称	发布单位或部门	发布时间
10	江西省	江西省地理信息数据管理办法	江西省人民政府	2017 年 12 月 26 日
11	山东省	山东省电子政务和政务数据管理办法	山东省人民政府	2019 年 12 月 25 日
12	山西省	山西省政务数据资产管理试行办法	山西省人民政府	2019 年 11 月 28 日
13	陕西省	陕西省科学数据管理实施细则	陕西省人民政府	2018 年 8 月 2 日
14	上海市	上海市公共数据和一网通办管理办法	上海市人民政府	2018 年 9 月 30 日
15	浙江省	浙江省公共数据和电子政务管理办法	浙江省人民政府	2017 年 5 月 1 日

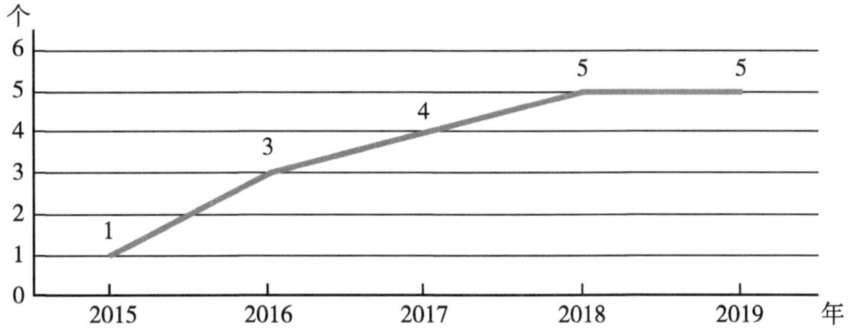

图 5－1　省级综合性政府数据管理文件发布数量

表 5-4 副省级与地级综合性政府数据管理文件汇总(2019 年 12 月前发布)

序号	省级行政区	副省级与地级行政区	文件名称	发布单位或部门	发布时间
1	福建省	福州市	福州市政务数据资源管理办法	福州市人民政府	2019 年 11 月 15 日
			福州市健康医疗大数据资源管理实施细则	福州市人民政府	2017 年 10 月 25 日
			福州市时空数据资源管理暂行办法	福州市人民政府	2018 年 2 月 22 日
		南平市	南平市政务数据管理办法	南平市人民政府	2018 年 8 月 20 日
2	贵州省	贵阳市	贵阳市政府数据资源管理办法	贵阳市人民政府	2017 年 11 月 23 日
			贵阳市健康医疗大数据应用发展条例	贵阳市人大(含常委会)	2018 年 10 月 9 日
3	河南省	漯河市	漯河市政务数据和电子政务建设管理办法	漯河市人民政府	2019 年 7 月 23 日
4	吉林省	四平市	四平市公共数据和一网通办管理办法(试行)	四平市人民政府	2019 年 2 月 18 日
5	四川省	成都市	成都市公共数据管理应用规定	成都市人民政府	2017 年 6 月 6 日
6	浙江省	台州市	台州市公共数据和电子政务管理办法	台州市人民政府	2018 年 2 月 2 日
		宁波市	宁波市公共数据管理办法	宁波市人民政府	2019 年 12 月 30 日

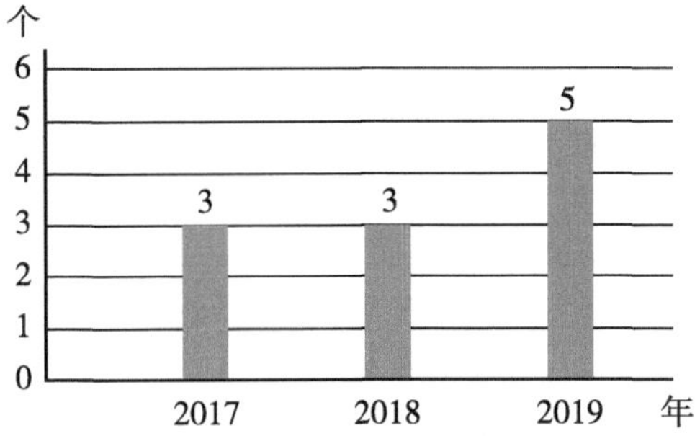

图 5－2 副省级与地级综合性政府数据管理文件发布数量

表 5－5 省级政府数据开放文件汇总（2019 年 12 月前发布）

序号	行政区	文件名称	发布单位或部门	发布时间
1	上海市	上海市公共数据开放暂行办法	上海市人民政府	2019 年 8 月 29 日
2	北京市	北京市交通出行数据开放管理办法（试行）	北京市交通委员会	2019 年 11 月 1 日

表 5－6 副省级与地级政府数据开放文件汇总（2019 年 12 月前发布）

序号	省级行政区	副省级与地级行政区	文件名称	发布单位或部门	发布时间
1	安徽省	合肥市	合肥市政务数据资源共享开放管理暂行办法	合肥市人民政府	2018 年 1 月 16 日
		巢湖市	巢湖市政务数据资源共享开放管理暂行办法	巢湖市人民政府	2018 年 1 月 22 日
2	北京市	石景山区	石景山区政务信息资源共享开放管理办法	石景山区人民政府	2017 年 11 月 30 日

续表

序号	省级行政区	副省级与地级行政区	文件名称	发布单位或部门	发布时间
3	福建省	福州市	福州市健康医疗大数据开放开发实施细则	福州市人民政府	2017年10月25日
			福州市公共数据开放管理暂行办法	福州市人民政府	2019年11月15日
			福州市政务数据资源共享开放考核暂行办法	福州市人民政府	2019年11月15日
4	贵州省	贵阳市	贵阳市政府数据共享开放条例	贵阳市人大(含常委会)	2017年3月30日
		黔南州	黔南州政府数据共享开放管理办法(试行)	黔南州人民政府	2019年1月11日
5	黑龙江省	佳木斯市	佳木斯市政务信息资源共享开放管理办法(暂行)	佳木斯市人民政府	2018年12月19日
6	江苏省	连云港市	连云港市公共数据开放与开发利用管理暂行办法	连云港市人民政府	2019年11月8日
7	江西省	南昌市	南昌市政务信息资源共享开放管理办法	南昌市人民政府	2019年11月6日
8	宁夏回族自治区	银川市	银川市城市数据共享开放管理办法	银川市人民政府	2018年3月2日
9	浙江省	台州市	台州市城市交通数据资源开放管理暂行办法	台州市人民政府	2016年12月16日
		丽水市	丽水市城市交通数据资源开放共享管理办法(试行)	丽水市人民政府	2016年12月16日

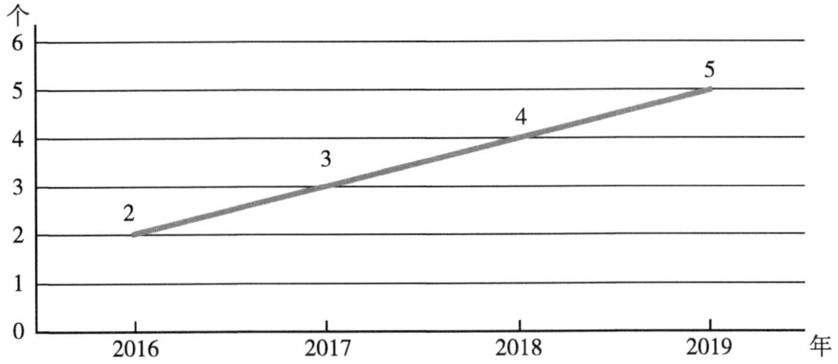

图 5－3　副省级与地级政府数据开放文件发布数量

表 5－7　地方政府数据开放平台汇总（2019 年 12 月前开放）

序号	省级行政区	平台数量（省级至地级）（个）	平台名称
1	安徽省	6	宣城市人民政府数据开放网 马鞍山市人民政府—数据开放 六安市信息资源开放平台 蚌埠市信息资源开放平台 阜阳市人民政府—数据开放 黄山市人民政府—数据开放
2	北京市	1	北京市政务数据资源网
3	福建省	3	开放福建 福州市政务数据开放平台 厦门市大数据安全开放平台
4	广东省	22	开放广东 广州市政府数据统一开放平台 深圳市政府数据开放平台 佛山市政府数据开放平台 开放惠州 开放江门 开放中山

续表

序号	省级行政区	平台数量（省级至地级）（个）	平台名称
			珠海市民生数据开放平台 数据东莞 阳江市政府网—数据开放 湛江数据服务网 开放广东—潮州市 开放广东—河源市 开放广东—揭阳市 开放广东—梅州市 开放广东—清远市 开放广东—汕头市 开放广东—汕尾市 开放广东—韶关市 开放广东—云浮市 肇庆市人民政府—用数据 茂名市人民政府—数据开放
5	广西壮族自治区	1	南宁市人民政府—数据开放
6	贵州省	10	贵州省政府数据开放平台 贵阳市政府数据开放平台 黔东南州人民政府数据开放平台 黔南州政府数据开放平台 遵义市政府数据开放平台 铜仁市政府数据开放平台 六盘水市政府数据开放平台 安顺市政府数据开放平台 毕节市政府数据开放平台 黔西南州政府数据开放平台
7	湖北省	3	武汉市政务公开数据服务网 荆门市人民政府数据公开 黄冈市人民政府—数据开放
8	黑龙江省	2	哈尔滨市政府数据开放平台 佳木斯市公共数据开放网

续表

序号	省级行政区	平台数量（省级至地级）（个）	平台名称
9	海南省	2	海南省政府数据统一开放平台 三亚市政府数据统一开放平台
10	河南省	1	河南省公共数据开放平台
11	湖南省	3	长沙市政府门户网站数据开放平台 常德市人民政府—数据开放 永州市人民政府—数据开放
12	江苏省	11	苏州市政府数据开放平台 扬州政务数据服务网 泰州市政务数据开放平台 常州市人民政府—数据开放 无锡市政府数据开放平台 南京市人民政府—数据开放 淮安市公共数据开放网 连云港市公共数据开放网 南通市公共数据开放网 宿迁市人民政府—数据开放 徐州市人民政府—数据开放
13	江西省	2	江西省政府数据开放网站 开放抚州
14	内蒙古自治区	1	乌海市政府数据开放平台
15	宁夏回族自治区	4	宁夏开放门户网站 银川市城市数据开放平台 石嘴山政府数据开放平台 中卫市人民政府—数据开放
16	四川省	7	成都市公共数据开放平台 雅安市人民政府—数据开放 广元公共数据开放网 泸州市人民政府—数据开放 绵阳市人民政府—数据开放 遂宁市人民政府—数据开放 内江市公共数据开放平台

续表

序号	省级行政区	平台数量（省级至地级）（个）	平台名称
17	山东省	17	山东公共数据开放网 济南市公共数据开放网 青岛市公共数据开放网 淄博市公共数据开放网 临沂市公共数据开放网 济宁市公共数据开放网 德州市公共数据开放网 威海市公共数据开放网 滨州市公共数据开放网 东营市公共数据开放网 菏泽市公共数据开放网 聊城市公共数据开放网 日照市公共数据开放网 泰安市公共数据开放网 潍坊市公共数据开放网 烟台市公共数据开放网 枣庄市公共数据开放网
18	上海市	1	上海市政府数据服务网
19	陕西省	1	陕西省公共数据开放平台
20	天津市	1	天津市信息资源统一开放平台
21	新疆维吾尔自治区	2	新疆维吾尔自治区政务数据开放网 乌鲁木齐市政务数据开放网
22	浙江省	3	浙江省政务服务网—数据开放 宁波市政府数据服务网 湖州市公共数据开放平台
合计		104	

注:此处仅对省级、副省级与地级政府进行统计。

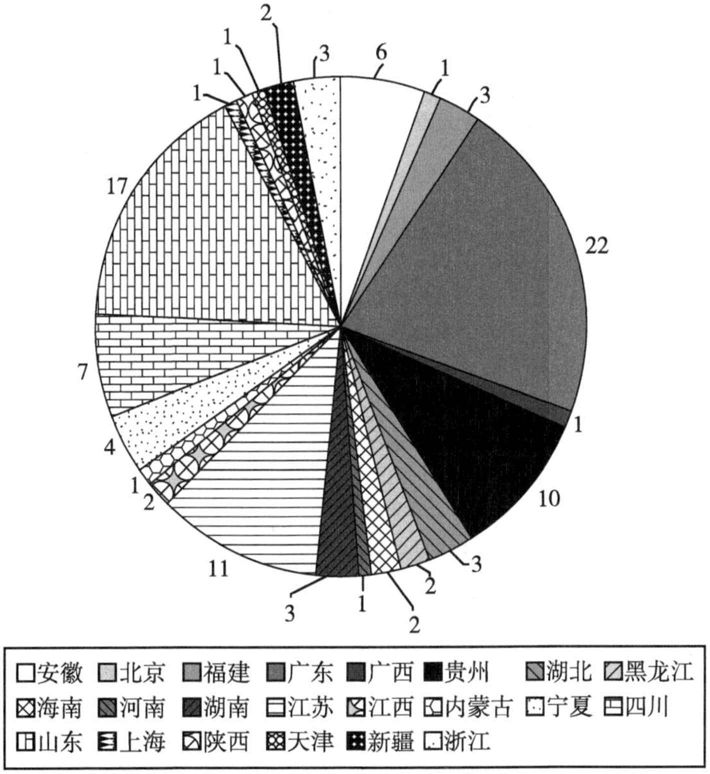

图5-4 2019年地方政府数据开放平台地域分布(单位:个)

表5-8 省级政府数据共享文件汇总(2019年12月前发布)

序号	行政区	文件名称	发布单位或部门	发布时间
1	安徽省	安徽省政务信息资源共享管理暂行办法	安徽省人民政府	2017年2月21日
2	福建省	福建省政务信息网信息共享管理办法(试行)	福建省人民政府	2005年9月27日
		福建省政务信息共享管理办法	福建省人民政府	2010年11月12日
		福建省数字档案共享管理办法	福建省人民政府	2017年12月1日

续表

序号	行政区	文件名称	发布单位或部门	发布时间
3	广东省	广东省政务信息资源共享管理试行办法	广东省人民政府	2008年10月23日
		广东省政务数据资源共享管理办法(试行)	广东省人民政府	2018年11月29日
4	广西壮族自治区	广西政务信息资源共享管理暂行办法	广西壮族自治区人民政府	2016年10月21日
		广西民用遥感卫星数据开放共享管理暂行办法	广西壮族自治区人民政府	2019年6月13日
5	河北省	河北省地理信息交换共享管理办法	河北省人民政府	2013年11月27日
		河北省政务信息资源共享管理规定	河北省人民政府	2015年11月12日
6	河南省	河南省政务信息资源共享管理暂行办法	河南省人民政府	2018年1月8日
7	湖北省	湖北省政务信息资源共享管理办法	湖北省人民政府	2018年9月26日
8	湖南省	湖南省政务信息资源共享管理办法(试行)	湖南省人民政府	2017年11月22日
9	江苏省	江苏省政务信息资源共享管理暂行办法	江苏省人民政府	2017年10月26日

续表

序号	行政区	文件名称	发布单位或部门	发布时间
10	辽宁省	辽宁省政务数据资源共享管理办法	辽宁省人民政府	2019年11月26日
11	内蒙古自治区	内蒙古自治区政务信息资源共享管理暂行办法	内蒙古自治区人民政府	2018年6月15日
12	宁夏回族自治区	宁夏食品药品安全“黑名单”信息共享和联合惩戒办法	宁夏回族自治区食品药品监督管理局	2018年4月13日
		宁夏回族自治区政务数据资源共享管理办法	宁夏回族自治区人民政府	2018年9月4日
13	青海省	青海省地理空间数据交换和共享管理办法	青海省人民政府	2015年10月14日
14	山东省	事故统计信息共享核查联动暂行办法	山东省安全生产监督管理局	2018年4月12日
15	陕西省	陕西省企业信息互联共享管理暂行办法	陕西省人民政府	2016年1月15日
		陕西省政务信息资源共享管理办法	陕西省人民政府	2017年8月16日
		陕西省政府采购领域供应商违法失信“黑名单”信息共享和联合惩戒实施办法	陕西省财政厅	2018年6月19日
16	上海市	上海市政务数据资源共享管理办法	上海市人民政府	2016年2月29日
17	四川省	四川省地理信息交换共享管理办法	四川省人民政府	2017年1月18日
		四川省政务信息资源共享管理实施细则(暂行)	四川省人民政府	2017年3月5日

续表

序号	行政区	文件名称	发布单位或部门	发布时间
18	云南省	云南省政务信息资源共享管理实施细则	云南省人民政府	2017年12月22日
19	浙江省	浙江省地理空间数据交换和共享管理办法	浙江省人民政府	2010年5月4日
		浙江政务服务网信息资源共享管理暂行办法	浙江省人民政府	2014年11月28日

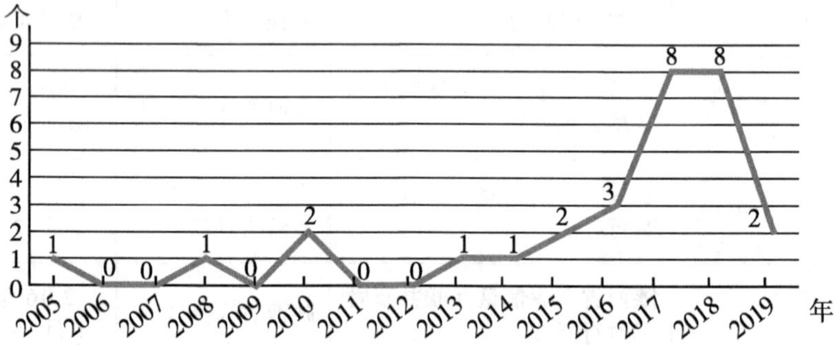

图5－5　省级政府数据共享文件发布数量

表5－9　副省级与地级政府数据共享文件汇总(2019年12月前发布)

序号	省级行政区	副省级与地级行政区	文件名称	发布单位或部门	发布时间
1	安徽省	马鞍山市	马鞍山市政务信息资源共享管理办法	马鞍山市人民政府	2014年4月22日
		六安市	六安市政务信息资源共享管理暂行办法	六安市人民政府	2017年5月21日
		淮北市	淮北市政务信息资源共享管理暂行办法	淮北市人民政府	2017年6月1日

续表

序号	省级行政区	副省级与地级行政区	文件名称	发布单位或部门	发布时间
		蚌埠市	蚌埠市公共信息资源共享交换管理暂行办法	蚌埠市人民政府	2017年6月2日
		亳州市	亳州市政务信息资源共享管理暂行办法	亳州市人民政府	2017年7月22日
		安庆市	安庆市政务信息资源共享管理暂行办法	安庆市人民政府	2017年12月19日
		宿州市	宿州市政务信息资源共享管理暂行办法	宿州市人民政府	2017年12月19日
		黄山市	黄山市政务信息资源共享管理暂行办法	黄山市人民政府	2017年12月29日
		合肥市	合肥市政务数据资源共享开放管理暂行办法	合肥市人民政府	2018年1月16日
		巢湖市	巢湖市政务数据资源共享开放管理暂行办法	巢湖市人民政府	2018年1月22日
2	北京市	石景山区	石景山区政务信息资源共享开放管理办法	石景山区人民政府	2017年11月30日
3	福建省	福州市	福州市政务信息资源交换共享管理暂行办法	福州市人民政府	2015年9月27日
			福州市政务数据资源共享开放考核暂行办法	福州市人民政府	2019年11月15日
		厦门市	厦门市政务信息资源共享管理暂行办法	厦门市人民政府	2015年9月22日
			厦门市信用数据政务共享和市场化应用暂行办法	厦门市人民政府	2018年10月20日

续表

序号	省级行政区	副省级与地级行政区	文件名称	发布单位或部门	发布时间
4	甘肃省	兰州市	兰州市政务信息资源共享管理暂行办法	兰州市人民政府	2014年1月19日
5	广东省	广州市	广州市政府信息共享管理规定	广州市人民政府	2012年6月29日
			广州市政府信息共享管理规定实施细则	广州市人民政府	2016年5月17日
		东莞市	东莞市政务信息资源共享平台使用管理规定	东莞市人民政府	2013年7月26日
		珠海市	珠海市政府信息资源共享管理办法	珠海市人民政府	2013年10月12日
		深圳市	深圳市政务信息资源共享管理办法	深圳市人民政府	2015年10月22日
6	贵州省	贵阳市	贵阳市政府数据共享开放条例	贵阳市人大(含常委会)	2017年4月11日
			贵阳市企业信用信息采集归集共享使用管理办法(试行)	贵阳市人民政府	2016年9月21日
		黔南州	黔南州政府数据共享开放管理办法(试行)	黔南州人民政府	2019年1月11日
			黔南州政务信息资源共享交换管理实施细则(试行)	黔南州人民政府	2017年1月16日
7	海南省	三亚市	三亚市政务信息资源共享管理办法	三亚市人民政府	2016年1月22日
8	河北省	沧州市	沧州市政务信息资源共享管理暂行办法	沧州市人民政府	2017年11月29日

续表

序号	省级行政区	副省级与地级行政区	文件名称	发布单位或部门	发布时间
9	河南省	郑州市	郑州市政府信息资源共享管理办法	郑州市人民政府	2015年3月28日
9	河南省	商丘市	商丘市政务信息资源共享管理暂行办法	商丘市人民政府	2017年2月27日
9	河南省	开封市	开封市公共信用信息征集共享使用暂行办法	开封市人民政府	2017年3月14日
9	河南省	焦作市	焦作市政务信息资源共享管理暂行办法	焦作市人民政府	2018年5月25日
9	河南省	许昌市	许昌市政务信息资源共享管理暂行办法	许昌市人民政府	2019年12月9日
10	黑龙江省	七台河市	七台河市政务信息资源共享管理暂行办法	七台河市人民政府	2013年11月11日
10	黑龙江省	佳木斯市	佳木斯市政务信息资源共享开放管理办法(暂行)	佳木斯市人民政府	2018年12月19日
11	湖北省	鄂州市	鄂州市政务信息资源共享管理办法(试行)	鄂州市人民政府	2014年6月4日
11	湖北省	武汉市	武汉市政务数据资源共享管理暂行办法	武汉市人民政府	2015年11月20日
11	湖北省	武汉市	武汉市政务地理空间信息共享管理实施细则	武汉市人民政府	2017年1月26日
11	湖北省	襄阳市	襄阳市政务信息资源共享管理暂行办法	襄阳市人民政府(原襄樊市政府)	2017年10月24日
11	湖北省	咸宁市	咸宁市政务信息资源共享管理实施细则	咸宁市人民政府	2019年1月30日

续表

序号	省级行政区	副省级与地级行政区	文件名称	发布单位或部门	发布时间
12	湖南省	衡阳市	衡阳市政务信息资源共享交换管理办法	衡阳市人民政府	2013年7月20日
		长沙市	长沙市政务信息资源共享管理办法	长沙市人民政府	2018年5月12日
		郴州市	郴州市政务信息资源共享管理暂行办法	郴州市人民政府	2018年5月29日
13	江苏省	南京市	南京市政务信息资源共享管理办法(试行)	南京市人民政府	2011年4月20日
		扬州市	扬州市政务信息资源共享管理办法	扬州市人民政府	2014年1月25日
		泰州市	泰州市政务信息资源共享管理办法	泰州市人民政府	2014年7月4日
			泰州市地理信息资源共享管理办法	泰州市人民政府	2017年1月16日
		徐州市	徐州市信息资源整合与共享管理办法	徐州市人民政府	2015年6月5日
		淮安市	淮安市公共信息资源共享交换管理暂行办法	淮安市人民政府	2016年12月26日
		连云港市	连云港市政务信息资源共享管理暂行办法	连云港市人民政府	2017年12月4日
		南通市	南通市政务信息资源共享管理办法	南通市人民政府	2018年3月22日
		常州市	常州市政务信息资源共享管理暂行办法	常州市人民政府	2018年6月5日
		苏州市	苏州市政务信息资源共享管理暂行办法	苏州市人民政府	2019年7月4日

续表

序号	省级行政区	副省级与地级行政区	文件名称	发布单位或部门	发布时间
14	江西省	新余市	新余市政务信息资源共享管理办法	新余市人民政府	2015年11月12日
		抚州市	抚州市政务信息资源共享管理办法	抚州市人民政府	2016年8月9日
		萍乡市	萍乡市政务信息资源共享管理实施细则	萍乡市人民政府	2017年3月27日
		南昌市	南昌市政务信息资源共享管理实施细则	南昌市人民政府	2017年4月2日
			南昌市政务信息资源共享开放管理办法	南昌市人民政府	2019年11月6日
		吉安市	吉安市政务数据共享管理暂行办法	吉安市人民政府	2018年5月23日
15	辽宁省	沈阳市	沈阳市政务信息资源交换共享管理办法	沈阳市人民政府	2016年6月8日
		盘锦市	盘锦市政府数据资源共建共享管理办法(试行)	盘锦市人民政府	2016年6月23日
		葫芦岛市	葫芦岛市政务信息资源共享管理暂行办法	葫芦岛市人民政府	2017年6月19日
		鞍山市	鞍山市政务信息资源共享管理暂行办法	鞍山市人民政府	2017年7月19日
		大连市	大连市政务信息资源共享管理暂行办法	大连市人民政府	2017年8月15日
		辽阳市	辽阳市政务信息资源共享管理暂行办法	辽阳市人民政府	2018年11月26日

续表

序号	省级行政区	副省级与地级行政区	文件名称	发布单位或部门	发布时间
16	宁夏回族自治区	银川市	银川市城市数据共享开放管理办法	银川市人民政府	2018年3月2日
17	山东省	泰安市	泰安市政务信息资源共享管理暂行办法	泰安市人民政府	2017年8月14日
		淄博市	淄博市政务信息资源共享管理暂行办法	淄博市人民政府	2017年10月15日
		济南市	济南市政务信息资源共享交换管理办法(暂行)	济南市人民政府	2017年12月29日
		潍坊市	潍坊市政务信息资源共享管理办法	潍坊市人民政府	2018年1月25日
18	陕西省	西安市	西安市政务信息资源共享管理办法	西安市人民政府	2008年7月25日
			西安市政务数据资源共享管理办法	西安市人民政府	2018年11月8日
		宝鸡市	宝鸡市政务信息资源共享管理暂行办法	宝鸡市人民政府	2017年11月8日
19	四川省	成都市	成都市政务信息资源共享管理暂行办法	成都市人民政府	2016年5月26日
		自贡市	自贡市政务信息资源共享管理暂行办法	自贡市人民政府	2017年8月3日
		宜宾市	宜宾市政务信息资源共享管理实施细则(暂行)	宜宾市人民政府	2017年9月11日
		泸州市	泸州市政务信息资源共享管理暂行办法	泸州市人民政府	2017年10月18日

续表

序号	省级行政区	副省级与地级行政区	文件名称	发布单位或部门	发布时间
20	云南省	昆明市	昆明市政务信息资源共享管理办法	昆明市人民政府	2019年7月24日
21	浙江省	嘉兴市	嘉兴市公共事务信息系统信息资源共享管理办法	嘉兴市人民政府	2012年3月3日
		绍兴市	绍兴市政务信息资源共享和交换管理办法	绍兴市人民政府	2014年12月24日
		杭州市	杭州市政务数据资源共享管理暂行办法	杭州市人民政府	2015年2月15日
		丽水市	丽水市城市交通数据资源开放共享管理办法(试行)	丽水市人民政府	2016年12月16日

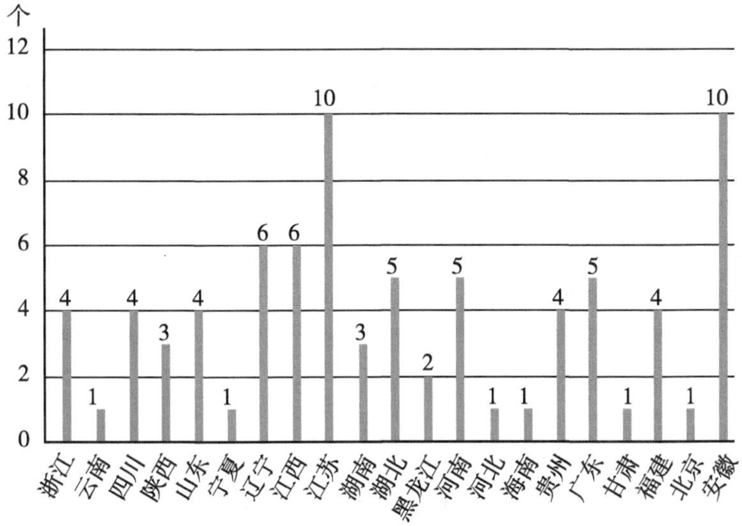

图 5－6　已发布政府数据共享文件的副省级与地级行政区数量

(三)我国地方政府数据开放规则的问题与改进

政府数据开放是指政府将其因履职而掌握的数据加以整合编目,对于其中不涉及个人隐私、商业秘密、国家主权与国家安全等敏感内容的数据,通过政府专设网络平台面向全社会无条件、无差别、以原始数据的形式、以可被机器读取的格式,由个人或组织自由获取使用数据的一项公共服务。政府数据开放对于促进产品和服务创新、推动数字经济发展、提升治理能力、优化公共服务具有重要意义。行政机关等公共管理和服务机构在依法履行职责过程中沉淀了体量庞大、类型多样、综合性强的数据,然而以往限于基础设施不足、技术条件不成熟、安全保障不充分、职能协调机制缺失等多重因素,相当一段时间内,仅有少量限定类型的数据经政府授权由个别主体加以再利用,绝大部分数据被"深藏闺中",未能面向广泛的市场主体和社会公众开放,其潜在价值无从发掘,难以实现经济社会效益。在大数据浪潮的席卷下,2010 年前后,政府数据开放行动在全球范围内兴起,我国的政府数据开放进程则在 2015 年《纲要》和 2017 年《开放试点方案》等政策文件的导向下得到逐步推进。

政府数据开放的性质是政府向社会提供公共服务,其应当被纳入法治轨道,明确界定开放数据涉及的主体及其权利义务责任,为数据开放范围、条件、方式与程序等方面划定相对统一的标准。当前我国政府数据开放处于试点阶段,各地实施情况不一,尚无对该领域进行针对性调整的法律、行政法规或部门规章等全国性规定出台,部分地区对政府数据开放的制度规范率先展开了探索(如上海、浙江、贵州、福建等地)。通过研究地方政府数据开放相关规定,发现现有的地方规定中存在规则制定缺乏统筹、数据确权不合理、数据安全机制不完善、评价机制不科学等主要问题。对此,有必要探究上述问题背后的理论症结或实践困境,提出解决建议与改进方案,为确立全国性政府数据开放规则做好铺垫,为政府数据开放的有效运行提供科学的制度保障,从而充分释放数据红利,确保数据安全,增进公共利益。

1. 我国地方政府数据开放规则现存问题

现有的地方政府数据开放相关规定,从规则的专门性来看,可分为两类:一是以数据开放为主题的规定,又可细分为专项数据开放规定、综合性数据开放规定;二是将数据开放作为政务数据资源管理规定中的重要组成部分。[①] 前者关于政府数据开放的制度设计较后者更为全面精细。但从总体来看,我国地方政府数据开放规则制定、制度准备等框架建构活动的进度仍然远落后于平台建设、数据提供等具体操作活动。具体而言,目前地方规则的统筹规划、数据确权、数据安全机制、开放效果评价机制等方面均有缺陷。

(1)地方政府数据规则制定缺乏统筹性

地方规定制度统筹不足主要体现在以下两方面:

第一,规则中概念运用混杂模糊、指向不明、失之严谨。目前出台的与政府数据开放有关的规则有地方性法规、地方政府规章、地方规范性文件。考查发现,地方政府数据开放规则制定的统筹不足,具体有横向协调不佳、纵向传导不畅两方面:一是,同一地区在相近时间出台的同等效力层级的规定之间难以有效衔接;二是,同一地区之内不同级别行政区出台的或不同效力层级的规定之间内容不一致。例如,2015 年《福建省电子政务建设和应用管理办法》和 2016 年《福建省政务数据管理办法》(以下简称《福建办法》)均设置了数据开放条款。前者第 36 条同时使用"公共信息资源开放指南和目录""政务信息资源"两个概念,没有说明任一术语的含义;后者第 29 条、第 30 条使用"政务数据开放目录"概念并于第 3 条界定了"政务数据"的范围。上述规定均为地方政府规章,由福建省政府在相邻年份发布,在同类型条款中分别用到"公共信息资源""政务信息资源""政务数据"三个概念,未逐一解释含义,无法确定是否指向同一事物以及所表达的内容是否一致。2016 年《贵州省政务数据资源管理暂行办法》(以下简称《贵州办法》),第 9 条、第 10 条使用"政务数据资源目录"概念,而 2017 年《贵阳市政府数据共享开放条例》(以下简称《贵阳条例》)第 11 条采"贵州省的政务信息资源目录"用法。《贵州办法》根据 2016 年《贵州省大数据发展应用促进条例》制定,规范全省政务数据资源管理,搭建了省内规则框架。《贵阳条例》发布时间在后,同类条款中使用的概念却与省级规定不统一,缺乏延续性,体现出规则制定过程不够严密,未对相关制度作通盘考虑,不同层级规则制定者之间的信息传导不畅,没有形成合力。

鉴于我国政府数据开放尚处于试点阶段,地方规定是结合本地区情况、服务于当地大数据发展应用需求进行的探索,不同省级行政区之间出现概念运

---

① 第一类规定如《福州市健康医疗大数据开发开放实施细则》《上海市公共数据开放管理办法》;第二类规定如《贵阳市政府数据共享开放条例》第四章为"数据开放",《浙江省公共数据和电子政务管理办法》第 24 条至第 27 条为公共数据开放专门条款。

用、条款设计的差异实属正常现象,但省内规定须具备一致性。规章制度的文本讲究规范化、标准化,同一省级行政区内关于同一主题、发布时间相近的规则中采用不同概念,又不说明关系,使规则缺乏一贯性,执行中容易产生歧义,增加政府部门纵向、横向沟通的负担,也会干扰企业、社会组织、公众等获取使用数据信息的主体对规定的理解。

第二,政府数据开放规则制定与执行脱节,导致部分地区的政府数据开放行动前期规划不全面、后期落实不到位,典型体现是部分地区在相关规范空白的情况下即建立数据平台,面向社会提供数据,直接后果是政府数据开放平台运行效果不理想,难以发挥数据开放的效用。区县级政府主办的政府数据开放平台此类问题更为突出,具体表现有:开放的数据类型单一、体量小、可获取性和易用性差、时效性弱、重复提供政府信息公开的内容、对企业需求和公众需要关注不足等。例如,凯里(县级市)政府数据开放平台上的数据最后更新时间是2018年5月14日,超过一年未更新,平台提供的741个资源中夹杂政府工作通知和不可被机器读取的文件类型。① 常州市天宁区政府数据开放平台在食品药品、教育科技等与公众关系密切的领域开放数据分别仅有3条,没有开放公共交通主题数据。② 这表明目前一些地方急于实施数据开放举措,但缺乏计划性,规则建构与实践脱节,制度准备不足,不能持续推进开放行动,建立的平台不仅实用性不强,而且造成重复建设、浪费财政资金和人力。

(2)数据确权制度不合理

目前,我国法学界对数据确权问题仍有争议,与数据相关的各类权益归属在法律上尚未完全明确。我国现行法律关于数据信息权利的规定主要有:第一,《民法总则》保护自然人的个人信息,且人格权编中个人信息权益区别于隐私权的立法取向明显;③第二,《民法总则》在民事权利一章为数据权利留出了立法空间;④第三,《网络安全法》初步建立了自然人对其个人数据所享有的权利体系,规定了知情同意权、删除权、更正权。数据财产性权利没有直接确切的法律规定,实践中很多企业以数据为核心争议点的案例依据《反不正当

---

① 载凯里市政府数据开放平台,http://www.klopendata.gov.cn/。

② 载常州市天宁区政府数据开放平台,http://opendata.cztn.gov.cn/。

③ 《中华人民共和国民法典人格权编(草案三次审议稿)》《中华人民共和国民法典人格权编(草案二次审议稿)》第813条至第817条是自然人个人信息保护专门条款。

④ 我国《民法总则》第127条规定:法律对数据、网络虚拟财产的保护有规定的,依照其规定。

竞争法》裁判。① 聚焦政府数据的法律性质和权利归属，我国目前没有法律规定。

在数据确权法律制度没有全面确立、政府数据法律性质无明文规定的情况下，部分地区在有关管理规定中设置的政府数据确权条款，理论根基不牢固，缺乏法律依据。例如，2019 年《重庆市政务数据资源管理暂行办法》第 4 条规定“政务数据资源属于国家所有”，2016 年《福建办法》第 3 条规定“政务数据资源属于国家所有，纳入国有资产管理”，有明显的法律问题。正式法律渊源中出现的“属于某主体所有”一般具备特定含义，即确定某物的所有权归属。如果将这两处“所有”理解为所有权，则说明上述条款将政府数据视为《物权法》中的“物”，纳入《物权法》的调整范围，进而规定了政府/国家对政府数据享有所有权，这会带来下列三个问题。

第一，数据在我国法律上的定位尚不明确，数据不属于目前《物权法》上“物”的范畴，将政府数据作为“物”没有法律依据。“物”的利用则伴随着对该物消耗或减损，这决定了“物”上利益的有限性，需要通过所有权的确权模式实现定分止争。数据具有虚拟性并且可被无限复制、转移，数据的使用呈现非竞争性和非排他性的特点，数据和“物”实现价值的方式存在根本区别，对于同一数据，客观上能够实现不同主体分享其不同利益（人格利益、财产利益、公共利益等），所有权概念在面对数据时被解构了。因此，数据既不是法律意义上的“物”，也不宜被纳入“物”的范畴，为数据确定所有权归属缺乏必要前提。

第二，所有权的绝对性与数据所承载利益的复合性、涉及主体的多样性不相容。政府履职掌握的大量数据涉及个人隐私、商业秘密等特殊利益，政府管理此类数据会影响自然人、企业等政府以外主体的权益。而所有权是绝对化的权利集合，所有权的行使样态包括占有、使用、收益、处分等，如果“一刀切”地确定政府数据为“政府所有”，又不明确提出政府与其他主体行使权利的优先顺序，会造成多主体权利冲突时难以解决。尤其当行政机关实施数据开放等政府数据管理行为缺乏必要监督制约时，所有权确权模式将增大损害个体权利的潜在风险。

---

① 例如，“北京微梦创科网络技术有限公司诉北京淘友天下技术有限公司、北京淘友天下科技发展有限公司不正当竞争纠纷案”“上海汉涛信息咨询有限公司诉北京百度网讯科技有限公司等不正当竞争纠纷案”等。

第三,规定政府数据属于“国家所有”,这一条款超越了地方政府的立法权限。该条款表明政府数据是国有财产,实质是在《物权法》之外新增国有财产项目,扩大国有财产的范围。而根据物权法定原则,只有法律才能规定物权的种类和内容。故地方政府无权在其发布的规章中设定额外的国有财产类型。

第四,政府数据开发利用的收益分配规则有缺陷。《福建办法》在将政府数据定性为国有财产的基础上,于第36条确定了授权开放类数据收益归属,“组织开放开发的数据管理机构应当根据数据开发利用价值贡献度,合理分配开发收入。属于政府取得的授权收入应当作为国有资产经营收益”。这一收益分配规则的问题在于:首先,将政务数据资源纳入国有资产管理,实际承担管理职能的数据管理机构是否承担国有资产管理责任、承担哪些责任、由谁监督均不明确;其次,根据数据开发利用价值贡献度分配开发收入,价值贡献度的确定没有标准。

(3)风险评估和安全审查机制不完善

各地方规范普遍提到建立政府数据开放安全审查和风险评估机制,但目前仅有海南省发布了详尽的安全管理对策,①个别地区设置了安全审查条款,②其他地区规定仅做出纲领式的安全制度建设安排,而未见具有可操作性的执行规程。在政府数据开放中,涉及个人隐私、商业秘密、国家秘密、国家安全的数据,是重要的风险点。此外,对于“非涉密但涉及敏感信息的政府数据”,《公共信息资源开放试点工作方案》要求“对原始数据进行脱敏加工后开放”。大部分地区没有完全建立对上述数据的评估判定机制。数据安全保障制度缺失会导致:首先,数据开放事前预测与防范风险不力,依赖事中事后保护,风险控制措施拖后,分散、非敏感的数据开放后经过集成,可能形成敏感信息,甚至影响个人隐私、商业秘密、国家安全等。其次,主体责任不明确,数据开放主体为避免承担责任而不敢开放、不愿开放数据,影响数据价值的实现。例如,政府掌握的测绘数据潜在价值大,开放后其开发成果广泛应用于城乡规划、交通建设、农业发展、资源管理、环境保护等领域,但涉密涉敏风险高与地方层面没有测绘数据分级标准的双重因素叠加,使政府对测绘数据开放持十分保守的态度。最后,数据开放职责主体利用规则漏洞减轻或逃避责任。例

① 《海南省公共信息资源安全使用管理办法》(琼府办〔2019〕18号)。

② 例如,2017年《浙江省公共数据和电子政务管理办法》第26条。

如,2019 年《贵州省大数据安全保障条例》第 31 条规定,在公共数据开放中,责任人提供数据时“合理预见无安全风险”,则不承担责任。由于没有具体的数据安全风险分析研判规则,难以确定责任主体预见的合理性。

(4)数据开放效果评价机制不科学

现有地方规定中关于政府数据开放的效果评价机制不科学,没有突出“结合企业利用需求、公众生活需要”的开放范围导向,难以切实反映体现市场、社会的评价,不利于为持续优化数据开放提供参考。例如,2018 年《贵阳政府数据共享开放考核暂行办法》和 2019 年《上海市公共数据开放暂行办法》(以下简称《上海办法》)均规定,可以委托第三方评估。① 把第三方评估作为“可以”而不是“应当”的效果评价方案,容易造成外部评估被虚置,仅靠政府自我评估客观性、独立性不足。另外,接受委托的第三方机构的专业性和代表性如何,能否充分反馈市场、社会公众对公共信息开放的需求和建议,目前没有明确规定,这可能导致政府委托的第三方机构评估结果产生偏差,不能为改进工作提供依据。

2. 我国地方政府数据开放规则的改进

政府数据开放活动以数据为基础资源,相关规则应当在数据法律制度的框架内进行建构,相应地,地方政府数据开放规则的统筹协调、数据确权、安全审查、效果评估等机制的确立也以数据法律制度为根基。然而,我国数据信息领域法律不完善,这正是造成地方政府数据规则现存问题的根本原因。我国数据信息立法现状总体呈分散状态,以数据客体、数据利用行为作为核心内容的法律制度缺位。在法律层面,刑法、民法总则、消费者权益保护法、网络安全法、电子商务法等法律中,调整以数据为客体的法律关系的条文主要是个人信息保护条款,保守国家秘密法的目标则是防止泄露国家安全、国家利益事项,综合来看没有搭建起宏观上的数据应用规范框架。同时,个人信息保护法、数据安全法等数据信息专门法律仍处于立法规划阶段,目前缺乏有针对性的调整数据信息的法律。为改进地方政府数据开放规定,为未来建立全国性的政府数据开放制度体系打牢基础,提升数据开放水平,规范数据开放主体和数据利用主体的行为,充分释放数据红利,应当加快推进数据信息专门立法,加强统筹规划,稳妥推动政府数据确权,尽快制定详尽的政府数据开放风险评估和安全审查规则,确立科学的开放效果评价机制。

---

① 2019 年《上海市公共数据开放暂行办法》第 41 条。

(1)加快推进数据信息专门立法工作

应加快推动个人信息保护法、数据安全法等专门数据信息法律的立法工作,使数据保护和数据安全责任清晰化,为政府数据开放提供法律依据和保障。加强论证数据确权规则,明确数据利用行为中的主体利益关系,科学地确定政府数据的法律性质和权利归属,为政府数据资源高效管理、充分开放、实现经济社会效益打牢基础。

(2)做好地方政府数据开放制度建构的统筹规划

电子政务运行、政务信息管理活动和政府数据开放推进中,机构职责、行为对象、设施技术等多个要素存在交叉,相关规定在执行过程中会相互影响,系统性地发挥作用,因此各地区涉及政府数据开放的规定应当被视为整体进行综合评价,规则制定应予以系统性考量。

从全局来看,政府数据开放是大数据发展应用这一整体的有机组成部分,中央引领鼓励和地方试验实施,在全国范围内呈自上而下传导。政府数据开放工作涉及各级政府、众多职能部门,对市场、社会影响广泛,应先行自上而下逐层部署。各地在推进本地方公共信息资源开放工作时要做到有准备、系统有序,不宜盲目而急于推行,建议清晰地区分各级政府、各部门的职责分工,职责与主体的能力相适应,提高效率,减少资源浪费。本地各级政府的开放平台之间要衔接,形成上下联动。

笔者建议,已开展和拟开展政府数据开放工作的地区,在制定规则前充分严密论证规则的科学性、合理性,组织法学、情报档案管理、公共管理、计算机科学技术等多学科领域专家共同论证,并处理好政府数据开放制度与电子政务规定、政务信息资源管理规定的关系。对本地区内与政府数据开放有关的规定进行全盘梳理,理顺效力层级关系,删除和修改重复、冲突的内容。还需要注意规范性文件中概念、术语等表达的规范化、标准化。

政府数据开放试点阶段,各地的制度探索既是创新又是试错,积累了经验、探明了误区。为推动、保障和规范政府数据开放活动,建议试点一段时间后,由相关职责部门联合发布全国过渡性的统一规定。比如,可先行出台政府数据开放试行管理办法,留出进一步展开机制创新的空间,同时便于未来的数据信息专门法等法律出台后进行调整和细化,实现制度之间的顺利衔接;在条件成熟时制定办法或条例,夯实全面推行政府数据开放的制度保障。为确保将来地方平台与国家政府数据开放平台对接,消除各地方汇集的数据之间的壁垒,地方政府数据开放应遵守国家的统一标准。同时,为使地方政府数据开放与本地实际情况结合,建议地方在遵守国家标准的前提下,制定本地标准,在本地适用。形成国家统一标准和地方自主标准相结合的政府数据开放标准体系,兼顾国家总体需要和地方发展特色,实现开放效能的最大化。

(3)稳妥推进政府数据确权制度建设

数据确权问题的本质是数据产权的配置问题。当前法学界关于数据产权界定主要有两种思路:一种是数据权利作为整体确定产权归属,该思路没有超出所有权的思维范畴;①另一种思路是将数据承载的复合利益拆分后归属于不同主体,②如建立数据新型财产权体系,用户基于个人信息享有人格权和财产权双重权利,数据经营者享有数据经营权和数据资产权。③ 欧盟的数据权利规定集中在用户或个人层面,赋予个人强大的数据权利,如被遗忘权、携带权等。

有学者提出将政府数据定性为公共资源,从产权角度看是公共物品,但产权公共性的强度根据数据类别和内容的不同而有所区别。④ 美国的政府数据开放,默认在美国管辖范围内,政府数据归入公共领域,在世界范围内采用国际公共领域许可协议,放弃著作权法的各种权利,涉及国家安全等特殊原因为例外。⑤ 加拿大的政府数据开放,原则上任何人在任何时间都可访问数据,除了隐私、安全、保密等例外。⑥

在当前数据确权争议很大的情况下,不必急于规定政府数据的权利性质和权利归属。尤其是地方规定不能超越权限制定确权规则,明确能做的事、不能做的事。建议先切实做好开放实践,总结经验和不足,稳妥推进。在现阶段的地方政府数据开放规定中回避确权问题,条件成熟时,特别是基本法、上位法、专门法解决确权问题后再作细化规定。

(4)加快制定详尽的风险评估和安全审查规则

应尽快建立科学的、周密的政府数据开放风险评估和安全审查机制,特别

---

① 王融:《关于大数据交易核心法律问题——数据所有权的探讨》,载《大数据》2015 年第 2 期;许可:《数据权属:经济学与法学的双重视角》,载《电子知识产权》2018 年第 11 期。

② 武长海、常铮:《论我国数据权法律制度的构建与完善》,载《河北法学》2018 年第 2 期。

③ 龙卫球:《数据新型财产权构建及其体系研究》,载《政法论坛》2017 年第 4 期。

④ 杜振华、茶洪旺:《数据产权制度的现实考量》,载《重庆社会科学》2016 年第 8 期。

⑤ 蔡婧璇、黄如花:《美国政府数据开放的政策法规保障及对我国的启示》,载《图书与情报》2017 年第 1 期。

⑥ 胡逸芳、林焱:《加拿大政府数据开放政策法规保障及对中国的启示》,载《电子政务》2017 年第 5 期。

是确定“非涉密但涉及敏感信息的数据”的识别规则、程序和方法。

在风险评估与安全审查方式上,应加强对政府数据的日常审查,这有助于甄别过滤敏感数据,降低数据安全风险,并且能提高非敏感数据的开放效率,使公众及时获取新数据。

在安全策略与技术运用方面,应将安全管理流程和技术手段嵌入政府数据安全条款,形成“技术+制度”双重规范路径。2019年《海南省公共信息资源安全使用管理办法》是一份系统性强、政府数据安全管理规定,可作为其他地区政府制定安全规范的参考,该规定融合了详尽的安全对策、管理规程、技术措施,确立了全面的政府数据分级体系,按数据泄露影响程度、敏感强度分级,确定适合的开放属性,根据数据敏感程度由低至高匹配逐级增强的安全防护策略,提供了数据开放主体和数据获取使用主体的明确行为标准,增强事前安全风险防范的有效性,也有利于明确数据安全主体责任联系,快速反应和处置数据安全事件。建议采用技术措施模拟数据集成处理结果,测试风险等级,并形成动态的预警机制,监测风险与平台更新同步进行。

在人力资源方面,应建构多元主体参与的数据安全保障机制,提出全方位、多角度的风险分析和解决方案。① 除了政府设立的数据安全机构履行职能外,可以调动专家咨询委员会、专家库等资源,识别和判断风险。例如,2017年《浙江省公共数据和电子政务管理办法》第26条、《上海办法》第8条,均突出了专家论证在防范数据开放风险中的重要作用。

(5)确立科学的政府数据开放效果评价机制

政府数据开放的重要目标是实现经济社会效益,开放效果要靠市场、社会来检验,因此效果评价机制要面向市场、面向社会,不应仅作为政府机构内部的一项工作。关于开放效果评价,美国2019年1月通过的《开放政府数据法案》(Open, Public, Electronic and Necessary Government Data Act or the OPEN Government Data Act)有一定借鉴意义。该法案规定,政府数据开放实施中应当衡量对社会公众而言产生的成本与收益,即政府数据开放效果评价应采取公众立场而不是从政府本身的视角出发。②

有必要在政府数据开放规则体系中确立科学的效果评价机制,首先要明

① 闫倩、马海群:《我国开放数据政策与数据安全政策的协同探究》,载《图书馆理论与实践》2018年第5期。

② 44 U. S. Code § 3504(b)(6)(C)(2019).

确谁有资格评价,选定评估机构,其次建立评价指标体系、确定评价程序,其核心是确保评估结果能够代表需要数据的主体、用数据主体的意见。联合国、经济合作与发展组织、世界银行等国际组织提出了政府数据开放评价指标,涵盖法律与政策、组织架构、基础设施、数据质量、公众参与、应用成果、社会影响等多个维度。① 我国的信息资源管理专家提出建立包括三级指标、带有权值的政府数据开放指标评价体系,通过定量计算增强评估的客观性,4 个一级指标为设施和平台、数量和内容、供给和使用、保障和发展,并提出根据网络信息环境变动、技术创新、用户需求变化动态调整政府数据开放效果评价体系。②

随着信息技术的快速推广与深度应用,人们生产生活的转变促使网络空间形成,人类迈入数字时代,数据成为具有重要战略意义的新型资源。数据经过巨量增长、高度汇聚成为大数据,进一步经高速处理、深度挖掘和精准分析,对社会运行产生日益深远的影响。然而,我国当前数据需求缺口大和有效数据供应不足的矛盾已经凸显。一方面,数据的潜在经济社会价值亟待开发,数据利用的普惠性尚未实现;另一方面,互联网领域、科技领域的头部企业视数据为核心资源,避免自身积累的大量数据向外部流动,对数据的控制俨然形成垄断之势,并主要根据企业特定需求或偏好将大数据应用成果投入其商业增值,其他主体可获得且可利用的数据有限,数据的潜能空间总体来看受到压缩。对于这一矛盾,政府数据开放提供了颇具前景的解决路径。

政府数据开放不仅有助于提升政府透明度,保障公民知情权,提高决策水平,优化公共服务,还能够促使产品与服务创新,增强市场活力,是促进我国经济转型升级的重要举措,对于发展壮大数字经济具有重要意义,进而增进社会福祉与公共利益。应当加强统筹协调,完善地方政府数据开放规则,为未来确立全国性的政府数据开放制度打牢基础。

---

① United Nations, *United Nations E-Government Survey* 2018: *Gearing E-Government to support transformation towards sustainable and resilient societies* (Jul 19, 2018), https://publicadministration. un. org/egovkb/Portals/egovkb/Documents/un/2018 – Survey/E-Government% 20Survey% 202018_FINAL% 20for% 20web. pdf; OECD (Jul. 13, 2017), *Government at a Glance* 2017, https://www. oecd-ilibrary. org/governance/government-at-a-glance-2017 _ gov _ glance-2017-en; World Bank Group, *Open Data Readiness Assessment Methodology* (Jan. 26, 2015), http://opendatatoolkit. worldbank. org/docs/odra/odra_v3. 1_methodology-en. pdf.

② 崔旭、赵希梅、何颖等:《政府数据开放评价体系研究》,载《科技管理研究》2018 年第 1 期。

六、企业大数据应用法治现状

企业大数据应用法治现状，是指企业在应用大数据的过程中对现有法律法规是否遵从及遵从程度的现实状态。法律法规在随着时代变化而与时俱进，企业的遵从状态也随之动态变化。中国政法大学互联网金融法律研究院课题组梳理2020年1月1日前现行有效的、规范企业相关数据行为的法律、法规，并以此为标准设计了《企业数据应用法治现状调查问卷》，结合了现场访谈调查、电话访谈调查以及在线调查问卷的形式，共收集问卷12,379份，受访企业均涉及互联网的业务，所属行业情况如图6－1所示，受访行业广泛。受访企业主要营业年限集中在3～5年、1～2年及6～10年（详情见图6－2）。力求通过数据分析对我国企业数据应用法治现状进行全面评估。

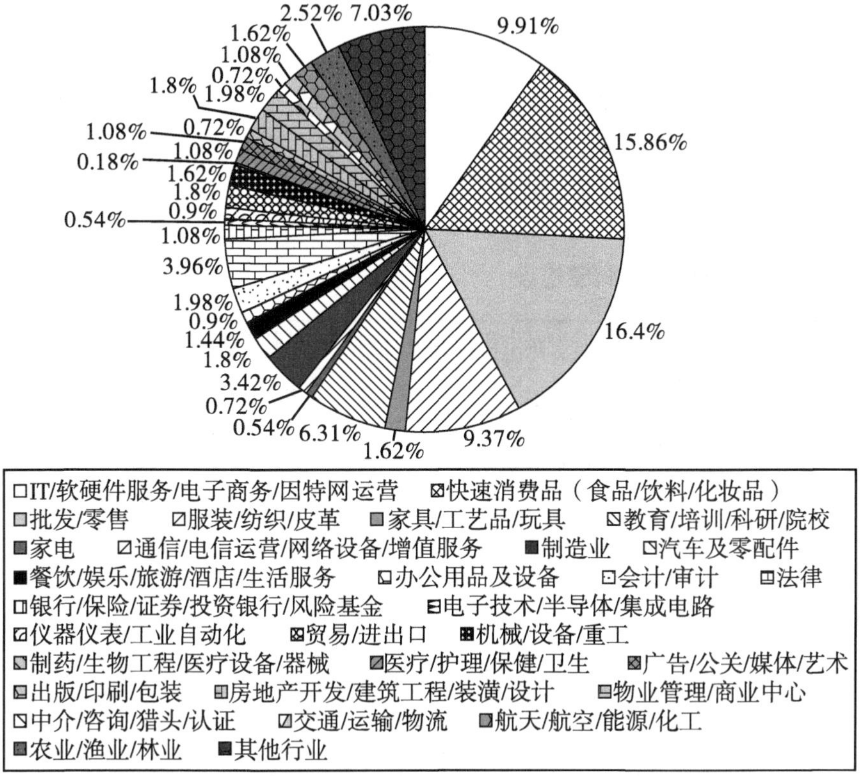

图6－1　受访企业行业分布

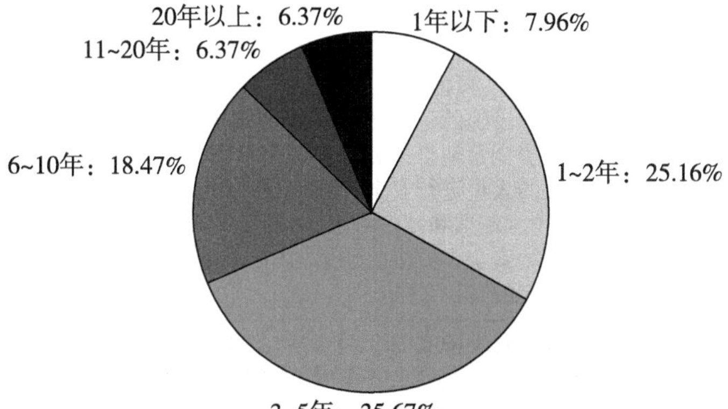

图6－2　受访企业营业年限

当前存在的法律法规对于各行各业涉及数据的相关组织，对其应当遵守的数据相关义务进行了明确规定。对于健康医疗、金融服务等特殊领域,基于其使用数据的独特属性设置了相关义务;同时也对于特殊主体(如儿童)所涉及的数据进行了特殊保护。对调查数据进行总览后可以看出,企业对于现行数据相关法律的遵从程度在逐步加强,但将新制定的法律法规消化于企业自身内控措施的速度需要进一步提升。

(一)对内:内控制度建设

义务1	网络运营者制定内部安全管理制度和操作规程
来源	《网络安全法》第21条规定,义务主体为网络运营者,即网络的所有者、管理者和网络服务提供者。为防止网络数据泄露或者被窃取、篡改,要求制定内部安全管理制度和操作规程,确定网络安全负责人,落实网络安全保护责任,并采取数据分类、重要数据备份和加密措施。企业内部安全管理制度和操作规程应当根据法律、行政法规规定的义务来确定
现状	调查结果显示,在为网络运营者的受访企业中仍然有接近9成的企业建立了内部安全管理制度和操作规程,相较2018~2019年数据有微弱下降。而超过8成的企业中存在专人或者专门机构负责企业中手机的个人信息保护工作,该数据相较去年有所增多
义务2	关键信息基础设施运营者的特殊安全保护义务
来源	《网络安全法》第31条规定,义务主体为关键信息基础设施运营者,即公共通信和信息服务、能源、交通、水利、金融、公共服务、电子政务等重要行业和领域,以及其他一旦遭到破坏、丧失功能或者数据泄露,可能严重危害国家安全、国计民生、公共利益的关键信息基础设施的运营者。其中规定的特殊安全保护义务包括设立专门安全管理机构和确定安全管理负责人,并对该负责人和关键岗位的人员进行安全背景审查;定期对从业人员进行网络安全教育、技术培训和技能考核;对重要系统和数据库进行容灾备份;制定网络安全事件应急预案,并定期进行演练;以及法律、行政法规所规定的其他义务
现状	关键信息对于国家安全、公共利益、国计民生具有重要作用,故运营者对其掌握的信息安全保护应当更加严密。调查显示,在受访的相关群体中,仅存在接近5%的运营者没有履行特殊的安全保护义务,相比2018年的义务履行情况有所提升

续表

义务3	关键信息基础设施运营者的境内产生数据境内存储义务
来源	《网络安全法》第37条规定，义务主体为关键信息基础设施运营者，要求关键信息基础设施的运营者在中华人民共和国境内运营时所收集和产生的个人信息和重要数据应当在境内存储
现状	在对应受访者群体中，仅有不到3%的群体未尽该项义务，充分履行该义务的关键信息基础设施运营者比例有较大提升，实现了在数据领域对于国家安全的保护
义务4	网络运营者建立健全用户信息保护制度
来源	《网络安全法》第40条规定，义务主体为网络运营者。该条款要求网络运营者建立针对其用户信息的内控保护制度
现状	调查显示，约有8成比例的受访企业制定了针对个人信息处理过程中可能出现的泄露、丢失、损坏、篡改、不正当使用的相关预案；对于收集、存储错误的客户个人信息存在删除、更正制度的企业占7成左右。然而，受访企业中拥有将客户个人信息处理成无法识别特定个人且不能复原的技术能力的企业仅占6成。调查结果显示，网络运营者对于用户信息保护制度的建立已初步成型，但仍存在一定的不足之处
义务5	金融信息服务管理中涉及的数据应当可追溯，并配备相关专业人员，设置边界投诉窗口
来源	《金融信息服务管理规定》第6条规定，金融信息服务提供者应当在显著位置准确无误注明信息来源，并确保文字、图像、视频、音频等形式的金融信息来源可追溯。第7条规定，金融信息服务提供者应当配备相关专业人员，负责金融信息内容的审核，确保金融信息真实、客观、合法。第9条规定，金融信息服务提供者应当自觉接受用户监督，设置便捷投诉窗口，及时妥善处理投诉事宜，并保存有关记录
现状	在调查企业中的金融信息服务提供者中，约8成的相关企业建立了相应的数据追溯制度，并且设置了边界投诉窗口；约9成的受访金融信息服务企业设置了相关专业人员。体现了相关数据法律法规在金融信息服务领域中得到了较好执行

续表

义务 6	健康医疗相关数据管理者应当建立严格的电子实名认证和数据访问控制,并且应当规范数据接入、使用和销毁过程的痕迹管理
来源	《国家健康医疗大数据标准、安全和服务管理办法(试行)》第 17 条规定,责任单位应当建立健全相关安全管理制度、操作规程和技术规范,落实"一把手"责任制,加强安全保障体系建设,强化统筹管理和协调监督,保障健康医疗大数据安全。涉及国家秘密的健康医疗大数据的安全、管理和使用等,按照国家有关保密规定执行。责任单位应当建立健全涉及国家秘密的健康医疗大数据管理与使用制度,对制作、审核、登记、拷贝、传输、销毁等环节进行严格管理。第 18 条规定,责任单位应当采取数据分类、重要数据备份、加密认证等措施保障健康医疗大数据安全。责任单位应当建立可靠的数据容灾备份工作机制,定期进行备份和恢复检测,确保数据能够及时、完整、准确恢复,实现长期保存和历史数据的归档管理。第 20 条规定,健康医疗大数据相关系统的产品和服务提供者应当遵守国家有关网络安全审查制度,不得中断或者变相中断合理的技术支持与服务,并应当为健康医疗大数据在不同系统间的交互、共享和运营提供安全与便利条件。第 22 条规定,责任单位应当按照《中华人民共和国网络安全法》的要求,严格规范不同等级用户的数据接入和使用权限,并确保数据在授权范围内使用。任何单位和个人不得擅自利用和发布未经授权或超出授权范围的健康医疗大数据,不得使用非法手段获取数据。第 23 条规定,责任单位应当建立严格的电子实名认证和数据访问控制,规范数据接入、使用和销毁过程的痕迹管理,确保健康医疗大数据访问行为可管、可控及服务管理全程留痕,可查询、可追溯,对任何数据泄密泄露事故及风险可追溯到相关责任单位和责任人。第 25 条规定,责任单位应当建立健康医疗大数据安全监测和预警系统,建立网络安全通报和应急处置联动机制,开展数据安全规范和技术规范的研究工作,不断丰富网络安全相关的标准规范体系,重点防范数据资源的集聚性风险和新技术应用的潜在性风险。发生网络安全重大事件,应当按照相关法律法规和有关要求进行报告并处置。第 30 条规定,责任单位应当具备符合国家有关规定要求的数据存储、容灾备份和安全管理条件,加强对健康医疗大数据的存储管理。健康医疗大数据应当存储在境内安全可信的服务器上,因业务需要确需向境外提供的,应当按照相关法律法规及有关要求进行安全评估审核
现状	在受访的健康医疗相关数据管理者中,约有 8 成的企业建立了严格的电子实名认证和数据访问控制,并且采取不同的内控措施规范了数据接入、使用和销毁过程的痕迹管理。在此关系个人健康安全的重要领域中,健康医疗相关数据管理者对于其数据的保护程度还存在较大的进步空间

续表

义务7	对科学数据建立网络安全保障体系和应急管理、容灾备份机制
来源	《科学数据管理办法》第20条规定，法人单位要对科学数据进行分级分类，明确科学数据的密级和保密期限、开放条件、开放对象和审核程序等，按要求公布科学数据开放目录，通过在线下载、离线共享或定制服务等方式向社会开放共享。第28条规定，法人单位和科学数据中心应按照国家网络安全管理规定，建立网络安全保障体系，采用安全可靠的产品和服务，完善数据管控、属性管理、身份识别、行为追溯、黑名单等管理措施，健全防篡改、防泄露、防攻击、防病毒等安全防护体系。第29条规定，科学数据中心应建立应急管理和容灾备份机制，按照要求建立应急管理系统，对重要的科学数据进行异地备份
现状	在与科学数据相关的受访企业中，对于科学数据建立了相应保障体系和应急管理、容灾备份机制的数量约占近7成。对科学数据进行规范的制度出台较晚，相应机构对其的内控及其他保护制度正在逐步建立

（二）对外：个人数据与商业秘密保护

义务1	收集、使用个人信息，应公开收集、使用规则，明示收集、使用信息的目的、方式和范围
来源	《网络安全法》第41条规定，义务主体为网络运营者，客体为用户个人信息；《消费者权益保护法》第29条规定，义务主体为经营者，客体为消费者个人信息；《电子商务法》第23条规定，义务主体为电子商务经营者；《全国人民代表大会常务委员会关于加强网络信息保护的决定》之二，义务主体为网络服务提供者和其他企事业单位，客体为公民个人电子信息；《网络交易管理办法》第18条规定，义务主体为网络商品经营者、有关服务经营者，客体为消费者或者经营者信息；《电信和互联网用户个人信息保护规定》第9条规定，义务主体为电信业务经营者、互联网信息服务提供者，客体为用户个人信息
现状	在受访者群体中，有接近7成的受访企业向用户公布了收集个人信息的规则、使用个人信息的目的，并且向被收集者明示使用个人信息的规则，该数据相较2018~2019年有较大提升

续表

义务2	收集、使用客户个人信息时,经过被收集人同意
来源	《网络安全法》第22条、第41条,《消费者权益保护法》第29条,全国人民代表大会常务委员会《关于加强网络信息保护的决定》之二,《网络交易管理办法》第18条,《电信和互联网用户个人信息保护规定》第9条等,义务主体的范围如上所述
现状	调查结果显示,超过7成的相关企业在收集、使用客户个人信息之时经过了被收集者的同意,取得被收集者的同意成为企业在收集资料之时愈发重视的事项
义务3	不得泄露、篡改、毁损其收集的个人信息,不得非法出售或非法向他人提供个人信息
来源	《民法总则》第111条规定,义务主体为任何组织和个人;《刑法》第253条之一规定,任何单位和个人;《网络安全法》第42条规定,义务主体为网络运营者;《消费者权益保护法》第29条规定,义务主体为经营者及其工作人员;全国人民代表大会常务委员会《关于加强网络信息保护的决定》之三规定,义务主体为网络服务提供者和其他企事业单位及其工作人员;《网络交易管理办法》第18条规定,义务主体为网络商品经营者、有关服务经营者及其工作人员;《电信和互联网用户个人信息保护规定》第10条规定,义务主体为电信业务经营者、互联网信息服务提供者及其工作人员
现状	“不得泄露、篡改、毁损,不得非法向他人提供个人信息”这一义务,不仅是相关企业的法定义务,也是企业工作人员的法定义务。但在受访企业中,超过7成企业曾有过客户个人数据泄露的情况,尽管相比2018年数据有所下降,但仍然存在较为严重的信息泄露问题
义务4	当客户个人信息出现泄露、毁损和丢失后,及时将情况告知客户
来源	《网络安全法》第42条规定,义务主体为网络运营者
现状	调查显示,在属于网络运营者的受访企业中,存在3成的受访企业将泄露、毁损和丢失客户个人信息的情况告知客户,该数据与2018年数据基本持平。企业仍然倾向于基于信息不对称及自身利益的考量而对泄露、毁损或丢失信息的行为予以保密,现有法律很难深入至此事项中而起有效作用

续表

义务 5	确保收集的个人信息安全,有确保收集的个人信息安全的技术措施
来源	《民法总则》第 111 条规定,义务主体为任何组织和个人;《网络安全法》第 42 条规定,义务主体为网络运营者;《消费者权益保护法》第 29 条规定,义务主体为经营者;全国人民代表大会常务委员会《关于加强网络信息保护的决定》之四规定,义务主体为网络服务提供者和其他企事业单位;《网络交易管理办法》第 18 条规定,义务主体为网络商品经营者、有关服务经营者
现状	在受访企业中,不到 9 成的企业采取了保护个人信息安全的技术措施。然而,法律并未明确相关技术措施的标准和要求,使得相关技术措施对个人数据安全性的保护效果并未达到预期
义务 6	企业设立有对收集、存储错误的客户个人信息进行删除、更正的措施
来源	《网络安全法》第 43 条规定,义务主体为网络运营者。《电子商务法》第 24 条就义务主体电子商务经营者作出了具体规定,要求电子商务经营者应当明示用户信息查询、更正、删除以及用户注销的方式、程序,不得对用户信息查询、更正、删除以及用户注销设置不合理条件。电子商务经营者收到用户信息查询或者更正、删除的申请的,应当在核实身份后及时提供查询或者更正、删除用户信息。用户注销的,电子商务经营者应当立即删除该用户的信息。《电信和互联网用户个人信息保护规定》第 9 条规定,义务主体为电信业务经营者、互联网信息服务提供者
现状	在属于网络运营者的受访企业中,超过 7 成的企业为客户提供了删除或者更正其收集、存储错误的个人信息的渠道和措施,该比例相较 2018 年有所提升
义务 7	制定网络安全事件应急预案
来源	《网络安全法》第 25 条规定,义务主体为网络运营者;《电子商务法》第 30 条第 2 款规定,义务主体为电子商务经营者
现状	在网络运营的受访者中,仅有将近 1 成的受访企业尚未制定网络安全事件应急预案,企业对于网络安全事件的应急预案重视程度明显提升

续表

义务 8	未经个人同意或者请求,或者明确表示拒绝的,不得向其发送商业性信息
来源	《消费者权益保护法》第 29 条规定,义务主体为经营者;全国人民代表大会常务委员会《关于加强网络信息保护的决定》之七规定,义务主体为任何组织和个人;《网络交易管理办法》第 18 条规定,义务主体为网络商品经营者、有关服务经营者
现状	调查结果表明,超过 5 成的受访企业向客户发送过商业性信息,不到 3 成的企业在发送商业性信息之前获得了消费者的明示同意,商业信息干扰用户正常生活的情形愈发常见
义务 9	建立网络信息安全投诉、举报制度
来源	《网络安全法》第 49 条规定,义务主体为网络运营者;《电信和互联网用户个人信息保护规定》第 12 条规定,义务主体为电信业务经营者、互联网信息服务提供者
现状	调查显示,在属于网络运营者的受访企业中,仅有不到 2 成的受访企业尚未建立相关网络信息安全投诉、举报制度,表明网络运营者对用户的负面意见越发予以积极的回应
义务 10	对收集的涉经营者商业秘密的数据信息必须严格保密,不得泄露、出售或者非法向他人提供
来源	《网络交易管理办法》第 18 条规定,义务主体为网络商品经营者、有关服务经营者及其工作人员
现状	调查显示,有超过 7 成的网络经营者收集过涉及其他经营者商业秘密的数据信息,但仍然有近 1 成的企业没有设置针对这些商业秘密数据信息的保护制度或措施

续表

义务 11	记录、保存平台上发布的商品和服务信息、交易信息
来源	《电子商务法》第 31 条规定，电子商务平台经营者应当记录、保存平台上发布的商品和服务信息、交易信息，并确保信息的完整性、保密性、可用性。商品和服务信息、交易信息保存时间自交易完成之日起不少于 3 年；法律、行政法规另有规定的，依照其规定
现状	调查数据表明，超过 9 成的电子商务经营者对平台上发布的商品和服务信息、交易信息进行了记录及保存，越来越多的企业明确了数据的价值；然而对其保密性和可用性的判断标准仍然需要进一步细化
义务 12	配合提供数据信息的义务
来源	《电子商务法》第 25 条规定，有关主管部门依照法律、行政法规的规定要求电子商务经营者提供有关电子商务数据信息的，电子商务经营者应当提供
现状	调查结果显示，超过 9 成的电子商务经营者配合有关主管部门提供了有关电子商务数据信息，但由于经营者为数据控制的主体，企业出于对其自身利益的考量而提供数据的完整度可能被打了折扣

续表

义务 13	对儿童的个人信息进行专门保护
来源	《儿童个人信息网络保护规定》第 6 条规定,鼓励互联网行业组织指导推动网络运营者制定儿童个人信息保护的行业规范、行为准则等,加强行业自律,履行社会责任。第 7 条规定,网络运营者收集、存储、使用、转移、披露儿童个人信息的,应当遵循正当必要、知情同意、目的明确、安全保障、依法利用的原则。第 8 条规定,网络运营者应当设置专门的儿童个人信息保护规则和用户协议,并指定专人负责儿童个人信息保护。第 9 条规定,网络运营者收集、使用、转移、披露儿童个人信息的,应当以显著、清晰的方式告知儿童监护人,并应当征得儿童监护人的同意。第 10 条规定,网络运营者征得同意时,应当同时提供拒绝选项,并明确告知以下事项:(一)收集、存储、使用、转移、披露儿童个人信息的目的、方式和范围;(二)儿童个人信息存储的地点、期限和到期后的处理方式;(三)儿童个人信息的安全保障措施;(四)拒绝的后果;(五)投诉、举报的渠道和方式;(六)更正、删除儿童个人信息的途径和方法;(七)其他应当告知的事项。前款规定的告知事项发生实质性变化的,应当再次征得儿童监护人的同意。第 13 条规定,网络运营者应当采取加密等措施存储儿童个人信息,确保信息安全。第 15 条规定,网络运营者对其工作人员应当以最小授权为原则,严格设定信息访问权限,控制儿童个人信息知悉范围。工作人员访问儿童个人信息的,应当经过儿童个人信息保护负责人或者其授权的管理人员审批,记录访问情况,并采取技术措施,避免违法复制、下载儿童个人信息。第 23 条规定,网络运营者停止运营产品或者服务的,应当立即停止收集儿童个人信息的活动,删除其持有的儿童个人信息,并将停止运营的通知及时告知儿童监护人
现状	调查结果显示,在受访企业中对儿童的个人信息设有专门的保护协议的企业数量超过 7 成,在收集、使用、转移、披露儿童个人信息之时,以显著、清晰的方式告知儿童监护人并获取其同意的数量为接近 7 成。企业对于儿童个人信息的保护仍然存在较大进步空间

续表

义务 14	对区块链信息服务使用者进行特殊真实身份信息认证，并且对其信息予以记录、备份
来源	《区块链信息服务管理规定》第 5 条规定，区块链信息服务提供者应当落实信息内容安全管理责任，建立健全用户注册、信息审核、应急处置、安全防护等管理制度。第 6 条规定，区块链信息服务提供者应当具备与其服务相适应的技术条件，对于法律、行政法规禁止的信息内容，应当具备对其发布、记录、存储、传播的即时和应急处置能力，技术方案应当符合国家相关标准规范。第 7 条规定，区块链信息服务提供者应当制定并公开管理规则和平台公约，与区块链信息服务使用者签订服务协议，明确双方权利义务，要求其承诺遵守法律规定和平台公约。第 8 条规定，区块链信息服务提供者应当按照《网络安全法》的规定，对区块链信息服务使用者进行基于组织机构代码、身份证件号码或者移动电话号码等方式的真实身份信息认证。用户不进行真实身份信息认证的，区块链信息服务提供者不得为其提供相关服务。第 9 条规定，区块链信息服务提供者开发上线新产品、新应用、新功能的，应当按照有关规定报国家和省、自治区、直辖市互联网信息办公室进行安全评估。第 11 条规定，区块链信息服务提供者应当在提供服务之日起 10 个工作日内通过国家互联网信息办公室区块链信息服务备案管理系统填报服务提供者的名称、服务类别、服务形式、应用领域、服务器地址等信息，履行备案手续。第 15 条规定，区块链信息服务提供者提供的区块链信息服务存在信息安全隐患的，应当进行整改，符合法律、行政法规等相关规定和国家相关标准规范后方可继续提供信息服务。第 16 条规定，区块链信息服务提供者应当对违反法律、行政法规规定和服务协议的区块链信息服务使用者，依法依约采取警示、限制功能、关闭账号等处置措施，对违法信息内容及时采取相应的处理措施，防止信息扩散，保存有关记录，并向有关主管部门报告。第 17 条规定，区块链信息服务提供者应当记录区块链信息服务使用者发布内容和日志等信息，记录备份应当保存不少于 6 个月，并在相关执法部门依法查询时予以提供。第 18 条规定，区块链信息服务提供者应当配合网信部门依法实施的监督检查，并提供必要的技术支持和协助。区块链信息服务提供者应当接受社会监督，设置便捷的投诉举报入口，及时处理公众投诉举报
现状	调查结果显示，在调查样本中区块链信息服务提供者对区块链信息服务使用者进行特殊真实身份信息认证的比例超过 7 成，对其信息服务过程中涉及的相关信息予以记录、备份的企业接近 8 成，现存企业在区块链技术中所涉及信息的保护较为严格

续表

义务 15	收集人类遗传资源数据时,应当征得人类遗传资源提供者书面同意
来源	《人类遗传资源管理条例》第 12 条规定,采集我国人类遗传资源,应当事先告知人类遗传资源提供者采集目的、采集用途、对健康可能产生的影响、个人隐私保护措施及其享有的自愿参与和随时无条件退出的权利,征得人类遗传资源提供者书面同意。第 15 条规定,保藏单位应当对所保藏的人类遗传资源加强管理和监测,采取安全措施,制定应急预案,确保保藏、使用安全。保藏单位应当完整记录人类遗传资源保藏情况,妥善保存人类遗传资源的来源信息和使用信息,确保人类遗传资源的合法使用。保藏单位应当就本单位保藏人类遗传资源情况向国务院科学技术行政部门提交年度报告
现状	在调查样本中,涉及收集人类遗传资源数据的企业较少。在此类样本中,取得了人类遗传资源提供者书面同意的企业比例超过 6 成

总体来说,企业对于一年及一年以前出台的数据相关法律法规遵从度日益提升,内控制度及用户数据权利保护体系不断完善;相较而言,企业对新出台的相关数据规定中义务有待进一步消化与落实。一般企业应当继续严格遵守企业数据保护的相关要求,并且尊重用户在新时代背景下动态变化的数据权利。特殊企业也应当意识到自身控制数据种类的特殊性,对于关系国家安全、国计民生、公共利益等特殊领域的数据进行更为严密的保护。

七、公民保护个人数据法治意识现状

公民基于法治视角对于个人数据的保护意识，在一定程度上能够反映公民对于个人数据权利的重视程度，以及人们对个人数据相关法律法规的认同与遵从程度。在构建法治社会的进程中，公民法治意识的形成具有重要意义。本部分通过对个人数据法治意识进行量化分析，以分析个人数据法律保护的不足与进步。

中国政法大学互联网金融法律研究院开展了2018～2019年中国公民个人数据保护法治意识调查，从而进一步了解中国公民个人数据保护法治意识的现状，进而全面了解中国大数据法治发展趋势。本次调查采用了现场访问、电话访谈和在线调查相结合的方式，针对个人数据滥用现状，公民个人数据保护意识，公民对数据滥用的维权意识，以及公民对我国保护个人数据的法律法规的满意度等问题进行了调研，共收回有效问卷16,535份。受访者的年龄分布如图7－1所示，所从事的职业情况如图7－2所示。本部分以调查数据的分析为基础，力争客观详实地反映中国公民保护个人数据法治意识现状，为公民、专家学者、研究机构、政府相关部门提供真实可信的参考信息。

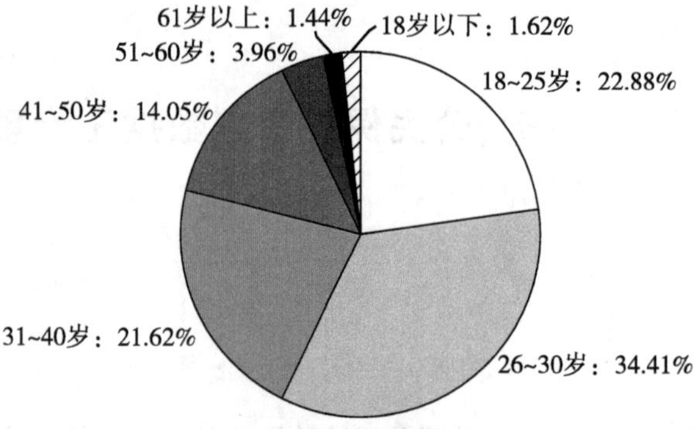

图 7－1　受访者年龄分布

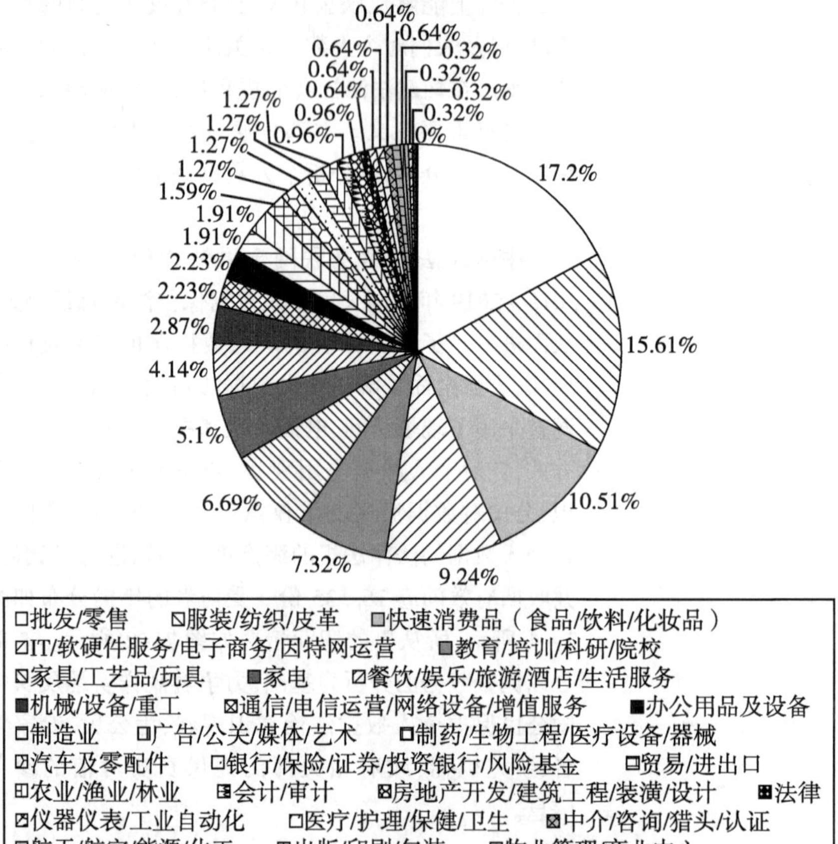

图 7－2　受访者职业分布

总体上,我国公民个人数据被滥用情况进一步恶化,垃圾短信、诈骗电话、信息泄露、账号被盗等问题继续困扰着公民的日常生活,同时也导致了经济损失的发生。然而,公民对于数据权利的保护始终受到主观惰性及时间成本考量和客观上举报投诉机制部分失灵的影响,尽管在某些方面对个人数据保护采取着增多的积极措施,但在整体上对于其自身个人数据的保护仍然不足。

(一)个人数据滥用现状

本部分基于对调查数据的整理,对公民收到的垃圾短信及骚扰电话的数量、频率、内容及由此引发的经济损失和精神层面影响进行了分析,得出了我国个人数据滥用现状及后果的部分结论。

1. 垃圾短信数量有所回落,但公民的耐受度降低

调查数据显示,有近40%的受访者每月收到30条以下的垃圾短信,超过38%的人群每天平均收到2~3条垃圾短信,9%的受访对象每天平均收到3~5条垃圾短信,有近3%的受访对象每天平均收到5条以上垃圾短信,见图7-3。与2017~2018年数据相比,受访者收到的垃圾短信数量有所减少,个人受到短信骚扰的情况得到部分缓解。

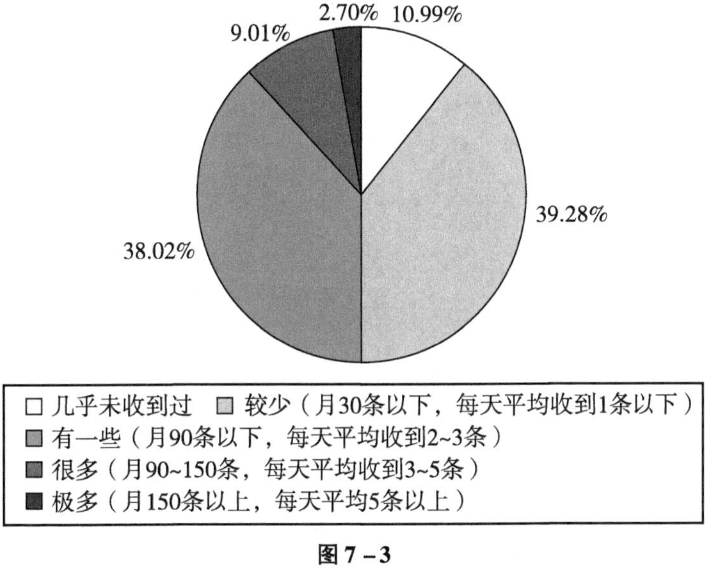

图7-3

大部分受访者对于垃圾短信存在一定的容忍度,见图7-4。但相较于2017~2018年的数据,受访者人群中对于垃圾短信具有“很困扰,很担忧”的

态度比例明显上升,体现了垃圾短信越发成为打扰民众生活的因素。

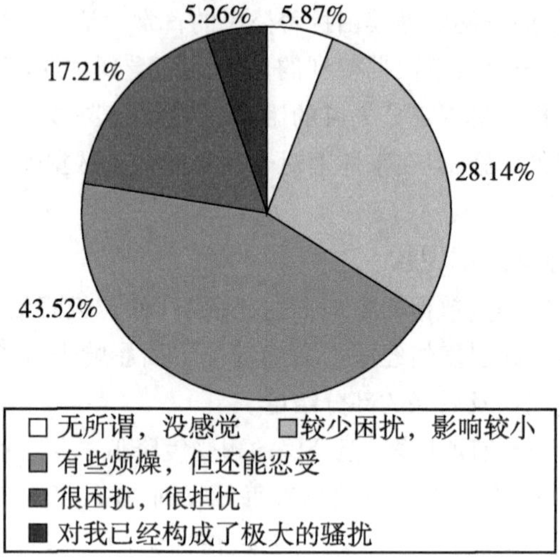

图 7-4

2. 骚扰电话数量急剧上升,公民的容忍度降低

根据 2019 年数据和 2018 年数据的对比,受访者中接到骚扰电话的数量明显提升,每天平均接到 1~3 个骚扰电话的比例由约 16% 上升到了约 33%,见图 7-5。

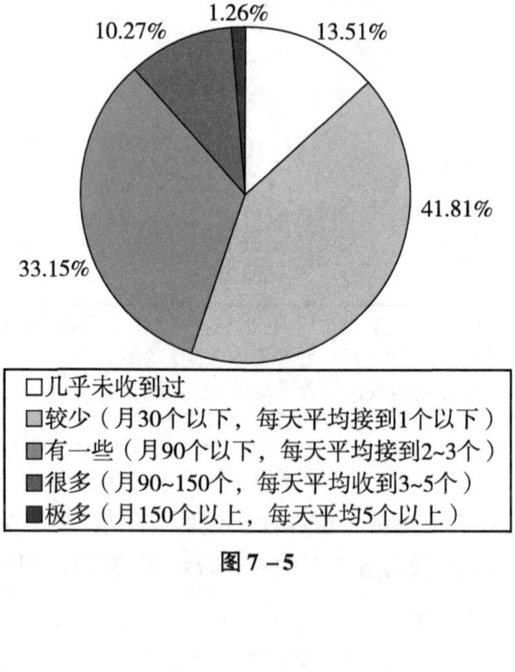

图 7-5

受访者对骚扰电话所表现出的容忍度与收到垃圾短信时的容忍度基本持平，但对骚扰电话的容忍度相比2018年数据仍然有较大下降。认为骚扰电话造成“较少困扰，影响较小”的人群比例由40%左右下降到25%，而认为其“很困扰，很担忧”的比例由近10%上升到15%以上。

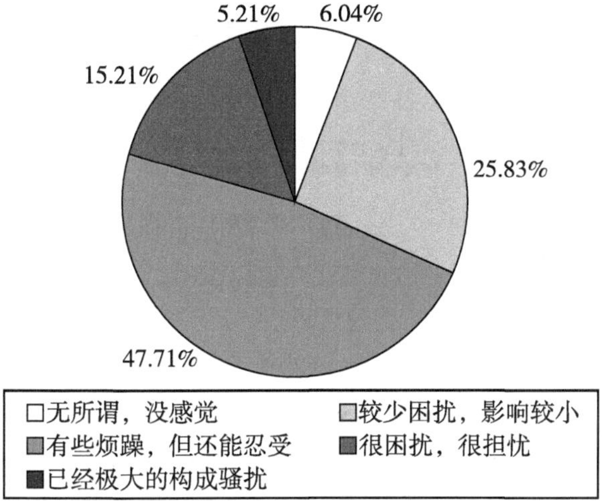

图7－6

3. 个人信息泄露情况有所上升，采取相应措施的人群较少且效果不佳

调查显示，接到知道其姓名或者单位个人信息的推销电话但受访者从未将任何个人信息给予过对方的情形，由前一年的约40%的人群比例上升至约45%，个人信息被非法提供和售卖的情况进一步恶化。

同时，没有接触过个人信息泄露情况的人群由2018年的8.97%下降至2019年的2.34%，越来越多的公民个人信息遭到不同程度的泄露。但是，在注册或使用互联网金融服务后收到大量理财、基金、期货、保险等的推销短信或电话，以及接到过知道其姓名或单位信息的，冒充公检法、税务机关、银行的诈骗、恐吓电话（短信）的情形有所缓解，见图7－7。

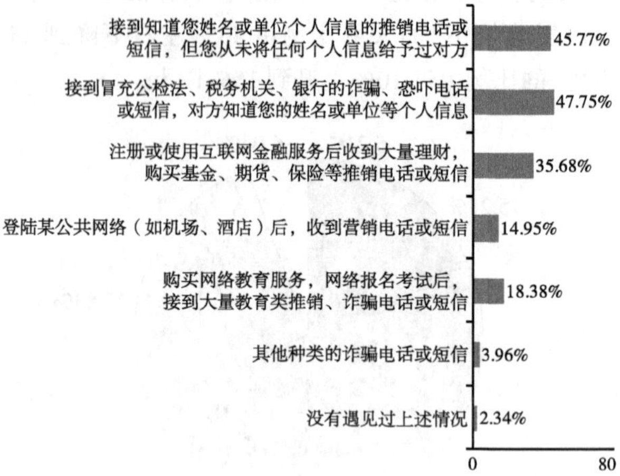

图 7 –7

调查显示,电子账户被盗的情况也同样越发严重。没有遭遇过电子账户被盗的受访者比例下降到不足 1 成,接近 3 成的受访者曾经遭遇过社交账户(如 QQ、微信、微博等)被盗,超过 4 成的受访者遭遇过电子邮箱账户被盗,将近 4 成的受访者遭遇过网络第三方支付账号被盗,见图 7 – 8。相较于前一年的相关数据,公民电子账户被盗问题更为严峻,并且近 3/4 的人群认为电子账户被盗的情况与信息泄露有关,见图 7 – 9。

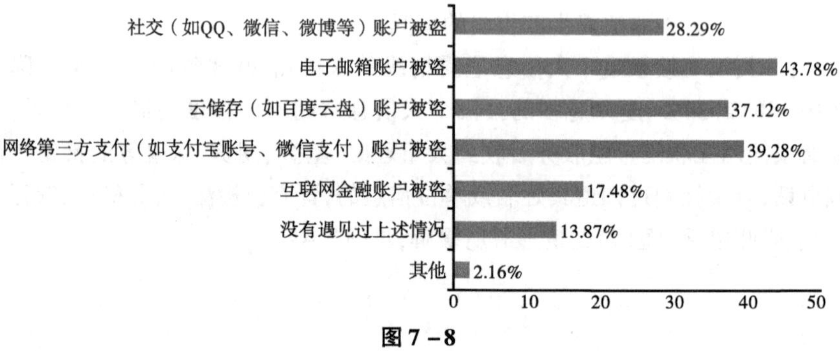

图 7 –8

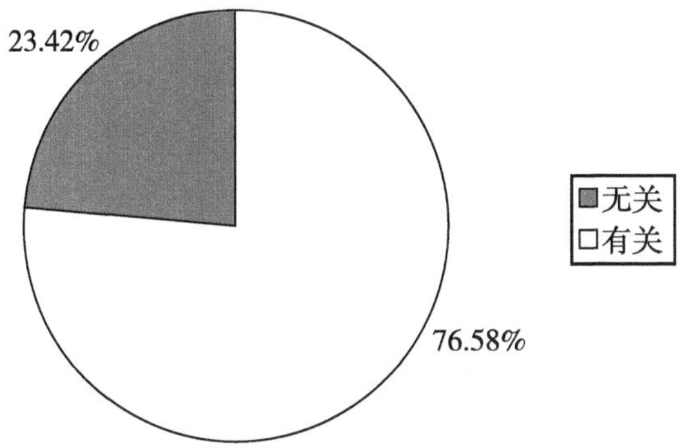

图 7－9

个人信息的泄露和电子账号的被盗，往往还伴有财产的损失。相较于 2017～2018 年中有 34% 的受访者遭受了直接经济损失的数据，在 2018～2019 年中该受访者比例下降至 29%。在遭受了财产损失之后，只有约 46% 的人群选择了采取维权措施，人数不足受害人群的一半。在受访者中，选择向相关责任机构投诉、举报、寻求帮助的比例最高，并且向派出所报案、向监管机构举报也是较多被采取的措施，见图 7－10。但仅有约 59% 的人群采取的维权措施达到了其理想的维权效果，见图 7－11。

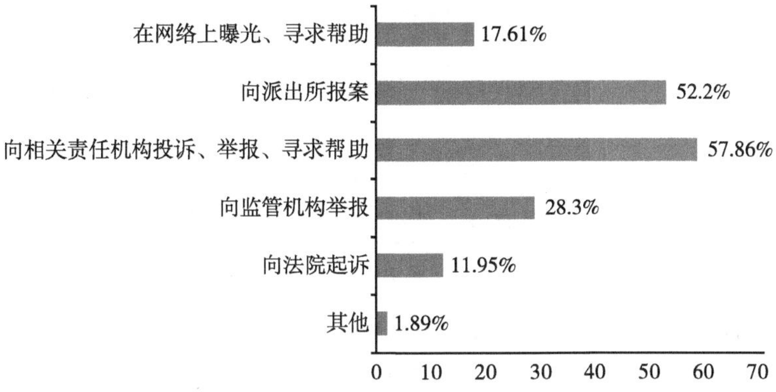

图 7－10

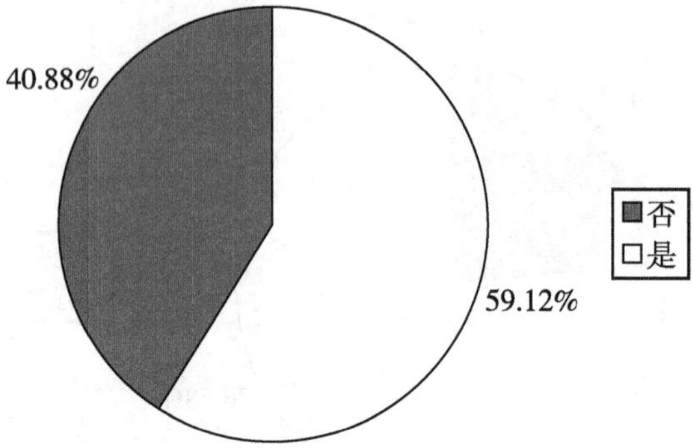

图 7－11

(二)公民保护个人数据法治意识现状

调查数据表明,约3成的受访者认为个人数据被滥用情况非常严重,而约6成的受访者认为个人数据被滥用的情况比较严重,该数据与2018年数据相比有所下降,见图7－12。这表明相关个人数据保护的法律法规在2018～2019年起到更佳的社会效果,个人数据保护情况存在向好的趋势。

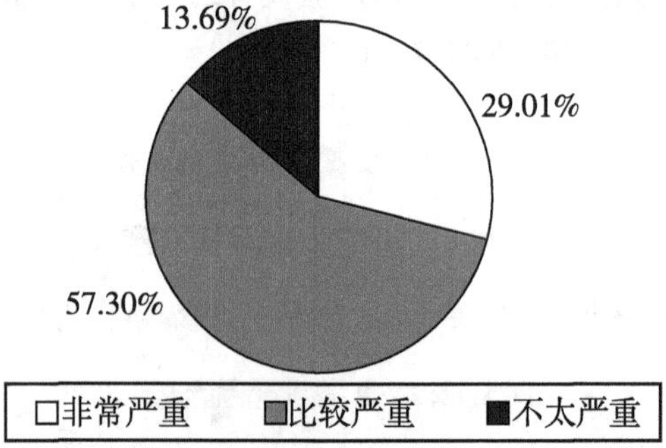

图 7－12

1.面对数据滥用,公民采取积极措施的比例增多

调查结果显示,对于个人数据滥用的情况,采用积极措施,如报警、向媒体举报、投诉措施的受访者数量明显增多。相较2018年,会对收到的短信和电话予以举报、投诉的比例由0.19%上升到24.14%(见图7－13),这种变化与移动终端的举报、投诉日益便捷化有关,同时也与社会对于个人数据保护的普遍宣传教育和监管机关逐渐增强的执法力度紧密联系。能够积极主动采取措

施保护自身权利,这当然地反映了公民个人数据保护法治意识在此事项上有所提升。

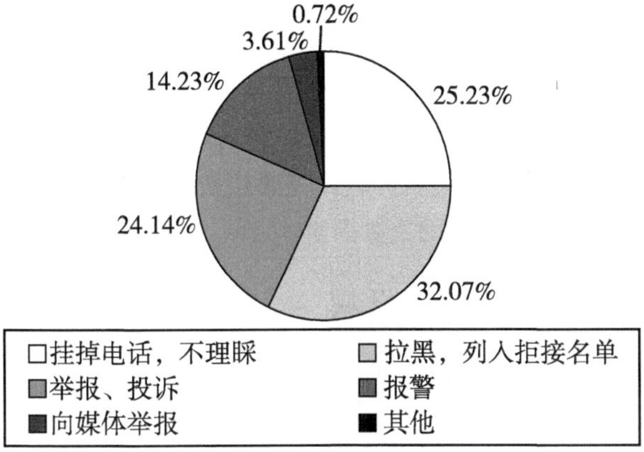

图 7－13　频繁收到短信和电话骚扰时的反应

公民采取忍耐或消极抵抗的原因,首先是为维权的时间成本和程序过为冗杂;其次是数据的滥用尚未造成实质性或者较大的财产损失,公民没有追究的积极性;最后是不知道如何进行维权也是怠于维权的原因,并且相较于2018年的相应数据有所上升。这表明虽然公民对其个人数据方面的保护意识有所增强,但外部的时间及程序成本仍然成为公民维权的障碍,应当进一步简化维权程序,使公民个人的数据权利得以更好实现。

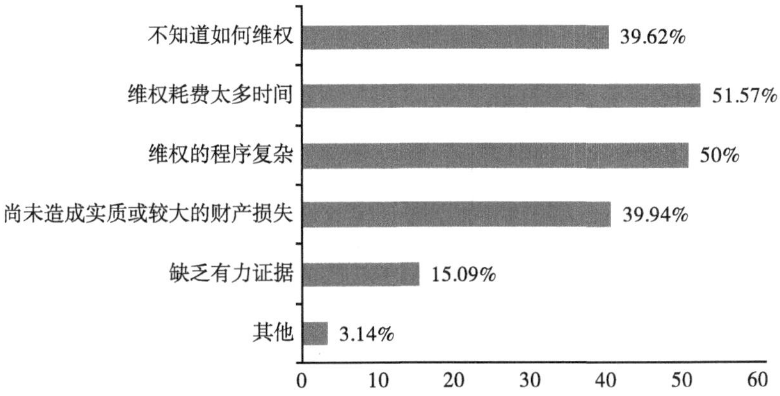

图 7－14　没有选择举报、投诉的维权方式原因

2. 对于个人数据保护越加麻木

在“用户隐私与使用协议”的阅读情况中,2019 年相比 2018 年的数据并不存在明显变化,仍然存在接近 97% 的受访者表示几乎不阅读“用户隐私与使用协议”;在点开“用户隐私与使用协议”之后,仅有 6.8% 的受访者会选择认真阅读条款,大多数受访者会选择“仅是草草浏览”或者“不进行浏览,直接跳过”(见图 7-15)。其原因是认为“阅读该协议与否不重要”,或是认为“即使不同意,也要使用该软件”;认为阅读需要耗费相当的时间成本和并未看到该协议也是导致不阅读协议的重要因素。

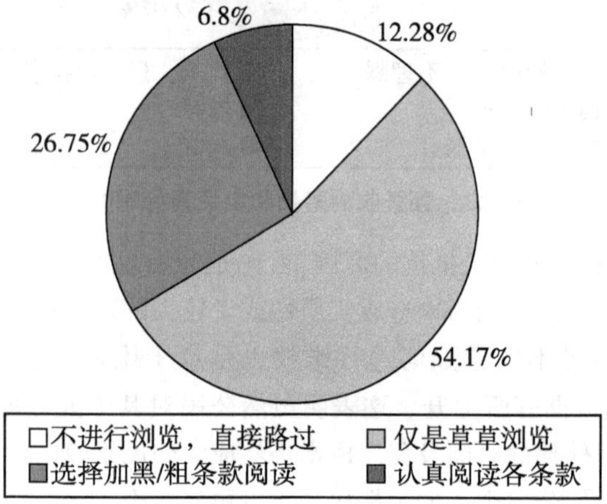

图 7-15 对待“用户隐私与使用协议”的态度

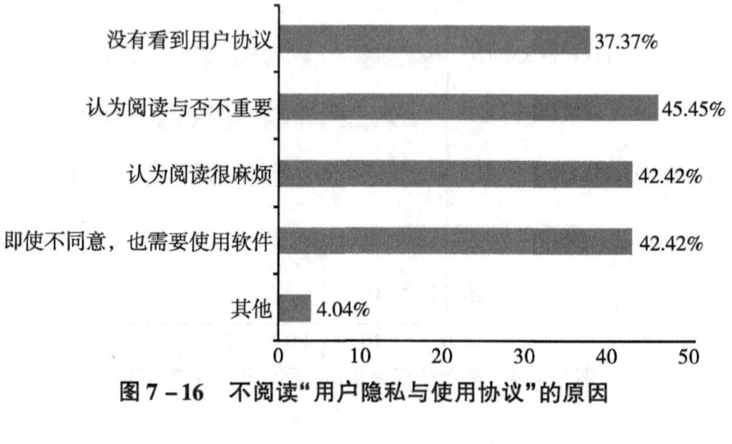

图 7-16 不阅读“用户隐私与使用协议”的原因

在受访者群体中,如果对数据相关的重要内容存在异议,只有约48%的人群会放弃接受服务,而大多数群体仍然会使用其提供的服务内容(见图7-17)。针对2019年8月出台的《儿童个人信息网络保护规定》的要求,调查中对于受访者是否注意到专门的儿童协议作出了调查,在调查中约有64%的人群比例注意到此种专门的儿童协议(见图7-18),体现了该规定的执行达到了较好效果。

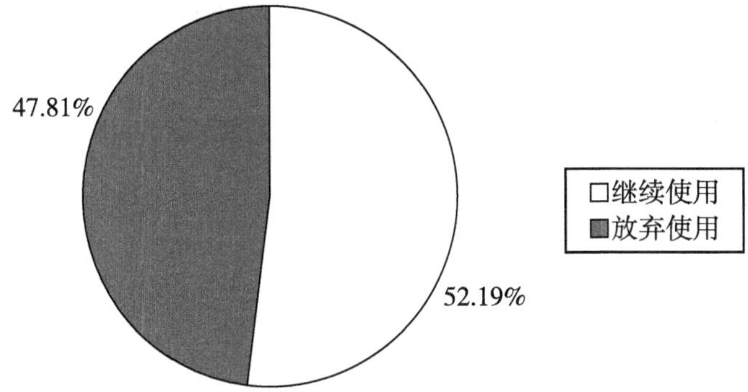

图7-17　异议下的处理方式

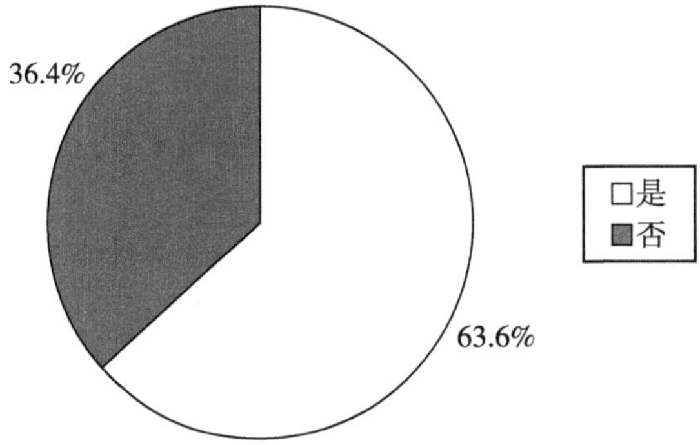

图7-18　是否注意专门的儿童协议

在受访者中,仅有约65%的人群表示要求查询、更正、删除过与其有关的相应数据,存在相当程度的公民对于留存在相关商业主体处的数据信息无动于衷。在要求相关主体配合"查询、更正、删除有关的相应数据"后,约有3/4的情形中具体商业机构对要求进行了回应和处理。同时,约有7成比例的受访者认为,其对于将自己的数据转移给其他企业存有权利,体现了公民对于"数据可携权"的认同。(见图7-19~图7-21)

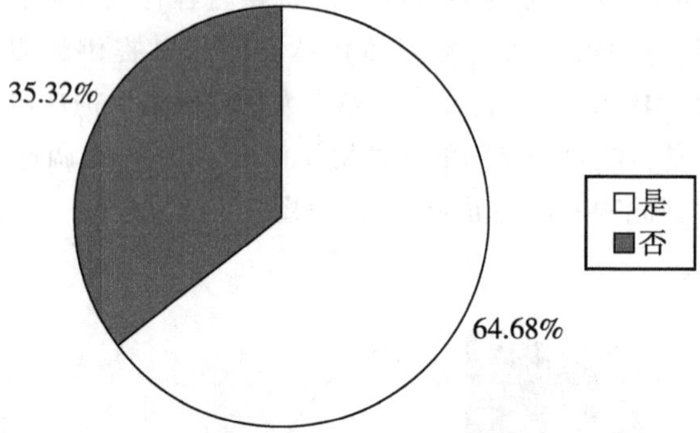

图7-19 是否要求过查询、更正、删除与您有关的相应数据

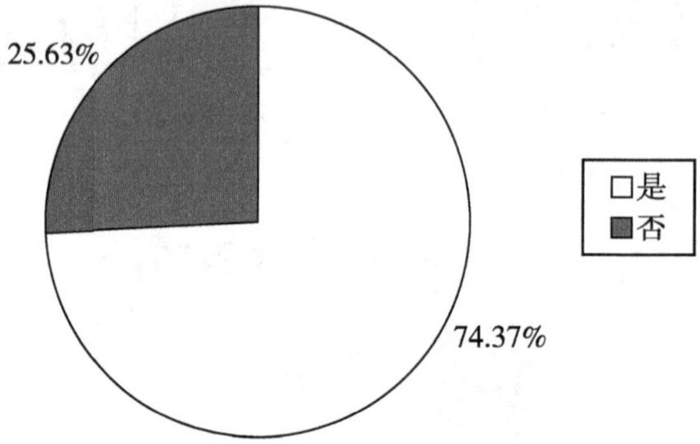

图7-20 存在以上情况,具体商业机构是否对您的要求进行回应并处理相应要求

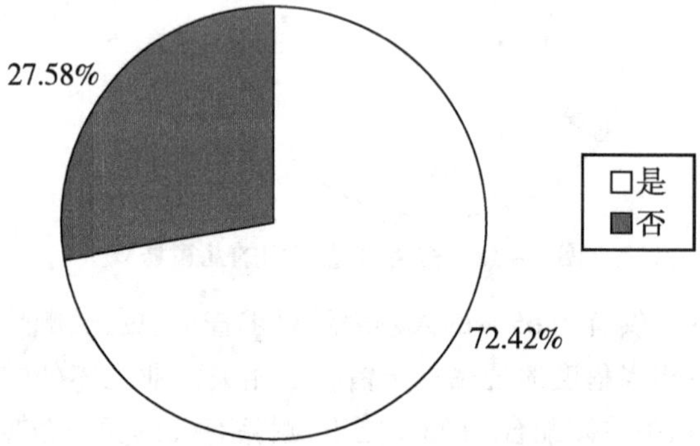

图7-21 您认为您是否有权利要求相关企业,将与自己相关的数据转移给自己或其他企业

对于保护个人数据的相应法律法规，大多数受访者保持着较为满意的观点（约41%），认为现有法律法规无法有效保护公民个人信息的比例仅有23%（见图7－22、图7－24）。但受访者中的大多数对于保护个人信息的法律法规的了解仅仅停留在"知道，但不清楚具体规定"的程度，对于相应法规仍然应当予以有效知识普及。（见图7－23）

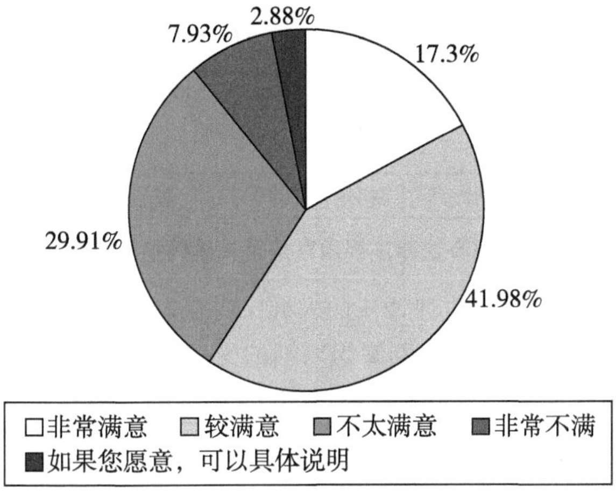

图7－22 数据法律法规满意度

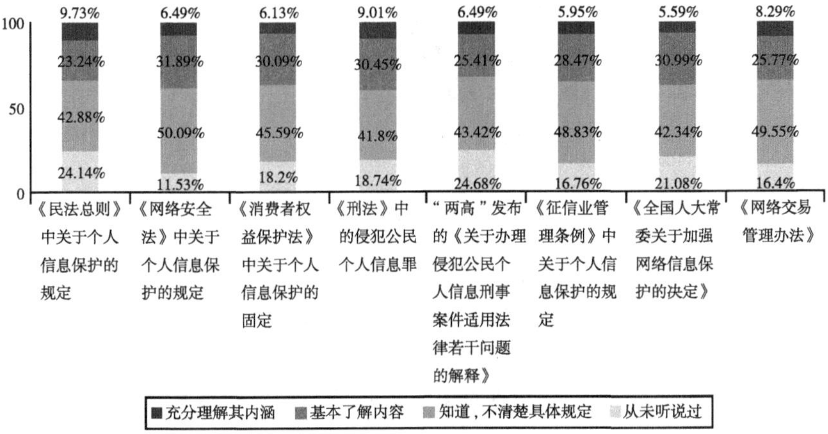

图7－23 是否了解当前保护个人信息的法律法规

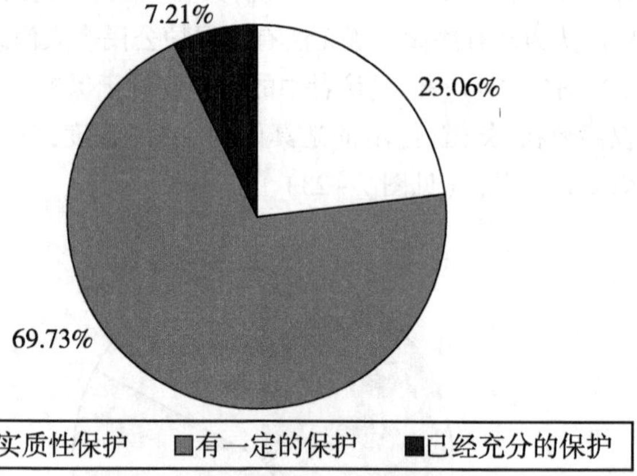

图 7 – 24　现有法律法规规章是否有效保护公民个人信息

根据调查结果显示,约有 72% 的人群比例并未接受过专门的数据权利知识培训,接受过专门的数据权利知识培训的受访者不足 3 成。但受访者对于接受相关知识普及的意愿相对积极,仅有约 25% 的人群表明抵触此种培训。(见图 7 – 25)

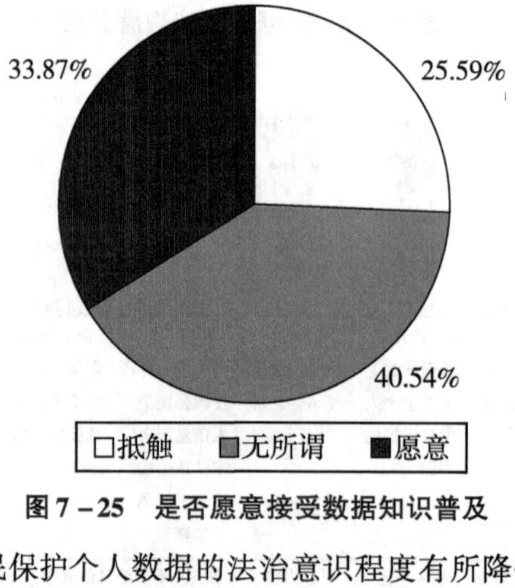

图 7 – 25　是否愿意接受数据知识普及

总体来说,公民保护个人数据的法治意识程度有所降低。具体体现在公民个人数据泄露、滥用情况在整体上与 2018 年相比更为严重,并且公民对其忍受度也随之加深。同时,公民对自己相关数据权利保护意识较弱,在对相应措施的时间精力成本考量后,大多数公民选择放弃了其数据领域的正当权利,体现了现存的举报维权手段存在成本上的局限性。尽管在受访群体中,公民对于数据相关法律法规较为信任，但对于具体法律法规的了解较为薄弱；然而，大多数受访群体并不拒绝接受相应知识普及的调查结果也表明，推行对于公民个人数据保护的教育并非绝无可能。鉴于此，应当通过完善个人数据保护的相应法律法规、加强该法律法规的执行力度、广泛进行数据知识普及等方式，实现公民对于个人数据领域的法治意识的进一步提升。

八、大数据交易中心综述

（一）大数据交易现状

数据作为一种新兴的生产要素发挥了巨大作用。近年来，大数据产业发展迅速，有力推动了产业转型升级、技术发展进步、经济健康发展。

根据大数据产业生态联盟联合中国电子信息产业发展研究院共同发布的《2019 中国大数据产业发展白皮书》，在 2016 年到 2018 年这 3 年时间内，我国大数据产业规模增长了 54%，产业规模由 2840.8 亿元增长至 4384.5 亿元。同时，根据预测，中国大数据产业规模可能达到 8070.6 亿元。中国大数据产业潜力巨大，在转型关键期能够发挥作用，促进信息流通和共享，同时推进转型升级，带来巨大经济效益。（见图 8－1）

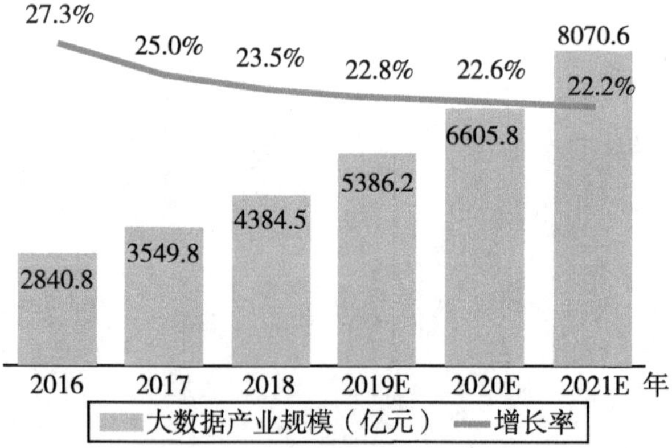

图 8－1　2016～2021 年中国大数据市场规模及预测

近年来，中国大数据企业保持高速发展，大数据产业链得到进一步完善。为满足大数据交易的需求，实现大数据的商业价值，各类大数据交易中心纷纷成立，为数据交易搭建平台并通过创制交易规则来规范大数据交易市场。2010 年以后全国大数据交易中心的数量大幅度增加；大数据交易品种更加细化，出现了行业性大数据交易平台，以满足不同行业对大数据交易的需求；同时，各个交易平台制定的交易规则和服务协议促进大数据交易市场日趋规范。但是，目前中国的大数据交易市场仍然处于初级阶段，大数据交易以及交易平台建设过程中出现了许多问题，大数据交易行业的发展面临诸多挑战，需要进一步的规范和引导，真正促进大数据交易的良性发展。

（二）大数据交易平台概述

大数据交易平台是数据产品交易的重要场所，平台提供展示数据产品的空间，买卖双方通过平台进行大数据交易。为了分析中国大数据交易平台建设发展的基本情况，本次一共统计了全国 74 家大数据交易平台，主要分析了大数据交易公司成立的时间分布，大数据交易公司的地域分布，交易平台的组织形态及公司类型，业务类型、定价方式以及管理模式和服务对象。①

1. 大数据交易平台成立的时间分布

总体上来看，从 2000 年至今，大数据交易平台数量呈上升趋势，以 5 年为一个阶段，每 5 年成立的大数据交易平台的数量都逐步增加。2000 ~ 2004 年仅有 2 家大数据交易公司成立，该阶段我国的大数据交易刚刚起步，大数据交易开始萌发。2005 ~ 2009 年，有 2 家大数据交易公司成立，我国乃至全球第一家大数据交易所——贵阳大数据交易所也在这一阶段成立。2010 ~ 2014 年，有 23 家大数据交易公司成立，大数据交易公司数量显著增加。2015 ~ 2019 年成立的大数据交易公司数量达 43 家，比上一阶段成立的公司数量又翻了一番。至今为止总共有 74 家大数据交易公司成立，大数据交易已经初具规模。从 2000 年到 2019 年短短 20 年间，我国大数据交易从无到有，至今已有一大批大数据交易公司，大数据交易产业发展蓬勃（见图 8 – 2）。

---

① 本部分数据及信息统计时间截至 2020 年 2 月 15 日，数据获取来源主要为网络检索和各交易公司或平台官网，企业信息主要来源为“天眼查”网站，网络检索的关键词为“数据”“交易”等关键词。我们已尽力实现相关信息的真实性、完整性和全面性，但并不对其准确性做出任何明示或隐含的保证。

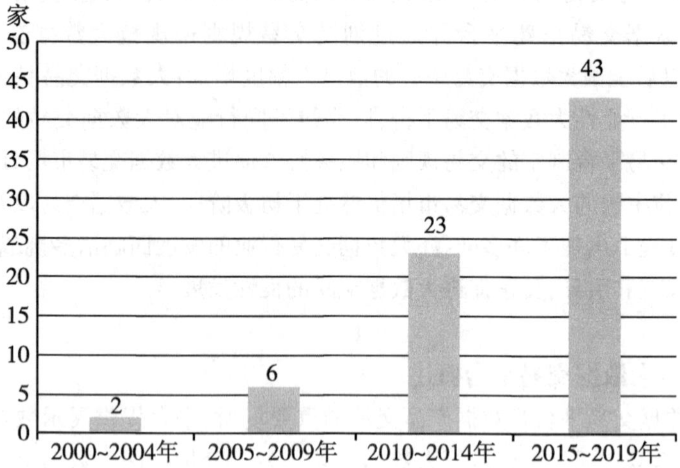

图 8-2 数据交易公司成立数量的趋势(2019 年 12 月前)

根据每年数据交易公司成立数量可以看出,2015 年我国大数据交易公司成立数量最多,多达 18 家数据交易公司在 2015 年成立。2014 年、2016 年和 2017 年成立的数据交易公司数量也较多,2014 年 9 家数据交易公司成立,2016 年和 2017 年分别有 10 家数据交易公司成立。从总体趋势来看,数据交易公司成立数量在 2015 年达到顶峰后有所减缓,近两年成立的数据交易公司数量大大减少,2018 年有 3 家数据交易公司成立,2019 年仅有 2 家数据交易公司成立(见图 8-3)。2018 年最新成立的 3 家数据交易公司为东北亚大数据交易中心、BDG Store 和同进数据。2019 年新成立的 2 家数据交易公司为 CompuTa 和倍智数据。每年成立数量说明,2014~2017 年,我国数据交易公司极速扩张,规模迅速扩大。近两年我国数据交易公司成立速度放缓,我国数据交易公司数量趋于稳定,数据交易市场也日趋成熟。

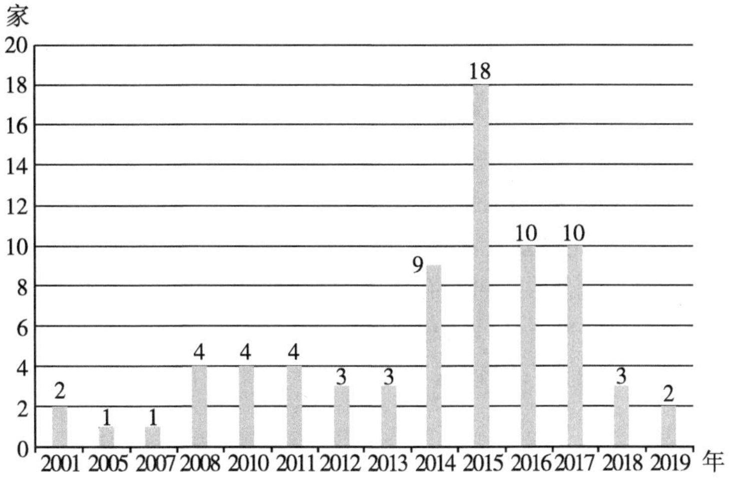

图 8－3 每年数据交易公司成立数量(2019 年 12 月前)

2. 大数据交易平台的地域分布情况

我国的大数据交易公司大多数分布在东部沿海地区,集中在以北京市为中心的京津冀地区,以上海市为中心的长三角地区,以广东省为中心的珠三角地区。在北京市的大数据交易平台数量最多,总共为 22 个,由于高校、科研机构众多,互联网、大数据企业数量庞大等原因,北京市的大数据交易公司在数量和质量上均具有显著优势。其次以上海市为中心的长三角地区大数据交易平台数量也较为可观,上海市有 6 家,浙江省有 6 家,安徽省有 5 家,江苏省有 6 家。第三个梯度为珠三角地区。珠三角地区包括广东省和深圳市共有 8 家大数据交易公司。第四个梯度的包括东北地区的黑龙江省,吉林省、辽宁省,京津冀地区的天津市和河北省,华东地区的山东省,中西部地区的陕西省、湖北省、河南省、重庆市、贵州省、四川省,这些省市的数量都在 4 个及以下,大部分只有 1 到 2 个。根据分布情况图可以清楚地看到,西北地区大数据交易平台建设存在空白,总体上大数据交易平台建设东部优于西部,尤其是东部沿海地区,大数据交易平台建设较为完善。

2018～2019 年新成立的 5 家大数据交易平台分别位于吉林省、北京市、上海市、浙江省以及四川省,在地域分布上比较分散,可见新的数据交易平台旨在满足各个区域数据交易的需要,体现了中国不同地区大数据交易产业的发展,这也有利于全国大数据交易产业的共同发展与进步。

3. 大数据交易平台的组织形态及公司类型

本次统计的74家大数据交易公司主要分为有限责任公司和股份有限公司两类。其中,有限责任公司占绝大多数,共有64家,占比超过86%;股份有限公司一共8家,仅占11%左右(见图8-4)。另外,安徽大数据交易中心有限公司和河北大数据交易中心有限公司的具体信息暂时无法收集。在有限责任公司中,自然人投资或控股的有限责任公司数量最多,共有27家,占有限责任公司总量的42%。国有控股的有限责任公司仅有贵阳大数据交易所有限责任公司一家。有外资参与的有限责任公司,包括外商投资企业与内资合资有限责任公司和中外合资有限责任公司,总共有两家,分别是上海数据交易中心有限公司和同进数据科技(上海)有限公司。(见图8-5)

从大数据交易平台的组织形态及公司类型可以看出,大多数大数据交易平台还是由民间资本推动建立的,国有控股的大数据交易服务平台仅占极小部分,但政府在大数据交易发展过程中仍起到了不可忽视的作用,很多大数据交易平台的建立离不开政府的鼓励支持。武汉长江大数据交易中心、北京大数据交易服务平台、东北亚大数据交易中心等大数据交易平台都是在政府的支持下设立的。

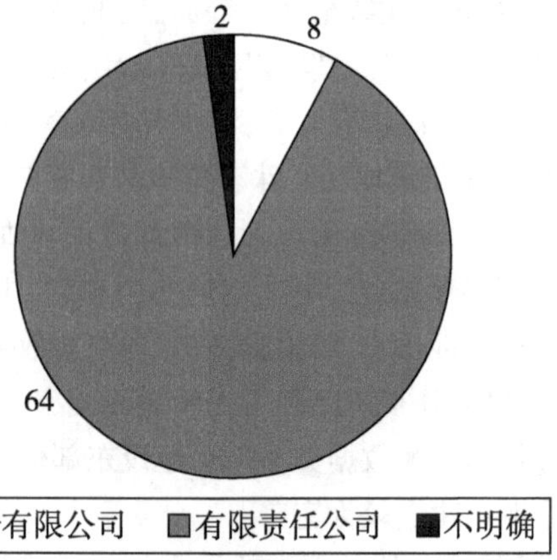

图8-4 交易中心组织形态

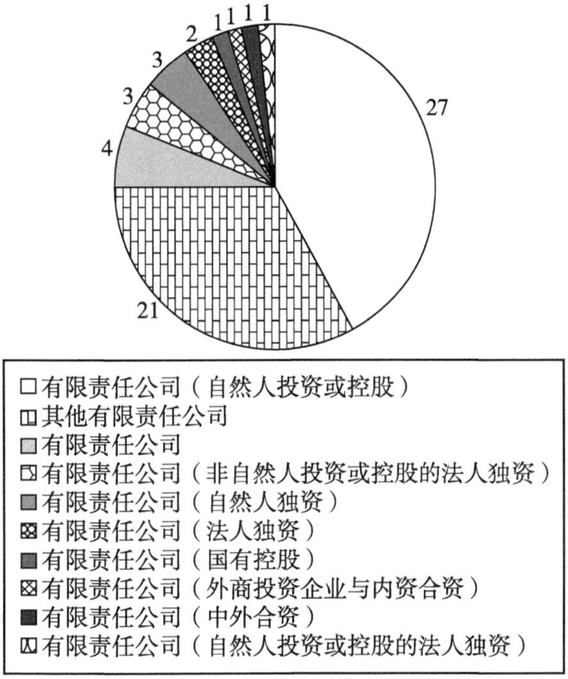

图 8-5　有限责任公司类交易中心公司类型

4. 大数据交易平台的产品类型及定价方式

大数据交易平台的产品类型多样,提供的数据产品具有以下特征:第一,数据产品种类丰富。目前,大部分交易平台按照行业特征对数据产品进行十分细致的分类,数据产品涵盖金融、政府、医疗、社会、能源、社交等 30 多个领域,能满足不同类型主体的信息需要。第二,数据产品行业分布不均衡。生产生活、消费娱乐、政务信息、征信、金融等领域的数据产品的开发比较成熟,但是电信、银行、法律司法,文化等行业的数据产品比较匮乏。个别行业数据产品提供的平台数量众多,如优易数据、发源地、京东万象、数据宝、阿里云数据市场等超过 20 个数据交易平台均提供金融行业数据。第三,打造核心数据产品成为主要的竞争策略。综合性大数据交易平台提供的数据产品涉及多个领域,少数单一化交易平台只提供一个类别或者少数几个类别的数据产品的交易。综合性交易平台提供的数据产品涉及范围广,各个交易平台也都着力打造、推荐自身的核心业务。例如,钱塘大数据交易中心重点开发工业大数据产品,上海大数据交易中心更侧重于营销应用与征信应用。仅有为数不多的偏单一方向的交易平台,如青岛中州国际航运大数据交易中心有限公司专门提供航运大数据,北京国政通科技有限公司依据全国公民身份信息系统提供诚信信息服务,华云数据集团有限公司经营企业大数据,卧龙大数据专注于金融行业数据管理及最大化提升数据价值,环境云专注于提供综合环境数据服务。

本次统计的 74 家大数据交易平台大多数建立了网上交易平台,进行线上交易。交易平台通过网站展示数据产品,交易双方需要在该平台进行注册并取得账号。数据产品定价方式主要包括以下几种:

(1)卖方自主定价模式

以阿拉丁大数据和华中大数据交易所为代表的大数据交易平台在交易规范中赋予数据卖方自主定价权,卖方作为享有数据所有权的主体可以选择平台支持的方式自行定价出售,如果卖方不能确定价格可以委托交易平台的专业人员进行价值评估。

(2)交易双方协议定价模式

以发源地为代表的大数据交易平台在服务协议中规定平台不介入买卖双方的交易过程,仅提供供求撮合平台。

(3)卖方依标准定价模式

这类定价模式中卖方的定价权受到一定的限制,必须依据事先约定的标准对数据产品进行定价,天元数据在合作协议中约定数据定价依照《数据服务价格表》,并约定卖方提供的提货价不能高于提供给其他平台或其他第三方的价格。

(4)自动计价模式

《贵阳大数据交易所 702 公约》中规定贵阳大数据交易所根据每一数据品种设计自动的计价公式,数据买方可以通过交易系统查询每一类数据的实时交易价格。

(5)拍卖定价

在贵阳大数据交易所的交易规则中也规定了拍卖定价的数据定价模式。拍卖定价适用于不能大范围传播复制的大数据产品,这些大数据产品只能由一位或少数大数据买家拥有所有权,且这些大数据产品能够产生充分的效用。拍卖规则可以建立在“平台预定价”的基础上,也可以采用密封式二级价格拍卖,报价最高者中标,成交价是第二高价者的价格。

5. 管理模式与服务对象（见表8－1）

表8－1　大数据交易中心的管理模式与服务对象情况汇总

序号	名称	所属公司	管理模式	会员数量/合作伙伴（个）	服务对象	备注
1	贵阳大数据交易所	贵阳大数据交易所有限公司	会员制	2000	单位	—
2	上海大数据交易中心	上海数据交易中心有限公司	注册制/协议约束	23	单位	—
3	武汉东湖大数据交易中心	武汉东湖大数据交易中心股份有限公司	注册制/协议约束	10	自然人＋单位	—
4	华东江苏大数据交易平台	华东江苏大数据交易中心股份有限公司	会员制	—	自然人＋单位	—
5	重庆大数据交易市场	重庆网信大数据管理有限公司	—	10	—	—
6	长江大数据交易中心	武汉长江大数据交易中心有限公司	—	—	—	—
7	浙江大数据交易中心	浙江大数据交易中心有限公司	会员制	123	—	—

续表

序号	名称	所属公司	管理模式	会员数量/合作伙伴(个)	服务对象	备注
8	哈尔滨数据交易中心	哈尔滨数据交易中心有限公司	会员制	10	单位	—
9	华中大数据交易所	湖北华中大数据交易股份有限公司	会员制	6	自然人+单位	—
10	钱塘大数据交易中心	杭州钱塘大数据交易中心有限公司	注册制/协议约束	12	自然人+单位	—
11	数据堂	数据堂(北京)科技股份有限公司	注册制/协议约束	—	自然人+单位	—
12	北京大数据交易服务平台	—	—	—	—	—
13	优易数据	国信优易数据有限公司	会员制	—	自然人+单位	—
14	聚类	类聚数据技术(北京)有限责任公司	会员制	9	自然人+单位	—
15	数读	广东数读信息技术有限公司	会员制	—	—	—

续表

序号	名称	所属公司	管理模式	会员数量/合作伙伴(个)	服务对象	备注
16	发源地	上海连源信息科技有限公司	协议注册制/协议约束	—	自然人+企业法人	—
17	京东万象	北京京东尚科信息技术有限公司	会员制	82	自然人+单位	服务商应当具有会员资格
18	九连环大数据平台	九次方大数据公司	—	24	—	—
19	数据宝	贵州数据宝网络科技有限公司	会员制	—	自然人+单位	—
20	阿里云数据市场	阿里云计算有限公司	会员制	6	自然人+单位	服务商应当具有会员资格
21	百度 APIStore	北京百度网讯科技有限公司	注册制/协议约束	20	自然人+单位	—
22	数据淘	成都知数科技有限公司	协议注册制/协议约束	—	自然人+组织	—
23	火车采集器	合肥乐维信息技术有限公司	协议注册制/协议约束	—	自然人+单位	—

续表

序号	名称	所属公司	管理模式	会员数量/合作伙伴(个)	服务对象	备注
24	大数据采集器	合肥乐维信息技术有限公司	协议注册制/协议约束	—	自然人+单位	—
25	河北大数据交易中心	—	会员制	142	—	—
26	中关村树海大数据交易平台	北京数海科技有限公司	—	—	自然人+单位	—
27	西咸新区大数据交易所	西咸新区大数据交易所有限责任公司	会员制	—	自然人+单位	—
28	安徽大数据交易中心	安徽大数据交易中心有限公司	会员制	—	—	—
29	青岛大数据交易中心	青岛大数据交易中心有限公司	会员制	6	单位	—
30	南方大数据交易中心	深圳南方大数据交易有限公司	—	—	—	—
31	东北亚大数据交易中心	吉林省东北亚大数据交易服务中心有限公司	—	—	—	—
32	千数堂	深圳中商情大数据股份有限公司	会员制	—	自然人+单位	—

续表

序号	名称	所属公司	管理模式	会员数量/合作伙伴(个)	服务对象	备注
33	iDataAPI	广州简亦迅信息科技有限公司	会员制	7	自然人+单位	区别普通用户和会员用户
34	抓手数据	中青联盟大数据研究(北京)有限公司	—	—	—	—
35	中国管理大数据交易平台	中源数聚(北京)信息科技有限公司	—	—	—	—
36	数多多	深圳视界信息技术有限公司	会员制	—	自然人+单位	服务商应当具有会员资格
37	光谱数据	东华光谱大数据技术有限公司	—	6	自然人+单位	—
38	聚合数据	天聚地合(苏州)数据股份有限公司	会员制	40	自然人+单位	—
39	国云数据	苏州国云数据科技有限公司	—	—	—	—

续表

序号	名称	所属公司	管理模式	会员数量/合作伙伴(个)	服务对象	备注
40	阿拉丁大数据	北京阿拉丁立方信息技术有限公司	会员制	15	自然人+法人	—
41	墨高电子	宁波墨高电子科技有限公司	—	—	—	—
42	极数宝数据	广州极数宝数据服务有限公司	—	—	—	—
43	震九信息	震九信息科技(上海)有限公司	—	—	—	—
44	极速数据	杭州艺彩网络科技有限公司	会员制	—	—	—
45	数粮	北京数粮信息科技有限公司	注册制/协议约束	—	自然人+单位	—
46	沈阳大数据运营	沈阳大数据运营有限公司	—	—	—	—
47	网聚宝	全域大数据产品交易中心有限责任公司	—	12	—	—

续表

序号	名称	所属公司	管理模式	会员数量/合作伙伴(个)	服务对象	备注
48	—	廊坊大数据应用服务有限公司	—	—	—	—
49	—	青岛中州国际航运大数据交易中心有限公司	—	—	—	—
50	—	北京久其智通数据科技有限公司	注册制/协议约束	—	自然人+组织	—
51	—	成都绿欣因特睿大数据有限公司	—	—	—	—
52	—	黔东南州集美大数据发展有限责任公司	—	—	—	—
53	云海大数据交易中心	宣城云海大数据有限公司	—	—	—	—
54	—	北京集奥聚合科技有限公司	—	—	—	—
55	—	北京国政通科技有限公司	—	—	—	—

续表

序号	名称	所属公司	管理模式	会员数量/合作伙伴(个)	服务对象	备注
56	天元数据	浪潮卓数大数据产业发展有限公司	注册制/协议约束	11	自然人+单位	—
57	网聚宝	上海云贝网络科技有限公司	—	12	—	—
58	华云数据	华云数据集团有限公司	—	6	—	—
59	大海洋数据服务平台	安徽数洋科技有限公司	注册制/协议约束	—	自然人+单位	—
60	旅游大数据平台	中国电信股份有限公司云计算分公司	—	—	—	—
61	倍智数据	倍智智能数据运营有限公司	—	—	—	—
62	CompuTa	杭州算数力科技有限公司	—	—	—	—
63	同进数据	同进数据科技(上海)有限公司	—	—	—	—

续表

序号	名称	所属公司	管理模式	会员数量/合作伙伴(个)	服务对象	备注
64	BDG Store	北京中数融合数据服务有限公司	注册制/协议约束	—	自然人+单位	—
65	数聚之美	北京数聚之美科技有限公司	会员制	—	单位	—
66	亚信数据	北京亚信数据有限公司	—	14	—	—
67	广州数据交易	广州数据交易服务有限公司	—	—	—	—
68	中原大数据交易	河南中原大数据交易中心有限公司	—	—	—	—
69	中润普达	北京中润普达信息技术有限公司	—	—	—	—
70	TalkingData 数据智能市场	北京腾云天下科技有限公司	注册制/协议约束	—	自然人+单位	—
71	haoservice	北京畅游互联科技有限公司	注册制/协议约束	—	自然人+单位	—

续表

序号	名称	所属公司	管理模式	会员数量/合作伙伴(个)	服务对象	备注
72	阿凡达数据平台	湖北普雅花互联互通科技发展有限公司	注册制/协议约束	—	自然人+单位	—
73	环境云	南京云创大数据科技股份有限公司	注册制/协议约束	—	自然人+单位	—
74	数据挖掘模型交易平台	广东泰迪智能科技股份有限公司	—	—	—	—

(1)根据管理模式分类

①会员制交易平台

会员制交易平台包括两类:第一类用户注册取得交易平台会员资格则同时具备买卖数据产品的资格,会员应当接受交易平台制定的关于会员管理的规定;第二类仅要求服务商注册成为会员并接受会员协议的约束,而买家需要在交易平台注册取得账号并接受注册协议的约束。会员制交易平台有权对会员的相关产品和行为进行审查,对于违反规定的会员交易平台可以采取终止服务、冻结账号、注销账号等惩罚措施,对于不符合规定的数据产品可以进行删除。部分交易平台在服务协议中设置纠纷协调条款,用户与服务商之间产生纠纷后可以申请交易平台进行协调。

②注册制交易平台

注册制交易平台要求交易双方注册取得交易账号并同意交易平台制定的用户服务协议或者用户注册协议。注册制交易平台将自身定义为第三方服务平台,不介入交易双方的交易,不对交易双方的行为进行审查,仅仅履行与账号维护相关的义务。此类平台所提供的服务协议属于交易平台单方制定的格式合同,用户只能选择接受,否则将无法使用协议。交易平台往往通过格式条款规定交易平台有权单方修改服务协议且无须通知用户,甚至对服务的安全性、准确性、及时性都不做担保。

(2)根据服务对象分类

交易平台的服务对象包括自然人、法人、企事业单位、政府等主体,因此按照服务对象的不同可以将交易平台分为仅为单位(包括法人)服务的交易平台和自然人与单位均能参与的交易平台。

①以单位(包括法人)为服务对象的交易平台

贵阳大数据交易所、青岛大数据交易中心规定交易商会员仅限单位,会员单位应当按照相关程序完成注册并取得会员资格以后才能从事数据交易,上海大数据交易中心仅向企事业单位开放成员申请,成员单位基于共同的数据互联规则,分别担任供应方、需求方等成员角色,享有并承担相应角色的权利与义务。北京数聚之美科技有限公司提供的数据服务也仅开放给实名认证的企业使用,只有通过企业实名认证后才可以申请购买服务。

②以自然人和单位为服务对象的交易平台

目前,为自然人和单位均提供服务的交易平台的数量远远多于仅为单位提供服务的平台。大部分交易平台在服务协议中规定接受服务的自然人应当具备完全民事行为能力,若使用人不具备相应主体资格,则交易平台有权采取措施并追责。少数交易平台对此没有限制,未成年人亦可通过注册程序成为用户。

(三)面临的主要问题

1. 数据行业面临重大洗牌和重整

2019 年下半年数据行业遭受挑战,行业经历重大的洗牌和重整。数十家大数据公司遭到调查或被列入调查名单,其中甚至包括曾经的头部企业。杭州魔蝎科技公司、杭州存信数据科技有限公司等部分大数据公司的负责人或业务人员接受警方调查。多家数据公司已经暂停其数据爬取业务。

大数据交易平台作为数据行业的一部分也受到影响,部分大数据交易平台的官网网址都已无法访问。几家近几年成立的大数据交易平台也因为经营问题或者其他原因已停止运营。如宣城云海大数据有限公司、广州数读信息技术有限公司、成都绿欣因特睿大数据有限公司 3 家公司均已决议解散注销。大数据交易产业发展至今,部分平台已遭淘汰。

2. 数据交易规范缺失

数据交易与个人隐私息息相关,数据的流动与利用和公民个人信息保护之间需要取得一种平衡,因此大数据交易平台发展过程中应当遵守数据交易规范,合规问题直接影响大数据交易平台的存亡。

但是目前为止,我国没有法律对数据交易进行规定,仅有个别地方性法规的个别条款对数据交易进行了概括性的规定。这一情形实际上不利于数据交易平台的发展,也不利于数据交易的监管。只能够依靠刑法以及其他的行政法规对数据交易行为进行“底线性”的规范。

3. 行业内部发展差异大

大数据交易行业内部发展差距较大。部分大数据交易平台在政府支持下设立,能够获得政策方面的扶持,且在政务数据等方面具有数据获取上的优势,如贵阳大数据交易所、哈尔滨数据交易中心、上海数据交易中心等交易平台背后都有政府的支持。而且这些交易平台致力于制定和完善大数据交易规则,具有管理优势。此外,如阿里云数据市场、百度 APIStore、京东万象等大数据交易平台依靠阿里巴巴、百度、京东等互联网巨头设立,有其自身的技术优势和数据资源优势,并且有较强的管理能力,能够通过设置完备的协议条款进行规范管理。但是,有大量的中小交易平台缺乏平台建设运营能力以及制定管理规则的能力,在资金来源以及数据来源方面也比较匮乏。到目前为止,服务能力参差不齐是大数据交易平台发展的一个显著特征,大数据交易行业内部存在较大的差距。

4. 缺乏统一行业规范和交易标准

我国数据交易市场仍然处于初级阶段,尚未建立全国统一的数据交易市场,数据交易行业缺乏统一行业规范和交易标准。目前,主要依靠交易平台自行制定的交易规则或者提供的服务协议来规范数据交易。由于各个交易平台提供的交易规则或服务协议不同,交易规则或者服务协议中规定的交易平台的监督管理权限也各不相同,这导致一部分交易平台无法对数据产品和交易进行有效监督,不利于维护数据交易的安全和公平。行业交易标准不统一主要体现在两个方面:数据产品分类标准不统一和数据产品定价标准不统一。数据分类标准不统一必然导致无法公平合理的确定数据产品的价值,进而导致无法制定统一的产品定价标准。数据产品的价值与价格不相符会激发不公平交易,导致数据交易市场出现混乱局面。

九、大数据法治现存问题

（一）数据立法体系仍待完善

数字经济快速发展的背景下，数据和信息的重要性已成为社会共识，而其社会资源的角色也已得到了我国乃至国际社会的重视。数据安全与其合理高效的利用对公民个人权益、公共利益乃至国家利益都极为重要。然而当前科技发展的日新月异，使传统法律体系在面对种种新型法律问题时显得无所适从，立法的滞后性在数据保护和数据应用领域表现得更为明显。在现有的法律框架下，我国《宪法》、《刑法》、《民法总则》、《侵权责任法》、《网络安全法》、全国人大常委会《关于加强网络信息保护的决定》等法律都在不同程度上对数据安全和个人信息保护作出规定，以不同的功能和方式保护数据和信息安全。这些规定在一定程度上显现了我国对于保护数据安全和规范数据应用中相关行为的态度，然而，由于规定较为零散，很多时候无法实现有效衔接，加之许多数据保护问题中涉及的基础概念难以明晰，致使数据安全与数据应用中的许多法律问题实际难以依照现有法律得到解决。

参照域外如欧盟、英国、新加坡等国，均专门出台了数据领域的一般性规则，从而对数据活动中的概念进行界定，并从数据活动的全周期出发，对各个环节的法律行为进行了规范。从 2019 年我国的数据立法现状来看,当前我国完善数据规范法律体系的主要方式是针对数据产业中暴露的问题进行回应,针对特定领域和特定主体的数据,在现有法律法规的基础上进行补充完善。而我国尚未形成针对性的法律规范,数据权属,数据分类以及数据收集、存储、使用、流通等数据行为的界定,这些基础概念的缺失直接导致数据法治只能停留在理论层面,一旦进入实务领域,或捉襟见肘或争议不断。因此,应加快推进数据立法工作,围绕数据保护及应用建立统一完善的法律体系,以便在保障数据安全的基础上规范数据行为,从而进一步推动数据产业的发展,为数字经济提供基础的制度保障。

数据立法首先应分别明确各类数据的权属及其权利内容,这是规范数据法律行为的基础。尤其应区分个人数据、企业数据、公共数据、社会数据等概念,依照其各自的特性分别予以规范。此外,数据立法应兼顾安全与发展两大要素。坚持安全与发展并重、促进与规范并举的原则,重点促进网络基础设施的发展,加强网络安全与隐私保护,并针对数据的收集、存储和使用等环节建立清晰的规范,明确大数据生态中各不同主体的责任,从而为数字经济保驾护航。

(二)数据司法实践面临诸多挑战

鉴于我国数据立法体系尚不完善,司法判决的指导和引导作用在数据纠纷中扮演着极为重要的角色,这也在无形中为我国的数据司法实践带来了挑战与考验。

首先,数据权利属性尚无共识,在当前的司法实践中,无论是反不正当竞争案件,还是普通民事侵权案件,在论及数据保护时,大多将数据权利称为一种财产权益、民事权益或竞争优势、竞争利益,而非明确表述为数据权利。由于数据权利兼具多种权利属性,司法实践中依照具体的案情,将其归类为现有法律法规中规范更为明确具体的权利,从而依照相关法规进行裁判,是对当下数据规范体系不完善的应对之策,但同时也是立法滞后背景下的无奈之举。

其次,数据侵权行为的表现形式多样。目前来看,主要有不遵守共享协议或超出授权范围在经营中使用他人的数据;利用技术手段盗取他人数据后进行商业性使用;引诱他人用户分享其数据;干扰他人的数据形成,如刷单、恶意差评。随着数据技术的更新迭代,数据侵权行为的表现形式也层出不穷,数据侵权的认定和侵权行为的证据提取等问题,都给数据司法实践带来了挑战。

此外,司法实践中对个人数据与企业数据产权保护的平衡。数据纠纷案件层出不穷，但在我国尚无统一的裁判标准，只能依照原则性的法律条文，结合个案的具体案情，依靠法官的自由裁量权作出裁判。尚未统一的司法保护标准把更多的解释空间留给法官，因此要求法官在审理相关案件时更具利益衡量的思维。数据保护既涉及市场竞争、技术创新，也涉及垄断。企业控制的数据产品基本上都源自对个人数据的加工处理，法官需在企业数据产权保护与个人数据保护之间寻求平衡。一方面，应当考虑个人隐私等人格利益的保护，确保个人数据通过合法、公平的方式获得，数据的获取、使用途径及相应的风险都需要经过个人的知情或同意；另一方面，要考虑企业数据产权保护，尤其是个人数据进行匿名化、脱敏处理后进一步加工形成的数据产品或数据服务，应当获得比较充分的保护。

（三）数据监管体系有待完善

当前，我国数据监管体系在中央层面仍由中央网信办作为统筹协调网络安全工作和监督管理工作的主要机构，其他各部委在各自职权范围内行使监管职能。即大数据法律、法规以及监管政策的出台主要以中央网信办为统筹牵头单位，其他部门在各自职权范围内行使行政监督管理职权。在地方层面，数据管理部门的数量仍在进一步增加，仅 2019 年增设的数据管理机构就达 36 家，各地方大数据管理机构职能的侧重点不同，因地制宜，根据各地方发展需要和经济社会特点而设置。

数据监管实践中暴露出以下几个方面的问题：

首先，在个人数据保护方面，行政监管依然存在不足。虽然在 2019 年，四部门开展了 App 违法违规收集使用个人信息专项治理，成效显著，但是“专项治理”这种监管方式本身就存在运动式的取向，并不是一种有效的长期监管模式。这在一定程度上反映了现阶段数据监管力量较为薄弱，监管的专业化水平不高的现象。同时，四部门联合发文虽然体现了中央层面各职能部门在数据监管中的主动协调，但是也反映出我国尚未形成统一的个人数据保护执法机构，个人数据的执法主体缺位，存在多部门交叉执法现象。多头执法的存在就可能导致职能的冲突与协调的困难，在一定程度上会提高有效监管的成本，甚至有可能出现重复执法或者执法空白的问题。

其次，在政务数据的监管权力配置上，中央与地方监管机关之间存在不匹配的问题。在中央层面，网信办作为统筹协调数据监督管理工作的主要机构，其他各部委在各自职权范围内行使数据监管职能。近年来，一些中央部委已经针对本部门职权范围内的数据监管工作制定了规范性文件或者出台了相关政策性文件,这些文件有涉及个人数据和企业数据的内容,但更多的是涉及行政系统内政务数据的规定。而在地方层面,省级、地级政府设立专门数据监管机构已经越来越普遍,不少地方甚至在区县级政府都设立了专门数据监管机构。这些地方数据监管机构的职能中往往包括了组织协调推进政务数据资源共享和开放,统筹政务数据资源的采集、分类、管理、分析和应用工作。这样一来,许多地方的政务数据监管由专门数据监管机构统一负责,这就与中央层面的各部委分别负责存在不协调。从理论上讲,中央政府应当通过顶层设计、规划引导、统筹协调、资源保障的方式承担数据监管责任,地方政府则在中央政府要求下结合地方实际,通过制定操作方案和实施细则、配置资源、执行落实的方式来承担数据监管责任。但是实际上,中央与地方在政务数据监管领域很可能出现对接上的不畅通,使中央的设计与规划不能很好地传达到地方,而地方在监管实践中遇到的问题、总结的经验也难以上报到中央。

最后,各地数据监管的标准与实效差别较大。我国个人数据的监管主要由中央有关机关牵头负责,且已经出台了一些法律法规,在监管上较为统一。但是在政务数据、公共数据的监管方面还缺少统一的国家规定,地方政府往往在本地政务数据及公共数据的监管中起主导作用,而各地对数据监管的认识不同,做法也各不相同。一些地方制定了地方性法规或者地方政府规章,规范政务数据或者公共数据开放、共享等事项,并且由专门的数据监管机构负责监管;一些地方虽然设立数据监管机构,但是没有进行相关立法,也对数据不够重视,并没有很好地发挥应有的作用;一些地方既没有相关立法也没有专门的监管机构,数据监管工作"一片空白"。这种情况阻碍各地之间的数据交流,不利于全国范围内形成统一的数据监管标准。

以上这些问题存在的共同原因是数据监管所依据的法律法规不健全及数据监管机关的不统一。解决这些问题除了从监管本身入手外还需要从监管以外的立法等领域努力,才能进一步完善我国的数据监管。

(四)地方政府数据开放共享制度尚存缺陷

随着信息技术的发展,数据的数量急剧增长,其相关应用日益广泛。数据已成为国家基础性战略资源,政府数据的开放与共享已成为国际趋势。我国2015年《纲要》中将"加快政府数据开放共享,推动资源整合,提升治理能力"放在主要任务的首位,强调推动政府数据资源共享,要制定政府数据资源共享管理办法、形成政府数据统一共享交换平台、形成国家政府数据统一开放平台。此后3年间,《信息共享暂行办法》《开放试点方案》相继出台,我国的政府数据开放与共享取得阶段性成果,各地方政府也积极响应,出台相应政策与规范、构建政府数据开放平台。国务院办公厅在《2019年政务公开工作要点》中也指出,做好今年政务公开工作,要着力提升政务公开质量,完善政务公开制度规范。政府数据开放对于促进产品和服务创新、推动数字经济发展、提升治理能力、优化公共服务具有重要意义。

当前我国政府数据开放处于试点阶段,各地实施情况不一,尚无对该领域进行针对性调整的法律、行政法规或部门规章等全国性规定出台,部分地区对政府数据开放的制度规范率先展开了探索(如上海、浙江、贵州、福建等地)。从总体来看,我国地方政府数据开放规则制定、制度准备等框架建构活动的进度仍然远落后于平台建设、数据提供等具体操作活动。具体而言,目前地方规则的统筹规划、数据确权、数据安全机制、开放效果评价机制等方面均有缺陷。

地方政府数据规则制定缺乏统筹性。部分地方政府数据开放规则制定的统筹不足,体现在横向协调不佳、纵向传导不畅两方面:部分地区在相近时间出台的同等效力层级的规定之间难以有效衔接;部分地区则出现同一地区内不同级别行政区出台的或不同效力层级的规定之间内容不一致。鉴于我国政府数据开放尚处于试点阶段,地方规定是结合本地区情况、服务于当地大数据发展应用需求进行的探索,不同省级行政区之间出现概念运用、条款设计的差异实属正常现象,但省内规定须具备一致性。规章制度的文本讲究规范化、标准化,同一省级行政区内关于同一主题、发布时间相近的规则中采用不同概念,又不说明关系,使规则缺乏一贯性,执行中容易产生歧义,增加政府部门纵向、横向沟通的负担,也会干扰企业、社会组织、公众等获取使用数据信息的主体对规定的理解。此外,统筹不足还体现在部分地方政府数据开放规则制定与执行脱节。导致部分地区的政府数据开放行动前期规划不全面、后期落实不到位,典型体现是部分地区在相关规范空白的情况下即建立数据平台,面向社会提供数据,直接后果是政府数据开放平台运行效果不理想,难以发挥数据开放的效用。

数据确权制度不合理。目前,我国法学界对数据确权问题仍有争议,与数据相关的各类权益归属在法律上尚未完全明确。在数据确权法律制度没有全面确立、政府数据法律性质无明文规定的情况下,部分地区在有关管理规定中设置的政府数据确权条款,理论根基不牢固,缺乏法律依据。

风险评估和安全审查机制不完善。各地方规范普遍提到建立政府数据开放安全审查和风险评估机制,但目前仅有海南省发布了详尽的安全管理对策。政府数据开放中,涉及个人隐私、商业秘密、国家秘密、国家安全的数据,是重要的风险点。数据安全保障制度缺失会导致:首先,数据开放事前预测与防范风险不力,依赖事中事后保护,风险控制措施拖后,分散的、非敏感的数据开放后经过集成,可能形成敏感信息,甚至影响个人隐私、商业秘密、国家安全等。其次,主体责任不明确,数据开放主体为避免承担责任而不敢开放、不愿开放数据,影响数据价值的实现。由于没有具体的数据安全风险分析研判规则,难以确定责任主体预见的合理性。

数据开放效果评价机制不科学。现有地方规定中关于政府数据开放的效果评价机制不科学,没有突出"结合企业利用需求、公众生活需要"的开放范围导向,难以切实反映体现市场、社会的评价,不利于为持续优化数据开放提供参考。

(五)数据跨境规则尚未成熟

当前,我国已经针对个人信息的跨境传输作出了规范,出台了《个人信息出境安全评估办法(征求意见稿)》,弥补了我国数据跨境领域的制度空白。但是,数字经济的背景下,数据跨境更多的发生和应用于商业环境中,是对数据贸易行为的规范。而对于涉及国家数据主权的数据跨境,即数据跨境调取,我国的相关制度还是空白。随着美国提出"云法案",跨境调取电子数据证据将进一步加剧数据主权之争。一方面,我们应认识到该问题形成的必然性,在数据化的背景下,越来越多的刑事调查取证涉及跨境数据调取问题,而传统的双边司法协助条约的低效率无法满足现实需求,传统司法协作机制正面临前所未有的挑战。另一方面,从欧美跨境电子证据制度改革看,虽然其制度尝试还远未成熟,但已显露出基本共性——充分考虑提升跨境电子证据数据调取效率的同时,通过程序和实体机制的设计来兼顾调取国、数据存储国和信息服务提供商的基本利益平衡。因此,我国应重视跨境数据调取的重要性,并在跨境数据调取的制度设计上正视问题并以务实态度参与跨境数据调取制度的国际规则建设,从而有助于未来数据主权问题的真正落地。

十、大数据发展指数报告

(一)地方政府大数据法治指数报告

互联网的应用已逐渐渗透到现代社会生产、生活的方方面面,海量数据随之产生,在此基础之上,大数据、人工智能、区块链等技术不断演进,进一步加快了信息化、数字化时代的前进步伐。近年来,数据资源对于技术发展、经济发展、社会发展、国家发展的重要价值已在世界范围内形成共识,如何充分利用数据资源,实现数据法治也成为世界各国共同面对的新挑战和新机遇。

基于数据在经济和社会发展中的基础性战略资源地位,数据治理工作的开展和推进对我国各级政府提出了更高要求。首先,在我国现有法律制度缺乏的背景下,地方政府出台的相关规范性文件和政策是当地数据治理工作最直接的指导方针;其次,地方政府对于数据产业支持力度和管理理念会直接作用于该地数据技术的发展,影响数据治理工作的实效;最后,政府在采集、存储、处理地方核心数据的同时,也会在工作过程中产生大量具有提取分析价值的数据,因此政府的数据开放和共享是当地数据治理工作的重要组成部分。由此可见,政府需从本地的实际发展情况着手,因地制宜,多角度统筹规划,多部门组织协调才能高效推进数据治理工作,将数据资源转化为地方发展的动能。

地方政府大数据法治的指数评估工作,是在详细梳理各地方政府数据治理相关工作的基础上,依照指标体系对其数据治理工作进行的指数评估。此指数的评估,一方面,是对各地方政府在数据治理工作中所做出的探索和努力的肯定,对其数据治理成果的认可;另一方面,也是对尚未开展数据治理工作的地方政府的鼓励,希望各地政府能够将先行地区的先进经验与本地的实际发展需求相结合,探索更具实效的数据治理路径,将数据资源充分发掘和利用到本地的科技、经济和社会发展中去,将数据资源转化为地方发展的新动能。为数字中国的建设添砖加瓦,贡献经验和力量。

1. 指标设置

(1)指标体系

指标1　数据监管部门

1.1　设立状况

1.2　工作内容

1.3　工作实效

指标2　政策法规

2.1　规范领域

2.2　文件质量

指标3　数据项目

3.1　项目数量

3.2　项目类别

3.3　项目成果

指标4　政府数据开放共享

4.1　法规政策

4.2　组织机构

4.3　平台与数据

(2)一级指标

指标1　数据监管部门

地方数据监管部门是各地为了统筹规划、集中力量发展数据产业,实现区域内数据资源的集中配置而设立的。数据监管部门的主要职责包括:研究拟订并组织实施大数据战略、规划和政策措施,引导和推动数据资源治理和应用工作;协调、组织制定地方数据技术标准,研究拟定基础信息资源共享交换目录、技术规范和范围;组织制定数据收集、管理、开放、应用等标准规范;制定并组织实施智慧城市运行管理规范和部件标准;推动地方大数据形成机制的建立和开发应用;统筹规划建设工业大数据库,建立企业能耗、环保、安全生产监测指标等数据库;支撑量化融合公共信息平台的运行。数据监管部门的设立,是统筹地方数据产业发展和健全地方数据法治的基本途径,数据监管部门这一指标的设定是为了衡量地方政府对于促进数据产业发展,优化数据治理的重视程度,判断当地推进数据法治的专业度。

指标 2　政策法规

政策法规包括两个部分:地方人大和政府出台的地方性法规、政府规章;以及地方政府发布的相关政策。规范性文件是地方促进大数据发展,确认数据监管部门的行政权力,统筹各行政机构权责的重要依据。政策则是地方政府统筹数据资源、推进数据产业发展、优化数据治理的总规划。制定合理、执行得当的地方性政策法规有利于将国家政策和地方政策相结合,实现数字中国的发展战略与地方数字化战略的有机结合。此指标的设定用以评估地方数据治理的顶层设计,是当地实现数据法治的基本要件。

指标 3　数据项目

数据项目是指地方政府扶持发展的数据产业相关项目,包括数据技术创新、数据规范流通、数据资源开发利用、数据法治研究等个各领域的项目,既包含数据监管部门自行开展的相关项目,也包括政府依照数据发展战略计划所培育的产业类项目。由于数据产业的发展尚不成熟,其相关技术、理论的发展仍需探索,通过数据项目的开展和扶持,可以由点及面地推进数据领域的技术和理论创新,带动数据产业的进一步发展和完善。故而设定数据项目这一指标,通过地方推进数据产业发展和数据法治研究的力度及实效,判断该地推进数据法治的进程。

指标 4　政府数据开放共享

2014 年国务院印发的《纲要》要求,2017 年年底前,明确各部门数据共享的范围边界和使用方式,跨部门数据资源共享共用格局基本形成,提出形成政府数据统一共享交换平台;2018 年年底前,建成国家政府数据统一开放平台。提升政府数据开放共享水平,有利于提高政府服务和监管水平。公共数据资源合理适度向社会开放,将带动社会公众开展大数据增值性、公益性开发和创新应用,充分释放数据红利,增进经济效益与社会效益。设定此指标旨在评估政府开放共享水平,反映政府在数据领域的行政能力与服务情况。

(3)二级指标

指标1　数据监管部门

1.1　设立状况

新时代数据产业的发展,需要一个专业性较强、权威度较高的政府部门来进行监管。数据治理工作渗透于政府工作的多个方面,工作涉及内容广泛且具有较强专业性,宜专门设立监管部门负责完善数据立法、推进数据产业发展、优化数据资源治理等工作。数据监管部门的设立对地方数据产业发展和数据法治建设的顶层规划具有重要意义。

1.2　工作内容

数据监管部门的工作职责涉及范围较广,包括地方数据立法、统筹规划地方数据产业发展、参与扶植数据项目等。本指标针对地方数据监管部门实际开展相关工作的范围进行评分,旨在加大鼓励数据监管部门充分发挥作用,积极履行职责,推动地方产业发展和地方大数据法治建设。

1.3　工作实效

评判数据监管部门的工作,除了数量要素,还需要考量质量要素,即该部门开展数据治理相关工作的工作实效。具体体现于政府数据治理工作能力的提高、地方数据产业的蓬勃发展、相关产业园区的建立、数据企业的健康运营等方面。该指标的设定旨在评价数据监管部门相关工作对当地产业发展的实际促进作用,目的是以评促建设、以评促发展、以评促竞争,最终实现各地数据产业发展齐头并进。

指标2　政策法规

2.1　规范领域

政策法规所规范的领域,直接反映了当地政府对于数据产业发展和数据治理工作的重视程度,决定了该地数据治理和数据产业发展有无顶层设计和相关依据。因此,地方性法规和政策性文件所涉范围的广度、所涉领域的宽度、所涉行业的多样性等,都是对该地政策法规制定情况进行评估的重要依据。

2.2　文件质量

政策法规不仅需统筹全面还需切合当地的实际情况和发展需求,具有较高的指导作用和可执行性,这就要求我们在评价地方政策法规制定情况的时候,将文件的质量作为必要条件加以考量。高质量的政策法规应具备目标合理、切实可行等特点,兼具推进价值和推行的可行性,在统筹当地数据产业发展工作的同时,深化、细化各项工作要求,明确划分权责,使该项政策或法规切实起到对当地数据产业的规范和促进作用。此指标的设定,是为了杜绝部分地区数据监管部门不顾本地的特殊发展情况和需求,盲目模仿跟风出台政策法规的行为,提高各地相关政策法规的质量,促进各地方间吸取彼此的数据法治经验,补长取短,从而整体提高地方数据法治水平,为国家数据立法积累可供参考的经验。

指标3 数据项目

3.1 项目数量

开展、扶持数据项目是地方政府促进数据产业发展、推进数据相关技术和理论研究、培植新型数据企业的重要方式,是地方层面推进国家大数据战略的重要组成部分。数据项目的设立为创新经济发展方式、改善传统产业发展环境、引领创新潮流提供机会。此项目指标的设立旨在衡量各地方对数据技术创新、相关理论研究和数据产业推动的投入,鼓励各地针对本地传统产业的发展特点,积极开展数据应用领域的创新与发展,利用当地的优势资源,探寻地方数据治理的新路径,以创新和实务为数据产业的发展赋能。

3.2 项目类别

数据项目设计数据技术创新、数据规范流通、数据资源开发利用、数据法治研究等多个领域,各个领域的项目对于地方数据产业发展和数据法治构建均具有重要意义。如数据应用相关项目是对于数据资源的转化与利用的基本研究和探索,对于数据资源的动能转化具有实质性的推动作用。而数据法治研究项目,是规范数据技术、解决产业发展需求的必由之路。设置此指标旨在通过各地数据项目的数量、类别,了解该地在数据治理领域的关注点和着力点,鼓励地方政府全面推进技术迭代、理论研究和产业进化,以创新驱动发展、引领发展,从而实现本地数据治理工作的可持续发展。

3.3 项目成果

数据项目设立的最终目的,是在数据产业的发展和相关理论的研究进行深入探索并积累经验,故而,项目的最终成果是衡量该地数据项目“价值”的标准。理论研究类的项目成果可通过相关报告或决策的制定体现,技术开发类的项目成果则体现为专利的取得、数据可视化平台的构建等,而产业类的项目成果则可通过建立起的数据产业园区、扶持成立的产业公司等进行判定。此指标旨在从项目对该地区数据技术、理论、产业发展的实际促进效果进行评估,提倡地方数据监管部门注重项目质量,将项目经验和该经验推广、应用、转化的实际价值作为设立项目的最终目标。

指标 4　政府数据开放共享

4.1　法规政策

法规政策对政府数据开放共享起到方向引导与制度保障作用,是政府数据资源共享开放工程、大数据资源统筹发展工程、政府治理大数据工程、公共服务大数据工程等系列工程的重要保证,也是强化数据开放共享过程中的安全保障的前提。应促进政府数据在风险可控原则下最大限度开放,明确政府统筹利用市场主体大数据的权限及范围。法规政策指标旨在评估数据开放保护等方面制度的科学性,判断政府实现对数据资源采集、传输、存储、利用、开放的规范管理的能力。

4.2　组织机构

统筹协调的政府数据开放共享统筹协调机制,有利于推动形成职责明晰、协同推进的工作格局,加强大数据与物联网、智慧城市、云计算等相关政策、规划的协同。明确各部门在政府数据开放共享中的分工与职责,实现科学有序发展。该指标旨在评价政府推进数据共享共用水平和促进大数据产业健康安全发展良好格局的能力。

4.3　平台与数据

平台是政府开放共享数据和社会公众获取数据的载体。平台具有数据整合与获取、工具提供和互动反馈等作用。

数据是政府开放共享的内容,也是核心。评估数据数量、数据质量、数据标准、数据时效性、数据覆盖面等具体指标,揭示政府开放共享数据的可用性。平台与数据指标旨在评估政府数据开放共享数据的实质水平。

2. 大数据法治政府指数

表 10－1　贵阳市人民政府大数据法治指数

序号	一级指标	得分
指标 1	数据监管部门	10
指标 2	政策法规	7
指标 3	数据项目	8
指标 4	政府数据开放共享	9.5
平均分		8.625

表 10-2 贵州省人民政府大数据法治指数

序号	一级指标	得分
指标 1	数据监管部门	9.7
指标 2	政策法规	6
指标 3	数据项目	7
指标 4	政府数据开放共享	8.5
平均分		7.8

表 10-3 北京市人民政府大数据法治指数

序号	一级指标	得分
指标 1	数据监管部门	8.7
指标 2	政策法规	3
指标 3	数据项目	10
指标 4	政府数据开放共享	9
平均分		7.675

表 10-4 广东省人民政府大数据法治指数

序号	一级指标	得分
指标 1	数据监管部门	9
指标 2	政策法规	5
指标 3	数据项目	7
指标 4	政府数据开放共享	8.5
平均分		7.375

表 10-5 深圳市人民政府大数据法治指数

序号	一级指标	得分
指标 1	数据监管部门	10
指标 2	政策法规	2
指标 3	数据项目	8
指标 4	政府数据开放共享	8
平均分		7

表 10－6　上海市人民政府大数据法治指数

序号	一级指标	得分
指标 1	数据监管部门	8
指标 2	政策法规	5.5
指标 3	数据项目	4
指标 4	政府数据开放共享	9
平均分		6.625

表 10－7　山东省人民政府大数据法治指数

序号	一级指标	得分
指标 1	数据监管部门	8
指标 2	政策法规	3
指标 3	数据项目	7
指标 4	政府数据开放共享	8.5
平均分		6.625

表 10－8　福建省人民政府大数据法治指数

序号	一级指标	得分
指标 1	数据监管部门	6.5
指标 2	政策法规	4
指标 3	数据项目	5
指标 4	政府数据开放共享	10
平均分		6.375

表 10－9　江西省人民政府大数据法治指数

序号	一级指标	得分
指标 1	数据监管部门	7.3
指标 2	政策法规	3
指标 3	数据项目	7
指标 4	政府数据开放共享	8
平均分		6.325

表 10－10　海南省人民政府大数据法治指数

序号	一级指标	得分
指标 1	数据监管部门	7.2
指标 2	政策法规	4.5
指标 3	数据项目	5
指标 4	政府数据开放共享	8.5
平均分		6.3

表 10－11　南通市人民政府大数据法治指数

序号	一级指标	得分
指标 1	数据监管部门	8
指标 2	政策法规	0
指标 3	数据项目	9
指标 4	政府数据开放共享	8
平均分		6.25

表 10－12　重庆市人民政府大数据法治指数

序号	一级指标	得分
指标 1	数据监管部门	9
指标 2	政策法规	5
指标 3	数据项目	8
指标 4	政府数据开放共享	3
平均分		6.25

表 10－13　广州市人民政府大数据法治指数

序号	一级指标	得分
指标 1	数据监管部门	8.8
指标 2	政策法规	1.5
指标 3	数据项目	6
指标 4	政府数据开放共享	8.5
平均分		6.2

表10-14 浙江省人民政府大数据法治指数

序号	一级指标	得分
指标1	数据监管部门	8.7
指标2	政策法规	3
指标3	数据项目	4
指标4	政府数据开放共享	9
平均分		6.175

表10-15 济南市人民政府大数据法治指数

序号	一级指标	得分
指标1	数据监管部门	10
指标2	政策法规	1.5
指标3	数据项目	5
指标4	政府数据开放共享	8
平均分		6.125

表10-16 武汉市人民政府大数据法治指数

序号	一级指标	得分
指标1	数据监管部门	9.2
指标2	政策法规	1
指标3	数据项目	5
指标4	政府数据开放共享	8.5
平均分		5.925

表10-17 成都市人民政府大数据法治指数

序号	一级指标	得分
指标1	数据监管部门	6.7
指标2	政策法规	1.5
指标3	数据项目	7
指标4	政府数据开放共享	8.5
平均分		5.925

表 10－18　南京市人民政府大数据法治指数

序号	一级指标	得分
指标 1	数据监管部门	9.3
指标 2	政策法规	1
指标 3	数据项目	5
指标 4	政府数据开放共享	8
平均分		5.825

表 10－19　广西壮族自治区人民政府大数据法治指数

序号	一级指标	得分
指标 1	数据监管部门	9.7
指标 2	政策法规	1.5
指标 3	数据项目	8
指标 4	政府数据开放共享	3.5
平均分		5.675

表 10－20　宁波市人民政府大数据法治指数

序号	一级指标	得分
指标 1	数据监管部门	8.7
指标 2	政策法规	0.5
指标 3	数据项目	5
指标 4	政府数据开放共享	8
平均分		5.55

表 10－21　珠海市人民政府大数据法治指数

序号	一级指标	得分
指标 1	数据监管部门	9.2
指标 2	政策法规	0.5
指标 3	数据项目	4
指标 4	政府数据开放共享	8
平均分		5.425

表 10－22 银川市人民政府大数据法治指数

序号	一级指标	得分
指标 1	数据监管部门	7.7
指标 2	政策法规	2
指标 3	数据项目	4
指标 4	政府数据开放共享	8
平均分		5.425

表 10－23 潍坊市人民政府大数据法治指数

序号	一级指标	得分
指标 1	数据监管部门	9.2
指标 2	政策法规	0
指标 3	数据项目	4
指标 4	政府数据开放共享	8
平均分		5.3

表 10－24 天津市人民政府大数据法治指数

序号	一级指标	得分
指标 1	数据监管部门	6.8
指标 2	政策法规	2
指标 3	数据项目	7
指标 4	政府数据开放共享	5
平均分		5.2

表 10－25 合肥市人民政府大数据法治指数

序号	一级指标	得分
指标 1	数据监管部门	8
指标 2	政策法规	2.5
指标 3	数据项目	7
指标 4	政府数据开放共享	3
平均分		5.125

表 10－26　长沙市人民政府大数据法治指数

序号	一级指标	得分
指标 1	数据监管部门	7.8
指标 2	政策法规	0.5
指标 3	数据项目	4
指标 4	政府数据开放共享	8
平均分		5.075

表 10－27　青岛市人民政府大数据法治指数

序号	一级指标	得分
指标 1	数据监管部门	10
指标 2	政策法规	1
指标 3	数据项目	4
指标 4	政府数据开放共享	5
平均分		5

表 10－28　佛山市人民政府大数据法治指数

序号	一级指标	得分
指标 1	数据监管部门	9.2
指标 2	政策法规	0.5
指标 3	数据项目	5
指标 4	政府数据开放共享	5
平均分		4.925

表 10－29　内蒙古自治区人民政府大数据法治指数

序号	一级指标	得分
指标 1	数据监管部门	7.5
指标 2	政策法规	3
指标 3	数据项目	6
指标 4	政府数据开放共享	3
平均分		4.875

表 10－30 徐州市人民政府大数据法治指数

序号	一级指标	得分
指标 1	数据监管部门	7.5
指标 2	政策法规	0
指标 3	数据项目	4
指标 4	政府数据开放共享	8
平均分		4.875

表 10－31 河南省人民政府大数据法治指数

序号	一级指标	得分
指标 1	数据监管部门	0
指标 2	政策法规	3
指标 3	数据项目	8
指标 4	政府数据开放共享	8
平均分		4.75

表 10－32 四川省人民政府大数据法治指数

序号	一级指标	得分
指标 1	数据监管部门	7.5
指标 2	政策法规	2
指标 3	数据项目	6
指标 4	政府数据开放共享	3.5
平均分		4.75

表 10－33 常州市人民政府大数据法治指数

序号	一级指标	得分
指标 1	数据监管部门	6.7
指标 2	政策法规	0
指标 3	数据项目	4
指标 4	政府数据开放共享	8
平均分		4.675

表 10－34　安徽省人民政府大数据法治指数

序号	一级指标	得分
指标 1	数据监管部门	5.7
指标 2	政策法规	5
指标 3	数据项目	5
指标 4	政府数据开放共享	3
平均分		4.675

表 10－35　汕头市人民政府大数据法治指数

序号	一级指标	得分
指标 1	数据监管部门	9.2
指标 2	政策法规	0.5
指标 3	数据项目	4
指标 4	政府数据开放共享	5
平均分		4.675

表 10－36　南宁市人民政府大数据法治指数

序号	一级指标	得分
指标 1	数据监管部门	9.2
指标 2	政策法规	0.5
指标 3	数据项目	4
指标 4	政府数据开放共享	5
平均分		4.675

表 10－37　无锡市人民政府大数据法治指数

序号	一级指标	得分
指标 1	数据监管部门	9
指标 2	政策法规	0.5
指标 3	数据项目	4
指标 4	政府数据开放共享	5
平均分		4.625

表 10－38　福州市人民政府大数据法治指数

序号	一级指标	得分
指标 1	数据监管部门	0
指标 2	政策法规	4.5
指标 3	数据项目	4
指标 4	政府数据开放共享	10
平均分		4.625

表 10－39　临沂市人民政府大数据法治指数

序号	一级指标	得分
指标 1	数据监管部门	9.3
指标 2	政策法规	0
指标 3	数据项目	4
指标 4	政府数据开放共享	5
平均分		4.575

表 10－40　郑州市人民政府大数据法治指数

序号	一级指标	得分
指标 1	数据监管部门	9.2
指标 2	政策法规	1
指标 3	数据项目	5
指标 4	政府数据开放共享	3
平均分		4.55

表 10－41　江门市人民政府大数据法治指数

序号	一级指标	得分
指标 1	数据监管部门	9.2
指标 2	政策法规	0
指标 3	数据项目	4
指标 4	政府数据开放共享	5
平均分		4.55

表 10－42　中卫市人民政府大数据法治指数

序号	一级指标	得分
指标 1	数据监管部门	9.2
指标 2	政策法规	0
指标 3	数据项目	4
指标 4	政府数据开放共享	5
平均分		4.55

表 10－43　吉林省人民政府大数据法治指数

序号	一级指标	得分
指标 1	数据监管部门	7.5
指标 2	政策法规	1.5
指标 3	数据项目	6
指标 4	政府数据开放共享	3
平均分		4.5

表 10－44　德州市人民政府大数据法治指数

序号	一级指标	得分
指标 1	数据监管部门	8.8
指标 2	政策法规	0
指标 3	数据项目	4
指标 4	政府数据开放共享	5
平均分		4.45

表 10－45　雅安市人民政府大数据法治指数

序号	一级指标	得分
指标 1	数据监管部门	8.5
指标 2	政策法规	5
指标 3	数据项目	4
指标 4	政府数据开放共享	5
平均分		4.375

表10－46 杭州市人民政府大数据法治指数

序号	一级指标	得分
指标1	数据监管部门	9.3
指标2	政策法规	1
指标3	数据项目	4
指标4	政府数据开放共享	3
平均分		4.325

表10－47 遂宁市人民政府大数据法治指数

序号	一级指标	得分
指标1	数据监管部门	7.2
指标2	政策法规	0
指标3	数据项目	5
指标4	政府数据开放共享	5
平均分		4.3

表10－48 沈阳市人民政府大数据法治指数

序号	一级指标	得分
指标1	数据监管部门	8.5
指标2	政策法规	1.5
指标3	数据项目	4
指标4	政府数据开放共享	3
平均分		4.25

表10－49 聊城市人民政府大数据法治指数

序号	一级指标	得分
指标1	数据监管部门	8
指标2	政策法规	0
指标3	数据项目	4
指标4	政府数据开放共享	5
平均分		4.25

表 10－50　陕西省人民政府大数据法治指数

序号	一级指标	得分
指标 1	数据监管部门	0
指标 2	政策法规	1.5
指标 3	数据项目	6
指标 4	政府数据开放共享	9.5
平均分		4.25

表 10－51　日照市人民政府大数据法治指数

序号	一级指标	得分
指标 1	数据监管部门	7.3
指标 2	政策法规	0.5
指标 3	数据项目	4
指标 4	政府数据开放共享	5
平均分		4.2

表 10－52　黔西南布依族苗族自治州人民政府大数据法治指数

序号	一级指标	得分
指标 1	数据监管部门	7.8
指标 2	政策法规	0
指标 3	数据项目	4
指标 4	政府数据开放共享	5
平均分		4.2

表 10－53　西安市人民政府大数据法治指数

序号	一级指标	得分
指标 1	数据监管部门	7.2
指标 2	政策法规	1
指标 3	数据项目	5
指标 4	政府数据开放共享	3
平均分		4.05

表 10－54　哈尔滨市人民政府大数据法治指数

序号	一级指标	得分
指标 1	数据监管部门	6.5
指标 2	政策法规	0.5
指标 3	数据项目	4
指标 4	政府数据开放共享	5
平均分		4

表 10－55　南昌市人民政府大数据法治指数

序号	一级指标	得分
指标 1	数据监管部门	6.8
指标 2	政策法规	0.5
指标 3	数据项目	5
指标 4	政府数据开放共享	3.5
平均分		3.95

表 10－56　兰州市人民政府大数据法治指数

序号	一级指标	得分
指标 1	数据监管部门	7.2
指标 2	政策法规	1.5
指标 3	数据项目	4
指标 4	政府数据开放共享	3
平均分		3.925

表 10－57　宁夏回族自治区人民政府大数据法治指数

序号	一级指标	得分
指标 1	数据监管部门	0
指标 2	政策法规	2
指标 3	数据项目	5
指标 4	政府数据开放共享	8.5
平均分		3.875

表 10－58　许昌市人民政府大数据法治指数

序号	一级指标	得分
指标 1	数据监管部门	8.3
指标 2	政策法规	0
指标 3	数据项目	4
指标 4	政府数据开放共享	3
平均分		3.825

表 10－59　苏州市人民政府大数据法治指数

序号	一级指标	得分
指标 1	数据监管部门	0
指标 2	政策法规	1.5
指标 3	数据项目	5
指标 4	政府数据开放共享	8
平均分		3.625

表 10－60　淮北市人民政府大数据法治指数

序号	一级指标	得分
指标 1	数据监管部门	7.3
指标 2	政策法规	0
指标 3	数据项目	4
指标 4	政府数据开放共享	3
平均分		3.575

表 10－61　丽水市人民政府大数据法治指数

序号	一级指标	得分
指标 1	数据监管部门	6
指标 2	政策法规	0
指标 3	数据项目	5
指标 4	政府数据开放共享	3
平均分		3.5

表 10-62 厦门市人民政府大数据法治指数

序号	一级指标	得分
指标 1	数据监管部门	0
指标 2	政策法规	7.5
指标 3	数据项目	4
指标 4	政府数据开放共享	2.5
平均分		3.5

表 10-63 黑龙江省人民政府大数据法治指数

序号	一级指标	得分
指标 1	数据监管部门	5.3
指标 2	政策法规	0.5
指标 3	数据项目	5
指标 4	政府数据开放共享	3
平均分		3.45

表 10-64 柳州市人民政府大数据法治指数

序号	一级指标	得分
指标 1	数据监管部门	9.2
指标 2	政策法规	0.5
指标 3	数据项目	4
指标 4	政府数据开放共享	0
平均分		3.425

表 10-65 昆明市人民政府大数据法治指数

序号	一级指标	得分
指标 1	数据监管部门	4.2
指标 2	政策法规	0.5
指标 3	数据项目	4
指标 4	政府数据开放共享	3
平均分		3.425

表 10－66 湖北省人民政府大数据法治指数

序号	一级指标	得分
指标 1	数据监管部门	0
指标 2	政策法规	2.5
指标 3	数据项目	8
指标 4	政府数据开放共享	3
平均分		3.375

表 10－67 鹤壁市人民政府大数据法治指数

序号	一级指标	得分
指标 1	数据监管部门	9.2
指标 2	政策法规	0
指标 3	数据项目	4
指标 4	政府数据开放共享	0
平均分		3.3

表 10－68 德阳市人民政府大数据法治指数

序号	一级指标	得分
指标 1	数据监管部门	9.2
指标 2	政策法规	0
指标 3	数据项目	4
指标 4	政府数据开放共享	0
平均分		3.3

表 10－69 阳泉市人民政府大数据法治指数

序号	一级指标	得分
指标 1	数据监管部门	8.5
指标 2	政策法规	0.5
指标 3	数据项目	4
指标 4	政府数据开放共享	0
平均分		3.25

表 10－70 泰州市人民政府大数据法治指数

序号	一级指标	得分
指标 1	数据监管部门	0
指标 2	政策法规	0.5
指标 3	数据项目	4
指标 4	政府数据开放共享	8.5
平均分		3.25

表 10－71 黔南布依族苗族自治州人民政府大数据法治指数

序号	一级指标	得分
指标 1	数据监管部门	0
指标 2	政策法规	0.5
指标 3	数据项目	4
指标 4	政府数据开放共享	8.5
平均分		3.25

表 10－72 吕梁市人民政府大数据法治指数

序号	一级指标	得分
指标 1	数据监管部门	7.8
指标 2	政策法规	1
指标 3	数据项目	4
指标 4	政府数据开放共享	0
平均分		3.2

表 10－73 洛阳市人民政府大数据法治指数

序号	一级指标	得分
指标 1	数据监管部门	7.8
指标 2	政策法规	1
指标 3	数据项目	4
指标 4	政府数据开放共享	0
平均分		3.2

表 10-74 淮南市人民政府大数据法治指数

序号	一级指标	得分
指标 1	数据监管部门	8.2
指标 2	政策法规	0.5
指标 3	数据项目	4
指标 4	政府数据开放共享	0
平均分		3.175

表 10-75 扬州市人民政府大数据法治指数

序号	一级指标	得分
指标 1	数据监管部门	0
指标 2	政策法规	0.5
指标 3	数据项目	4
指标 4	政府数据开放共享	8
平均分		3.125

表 10-76 湖南省人民政府大数据法治指数

序号	一级指标	得分
指标 1	数据监管部门	0
指标 2	政策法规	1.5
指标 3	数据项目	8
指标 4	政府数据开放共享	3
平均分		3.125

表 10-77 三门峡市人民政府大数据法治指数

序号	一级指标	得分
指标 1	数据监管部门	8.3
指标 2	政策法规	0
指标 3	数据项目	4
指标 4	政府数据开放共享	0
平均分		3.075

表 10－78　驻马店市人民政府大数据法治指数

序号	一级指标	得分
指标 1	数据监管部门	8.3
指标 2	政策法规	0
指标 3	数据项目	4
指标 4	政府数据开放共享	0
平均分		3.075

表 10－79　滁州市人民政府大数据法治指数

序号	一级指标	得分
指标 1	数据监管部门	8.2
指标 2	政策法规	0
指标 3	数据项目	4
指标 4	政府数据开放共享	0
平均分		3.05

表 10－80　黄石市人民政府大数据法治指数

序号	一级指标	得分
指标 1	数据监管部门	7.5
指标 2	政策法规	0.5
指标 3	数据项目	4
指标 4	政府数据开放共享	0
平均分		3

表 10－81　新疆维吾尔自治区人民政府大数据法治指数

序号	一级指标	得分
指标 1	数据监管部门	0
指标 2	政策法规	1
指标 3	数据项目	6
指标 4	政府数据开放共享	5
平均分		3

表 10－82　濮阳市人民政府大数据法治指数

序号	一级指标	得分
指标 1	数据监管部门	7.8
指标 2	政策法规	0
指标 3	数据项目	4
指标 4	政府数据开放共享	0
平均分		2.95

表 10－83　咸阳市人民政府大数据法治指数

序号	一级指标	得分
指标 1	数据监管部门	7.8
指标 2	政策法规	0
指标 3	数据项目	4
指标 4	政府数据开放共享	0
平均分		2.95

表 10－84　酒泉市人民政府大数据法治指数

序号	一级指标	得分
指标 1	数据监管部门	7.3
指标 2	政策法规	0.5
指标 3	数据项目	4
指标 4	政府数据开放共享	0
平均分		2.95

表 10－85　河北省人民政府大数据法治指数

序号	一级指标	得分
指标 1	数据监管部门	0
指标 2	政策法规	3
指标 3	数据项目	5
指标 4	政府数据开放共享	3.5
平均分		2.875

表 10－86　山西省人民政府大数据法治指数

序号	一级指标	得分
指标 1	数据监管部门	0
指标 2	政策法规	3.5
指标 3	数据项目	5
指标 4	政府数据开放共享	3
平均分		2.875

表 10－87　辽宁省人民政府大数据法治指数

序号	一级指标	得分
指标 1	数据监管部门	0
指标 2	政策法规	1.5
指标 3	数据项目	7
指标 4	政府数据开放共享	3
平均分		2.875

表 10－88　芜湖市人民政府大数据法治指数

序号	一级指标	得分
指标 1	数据监管部门	7.5
指标 2	政策法规	0
指标 3	数据项目	4
指标 4	政府数据开放共享	0
平均分		2.875

表 10－89　新乡市人民政府大数据法治指数

序号	一级指标	得分
指标 1	数据监管部门	7.5
指标 2	政策法规	0
指标 3	数据项目	4
指标 4	政府数据开放共享	0
平均分		2.875

表 10－90　孝感市人民政府大数据法治指数

序号	一级指标	得分
指标 1	数据监管部门	7.5
指标 2	政策法规	0
指标 3	数据项目	4
指标 4	政府数据开放共享	0
平均分		2.875

表 10－91　云南省人民政府大数据法治指数

序号	一级指标	得分
指标 1	数据监管部门	0
指标 2	政策法规	1.5
指标 3	数据项目	7
指标 4	政府数据开放共享	3
平均分		2.875

表 10－92　保山市人民政府大数据法治指数

序号	一级指标	得分
指标 1	数据监管部门	6.8
指标 2	政策法规	0.5
指标 3	数据项目	4
指标 4	政府数据开放共享	0
平均分		2.825

表 10－93　甘肃省人民政府大数据法治指数

序号	一级指标	得分
指标 1	数据监管部门	0
指标 2	政策法规	3
指标 3	数据项目	5
指标 4	政府数据开放共享	3
平均分		2.75

表 10－94　上饶市人民政府大数据法治指数

序号	一级指标	得分
指标 1	数据监管部门	6.8
指标 2	政策法规	0
指标 3	数据项目	4
指标 4	政府数据开放共享	0
平均分		2.7

表 10－95　百色市人民政府大数据法治指数

序号	一级指标	得分
指标 1	数据监管部门	6.7
指标 2	政策法规	0
指标 3	数据项目	4
指标 4	政府数据开放共享	0
平均分		2.675

表 10－96　湖州市人民政府大数据法治指数

序号	一级指标	得分
指标 1	数据监管部门	0
指标 2	政策法规	1
指标 3	数据项目	4
指标 4	政府数据开放共享	5
平均分		2.5

表 10－97　铜仁市人民政府大数据法治指数

序号	一级指标	得分
指标 1	数据监管部门	0
指标 2	政策法规	1
指标 3	数据项目	4
指标 4	政府数据开放共享	5
平均分		2.5

表 10－98 青海省人民政府大数据法治指数

序号	一级指标	得分
指标 1	数据监管部门	0
指标 2	政策法规	2
指标 3	数据项目	5
指标 4	政府数据开放共享	3
平均分		2.5

表 10－99 滨州市人民政府大数据法治指数

序号	一级指标	得分
指标 1	数据监管部门	0
指标 2	政策法规	0.5
指标 3	数据项目	4
指标 4	政府数据开放共享	5
平均分		2.375

表 10－100 威海市人民政府大数据法治指数

序号	一级指标	得分
指标 1	数据监管部门	0
指标 2	政策法规	0.5
指标 3	数据项目	4
指标 4	政府数据开放共享	5
平均分		2.375

表 10－101 菏泽市人民政府大数据法治指数

序号	一级指标	得分
指标 1	数据监管部门	0
指标 2	政策法规	0.5
指标 3	数据项目	4
指标 4	政府数据开放共享	5
平均分		2.375

表 10－102 中山市人民政府大数据法治指数

序号	一级指标	得分
指标 1	数据监管部门	0
指标 2	政策法规	0.5
指标 3	数据项目	4
指标 4	政府数据开放共享	5
平均分		2.375

表 10－103 毕节市人民政府大数据法治指数

序号	一级指标	得分
指标 1	数据监管部门	0
指标 2	政策法规	0.5
指标 3	数据项目	4
指标 4	政府数据开放共享	5
平均分		2.375

表 10－104 江苏省人民政府大数据法治指数

序号	一级指标	得分
指标 1	数据监管部门	0
指标 2	政策法规	2
指标 3	数据项目	4
指标 4	政府数据开放共享	3
平均分		2.25

表 10－105 台州市人民政府大数据法治指数

序号	一级指标	得分
指标 1	数据监管部门	0
指标 2	政策法规	1
指标 3	数据项目	4
指标 4	政府数据开放共享	3.5
平均分		2.125

表 10－106　西宁市人民政府大数据法治指数

序号	一级指标	得分
指标 1	数据监管部门	3.5
指标 2	政策法规	0
指标 3	数据项目	4
指标 4	政府数据开放共享	0
平均分		2

表 10－107　大连市人民政府大数据法治指数

序号	一级指标	得分
指标 1	数据监管部门	0
指标 2	政策法规	0.5
指标 3	数据项目	4
指标 4	政府数据开放共享	3
平均分		1.875

表 10－108　盘锦市人民政府大数据法治指数

序号	一级指标	得分
指标 1	数据监管部门	0
指标 2	政策法规	0.5
指标 3	数据项目	4
指标 4	政府数据开放共享	3
平均分		1.875

表 10－109　南平市人民政府大数据法治指数

序号	一级指标	得分
指标 1	数据监管部门	0
指标 2	政策法规	0.5
指标 3	数据项目	4
指标 4	政府数据开放共享	3
平均分		1.875

表 10－110　石家庄市人民政府大数据法治指数

序号	一级指标	得分
指标 1	数据监管部门	0
指标 2	政策法规	1.5
指标 3	数据项目	4
指标 4	政府数据开放共享	0
平均分		1.375

表 10－111　赣州市人民政府大数据法治指数

序号	一级指标	得分
指标 1	数据监管部门	0
指标 2	政策法规	0.5
指标 3	数据项目	5
指标 4	政府数据开放共享	0
平均分		1.375

表 10－112　张家口市人民政府大数据法治指数

序号	一级指标	得分
指标 1	数据监管部门	0
指标 2	政策法规	1
指标 3	数据项目	4
指标 4	政府数据开放共享	0
平均分		1.25

表 10－113　廊坊市人民政府大数据法治指数

序号	一级指标	得分
指标 1	数据监管部门	0
指标 2	政策法规	0.5
指标 3	数据项目	4
指标 4	政府数据开放共享	0
平均分		1.125

表 10－114　晋城市人民政府大数据法治指数

序号	一级指标	得分
指标 1	数据监管部门	0
指标 2	政策法规	0.5
指标 3	数据项目	4
指标 4	政府数据开放共享	0
平均分		1.125

表 10－115　呼和浩特市人民政府大数据法治指数

序号	一级指标	得分
指标 1	数据监管部门	0
指标 2	政策法规	0.5
指标 3	数据项目	4
指标 4	政府数据开放共享	0
平均分		1.125

表 10－116　齐齐哈尔市人民政府大数据法治指数

序号	一级指标	得分
指标 1	数据监管部门	0
指标 2	政策法规	0.5
指标 3	数据项目	4
指标 4	政府数据开放共享	0
平均分		1.125

表 10－117　镇江市人民政府大数据法治指数

序号	一级指标	得分
指标 1	数据监管部门	0
指标 2	政策法规	0.5
指标 3	数据项目	4
指标 4	政府数据开放共享	0
平均分		1.125

表 10－118　铜陵市人民政府大数据法治指数

序号	一级指标	得分
指标 1	数据监管部门	0
指标 2	政策法规	0.5
指标 3	数据项目	4
指标 4	政府数据开放共享	0
平均分		1.125

表 10－119　来宾市人民政府大数据法治指数

序号	一级指标	得分
指标 1	数据监管部门	0
指标 2	政策法规	0.5
指标 3	数据项目	4
指标 4	政府数据开放共享	0
平均分		1.125

表 10－120　钦州市人民政府大数据法治指数

序号	一级指标	得分
指标 1	数据监管部门	0
指标 2	政策法规	0.5
指标 3	数据项目	4
指标 4	政府数据开放共享	0
平均分		1.125

表 10－121　曲靖市人民政府大数据法治指数

序号	一级指标	得分
指标 1	数据监管部门	0
指标 2	政策法规	0.5
指标 3	数据项目	4
指标 4	政府数据开放共享	0
平均分		1.125

表 10－122 西藏自治区人民政府大数据法治指数

序号	一级指标	得分
指标 1	数据监管部门	0
指标 2	政策法规	0.5
指标 3	数据项目	4
指标 4	政府数据开放共享	0
平均分		1.125

表 10－123 海北藏族自治州人民政府大数据法治指数

序号	一级指标	得分
指标 1	数据监管部门	0
指标 2	政策法规	0.5
指标 3	数据项目	4
指标 4	政府数据开放共享	0
平均分		1.125

(二)大数据交易中心规范化指数报告

数字经济时代大数据的商业价值凸显,数据产品存在广阔的市场需求。各类数据交易中心是实现数据交易的重要通道,各大中心建设的交易平台共同构成了我国大数据交易市场。目前,大数据交易中心对自身的定位不统一,采取不同方式管理数据交易,导致数据市场发展呈现非规范化特征。大数据交易高度专业化和技术化,制定和设计数据产品的出售方先天拥有信息优势,数据买受方的信息判断能力被弱化,这事实上强化交易双方的不平等地位。数据标准和数据定价不统一、交易中心管理能力存在差异等因素可能导致数据市场不公平竞争,引发大量侵权事件,最终损害数据交易发展。因此,规范数据交易市场必然要求大数据交易中心向规范化方向发展,进而要求对大数据交易中心规范化水平进行测试并检测大数据交易中心的规范化程度。

本部分根据各大数据交易中心对交易主体、交易客体、交易行为以及交易平台的管理情况设置指标对其规范化水平进行评价,通过规范化水平评价各大数据交易中心的管理情况。本次评分的目标是鼓励管理水平较低的大数据交易中心完善管理措施,促进大数据交易中心健康发展和中国大数据交易市场规范化,维护数据交易市场秩序,保护交易主体合法权益。

1. 指标设置

(1)指标体系

指标1　数据管理

1.1　敏感数据保护

1.2　数据产品类别

1.3　数据产品定价

指标2　用户管理

2.1　资格审查

2.2　行为管理

指标3　交易管理

3.1　交易规则

3.2　交易方式

3.3　争议解决

指标4　平台管理

4.1　平台建设

4.2　平台维护

4.3　应急预案

(2)指数一级指标

指标1　数据管理

数据交易能形成市场是因为数据产品本身具有商业价值,数据产品能指导个人的生活和工作,指导企业进行生产经营决策,指导政府进行社会管理和服务。同时,具有商业价值的数据源于个人、企业、政府等社会主体,隐秘数据被做成产品进入流通领域会严重损害这些主体的权利。另外,适合交换的数据产品能否以公平合理的价格在市场中交换影响交易主体的权利保护和数据市场的基本秩序。因此,大数据交易中心是否采取合理措施管理数据产品是评价一个大数据交易中心是否规范的重要因素。

指标2　用户管理

数据的供给方和需求方是大数据交易的重要主体,交易双方通过大数据交易中心的平台进行身份认证并从事数据交易。大数据交易中心是沟通二者的重要桥梁,一边招募数据供给方,另一边扩展需求方市场。数据交易频繁需要有效的用户管理来避免交易摩擦、提高交易效率、保障交易安全。因此,是否采取有效的用户管理方式是评价大数据交易中心规范化的重要因素。

指标3　交易管理

交易管理是指大数据交易中心对交易双方交易行为的管理。规范化的交易管理可以增强交易过程的公开度,可以增强交易对方行为的可预见性;同时,规范的交易流程可以减少成交的障碍,提高交易效率。因此,大数据交易中心是否采取合理措施管理交易过程是评价其规范化程度的重要方面。

指标4　平台管理

大数据交易平台建设通过建设线上交易平台公布交易价格、交易品种以及交易规则等相关市场信息。卖方通过线上平台展示数据产品,买方则通过平台挑选数据产品,因此线上平台是实现数据交易的重要通道。规范的平台给用户提供全面的交易信息,使大数据交易便利化。因此,平台建设和管理是否规范是评价大数据交易中心规范化程度的重要指标。

(3)指数二级指标

指标1　数据管理

1.1　敏感数据保护

个人、企业、政府等社会主体是数据的原始生产者,这些主体的权利保护是大数据产品交易需要考虑的重要方面。对数据产品进行清洗和脱敏处理是大数据产品安全交易的前提,因此大数据交易中心是否采取合理措施防止敏感数据进入交易市场是判断其数据服务和管理是否规范的重要考量因素。

1.2　数据产品类别

数据产品类别包括两个方面:数据产品的覆盖范围和数据产品的分类方式。数据产品种类是否丰富、覆盖范围是否全面影响大数据商业价值开发的广度;数据产品分类是否合理影响数据产品对买方的效用价值,分类越细则数据产品的针对性越强,则其商业价值开发越深。因此,数据产品类别应该作为评价大数据交易中心规范程度的重要因素。数据产品的覆盖范围是一个相对的概念,对于提供综合性数据产品的大数据交易中心而言数据产品丰富是指数据产品分类合理且全面覆盖社会行业和领域,对于专门提供某一特定行业数据产品的大数据交易中心而言其提供的数据产品则需要覆盖该领域的相关信息。

1.3　数据产品定价

影响数据交易的另一个重要因素就是数据产品定价。数据产品的定价不仅考虑采集和分析数据所投入的成本,更重要的是数据需求方对该数据产品预估的潜在价值。需求方对数据产品的潜在价值越乐观越愿意出高价购买,反之,成本高昂的数据产品也可能没有市场。因为很难对数据产品进行价值评估,数据交易过程中欺诈和不公平交易的概率增大。合理的定价方式直接影响交易主体的权益保护,因此是否具有规范的定价方法是评价大数据交易中心规范程度的重要方面。

指标2 用户管理

2.1 资格审查

资格审查包括数据提供方的资格审查和数据需求方的资格审查,供给方承担风险的能力、组织机构等因素直接影响数据产品的质量以及侵犯他人权利时承担损害赔偿责任的能力,需求方的权利能力和行为能力影响交易行为的有效性以及责任承担。因此,大数据交易中心如何设定用户资格标准以及是否采用合理方式进行资格审查关系大数据交易安全。

2.2 行为管理

指标3 交易管理

3.1 交易规则

交易规则是大数据交易参与者的行为准则,其为数据提供方、数据需求方以及大数据交易中心制定合理的行为方式。规则本身是一种行为规范,交易规则的数量和质量体现大数据交易中心的规范化程度。

3.2 交易方式

交易方式是大数据交易中心对数据交易进行管理的重要方式,设计合理的交易方式可以节约交易时间,也便于交易中心对交易过程进行监督。因此,是否提供规范的交易方式是评价大数据交易中心规范程度的重要指标。

3.3 争议解决

大数据交易尚处于发展阶段,及时解决争议有利于维护交易稳定、减少诉讼争议,助力大数据交易稳定发展。大数据交易过程中涉及三方主体,数据提供方、数据购买方以及大数据交易中心,争议解决包括买卖双方之间的争议解决以及买卖双方与平台之间的争议解决。

指标4 平台管理

4.1 平台建设

线上平台是大数据交易的重要场所,大数据交易中心应当规范平台建设,为用户提供全面的、有效的,可获得的市场信息。完善的平台可以提升用户体验感,增强大数据交易操作的便捷性。因此,大数据交易中心健全平台建设和管理可以促进大数据交易发展,因此平台建设应当作为评价大数据交易中心规范程度的重要指标。

4.2 平台维护

平台维护涉及数据交易平台的安全、稳定以及信息的时效性。安全稳定且能为用户提供及时信息服务的平台能增强用户的信任感,为大数据交易中心创造良好的运营环境并开拓更广阔的用户市场。因此,是否采取规范的方式进行平台维护是重要的评价指标。

4.3 应急预案

交易平台面临物理破坏和技术入侵两方面的风险。物理破坏是指支持大数据交易的电脑设备等物理基础等遭到人为破坏或者由于自然灾害遭受损害,从而威胁大数据正常交易。技术入侵是指支持大数据交易的交易系统和程序等技术基础遭受攻击,交易平台是数据交易的虚拟市场,技术化提高了交易的便利性和效率性,但同时也增加了潜在的技术风险。因此,大数据交易中心是否设置必要的应急处置措施应对物理和技术方面的攻击来维持大数据交易的安全性是评价其规范化程度的重要因素。

2. 大数据交易中心规范化综合评价指数报告

本次评价以大数据交易中心建设的线上交易平台所公布的信息为基础,设置4项一级指标,每项一级指标均为10分,最后得分为4项指标的平均分。尚未建立线上交易平台的和网站不稳定无法获取有效信息的大数据交易中心未被纳入本次评价范围之内。

表10-124 贵阳大数据交易所有限公司(贵阳大数据交易所)大数据规范化指数

序号	一级指标	得分
指标1	数据管理	9.3333
指标2	用户管理	10
指标3	交易管理	9.3333
指标4	平台管理	6
平均分		8.6667

表 10－125　上海数据交易中心有限公司(上海大数据交易中心)大数据规范化指数

序号	一级指标	得分
指标 1	数据管理	10
指标 2	用户管理	9
指标 3	交易管理	7.3333
指标 4	平台管理	8
平均分		8.5833

表 10－126　北京京东叁佰陆拾度电子商务有限公司(京东万象)大数据规范化指数

序号	一级指标	得分
指标 1	数据管理	6.6667
指标 2	用户管理	9
指标 3	交易管理	8
指标 4	平台管理	6.6667
平均分		7.5833

表 10－127　深圳南方大数据交易有限公司(南方大数据交易中心)大数据规范化指数

序号	一级指标	得分
指标 1	数据管理	6
指标 2	用户管理	8
指标 3	交易管理	8
指标 4	平台管理	5.3333
平均分		6.8333

表 10－128 贵州数据宝网络科技有限公司(数据宝)大数据规范化指数

序号	一级指标	得分
指标 1	数据管理	4.6667
指标 2	用户管理	10
指标 3	交易管理	6.6667
指标 4	平台管理	5.3333
平均分		6.6667

表 10－129 阿里云计算有限公司(阿里云数据市场)大数据规范化指数

序号	一级指标	得分
指标 1	数据管理	6.6667
指标 2	用户管理	10
指标 3	交易管理	3.3333
指标 4	平台管理	6
平均分		6.5

表 10－130 北京中数融合数据服务有限公司(数据星河 BDG Store)大数据规范化指数

序号	一级指标	得分
指标 1	数据管理	6
指标 2	用户管理	7
指标 3	交易管理	7.3333
指标 4	平台管理	5.3333
平均分		6.4167

表 10-131 华东江苏大数据交易中心股份有限公司(华东江苏大数据交易平台)大数据规范化指数

序号	一级指标	得分
指标 1	数据管理	6.6667
指标 2	用户管理	7
指标 3	交易管理	6.6667
指标 4	平台管理	4.6667
平均分		6.25

表 10-132 浪潮卓数大数据产业发展有限公司(天元数据)大数据规范化指数

序号	一级指标	得分
指标 1	数据管理	5.3333
指标 2	用户管理	7
指标 3	交易管理	6
指标 4	平台管理	6.6667
平均分		6.25

表 10-133 上海连源信息科技有限公司(发源地)大数据规范化指数

序号	一级指标	得分
指标 1	数据管理	5.3333
指标 2	用户管理	6
指标 3	交易管理	7.3333
指标 4	平台管理	6
平均分		6.1667

表 10-134 国信优易数据有限公司(优易数据)大数据规范化指数

序号	一级指标	得分
指标 1	数据管理	8
指标 2	用户管理	3
指标 3	交易管理	6.6667
指标 4	平台管理	6.6667
平均分		6.0833

表 10－135　北京阿拉丁立方信息技术有限公司（阿拉丁大数据）大数据规范化指数

序号	一级指标	得分
指标 1	数据管理	6
指标 2	用户管理	5
指标 3	交易管理	6.6667
指标 4	平台管理	5.3333
平均分		5.75

表 10－136　天聚地合（苏州）数据股份有限公司（聚合数据）大数据规范化指数

序号	一级指标	得分
指标 1	数据管理	5.3333
指标 2	用户管理	5
指标 3	交易管理	6
指标 4	平台管理	6
平均分		5.5833

表 10－137　河南中原大数据交易中心有限公司（中原大数据交易）大数据规范化指数

序号	一级指标	得分
指标 1	数据管理	5.3333
指标 2	用户管理	5
指标 3	交易管理	6.6667
指标 4	平台管理	5.3333
平均分		5.5833

表10-138　湖北普雅花互联互通科技发展有限公司(阿凡达数据平台)大数据规范化指数

序号	一级指标	得分
指标1	数据管理	6
指标2	用户管理	4
指标3	交易管理	6.6667
指标4	平台管理	5.3333
平均分		5.5

表10-139　武汉东湖大数据交易中心股份有限公司(武汉东湖大数据交易中心)大数据规范化指数

序号	一级指标	得分
指标1	数据管理	6.6667
指标2	用户管理	7
指标3	交易管理	2
指标4	平台管理	6
平均分		5.4167

表10-140　广州简亦迅信息科技有限公司(iDataAPI)大数据规范化指数

序号	一级指标	得分
指标1	数据管理	5.3333
指标2	用户管理	5
指标3	交易管理	6
指标4	平台管理	5.3333
平均分		5.4167

表10-141　北京数粮信息科技有限公司(数粮)大数据规范化指数

序号	一级指标	得分
指标1	数据管理	5.3333
指标2	用户管理	5
指标3	交易管理	6
指标4	平台管理	5.3333
平均分		5.4167

表 10 - 142　西咸新区大数据交易所有限责任公司(西咸新区大数据交易所)大数据规范化指数

序号	一级指标	得分
指标 1	数据管理	7.3333
指标 2	用户管理	6
指标 3	交易管理	1.3333
指标 4	平台管理	5.3333
平均分		5

表 10 - 143　北京腾云天下科技有限公司(TalkingData 数据智能市场)大数据规范化指数

序号	一级指标	得分
指标 1	数据管理	3.3333
指标 2	用户管理	6
指标 3	交易管理	4.6667
指标 4	平台管理	5.3333
平均分		4.8333

表 10 - 144　北京畅游互联科技有限公司(haoservice)大数据规范化指数

序号	一级指标	得分
指标 1	数据管理	4.6667
指标 2	用户管理	0
指标 3	交易管理	4.6667
指标 4	平台管理	5.3333
平均分		3.6667

表 10 - 145　安徽数洋科技有限公司(大海洋数据服务平台)大数据规范化指数

序号	一级指标	得分
指标 1	数据管理	5.3333
指标 2	用户管理	0
指标 3	交易管理	3.3333
指标 4	平台管理	5.3333
平均分		3.5

表 10－146　北京数聚之美科技有限公司(数聚之美)大数据规范化指数

序号	一级指标	得分
指标 1	数据管理	1.3333
指标 2	用户管理	2
指标 3	交易管理	5.3333
指标 4	平台管理	5.3333
平均分		3.5

表 10－147　中青联盟大数据研究(北京)有限公司(抓手数据)大数据规范化指数

序号	一级指标	得分
指标 1	数据管理	3.3333
指标 2	用户管理	2
指标 3	交易管理	1.3333
指标 4	平台管理	4.6667
平均分		2.8333

表 10－148　南京云创大数据科技股份有限公司(环境云)大数据规范化指数

序号	一级指标	得分
指标 1	数据管理	4.6667
指标 2	用户管理	0
指标 3	交易管理	2
指标 4	平台管理	4
平均分		2.6667

表 10－149　广东泰迪智能科技股份有限公司(数据挖掘模型交易平台)大数据规范化指数

序号	一级指标	得分
指标 1	数据管理	4.6667
指标 2	用户管理	0
指标 3	交易管理	2
指标 4	平台管理	4
平均分		2.6667

表 10－150　无锡华云数据技术服务有限公司(华云数据)大数据规范化指数

序号	一级指标	得分
指标 1	数据管理	4.6667
指标 2	用户管理	0
指标 3	交易管理	0
指标 4	平台管理	5.3333
平均分		2.5

表 10－151　中源数聚(北京)信息科技有限公司(中国管理大数据交易平台)大数据规范化指数

序号	一级指标	得分
指标 1	数据管理	4
指标 2	用户管理	0
指标 3	交易管理	0
指标 4	平台管理	3.3333
平均分		1.8333

表 10－152　杭州钱塘大数据交易中心有限公司(钱塘大数据交易中心)大数据规范化指数

序号	一级指标	得分
指标 1	数据管理	2.6667
指标 2	用户管理	0
指标 3	交易管理	0
指标 4	平台管理	3.3333
平均分		1.5

表 10－153　苏州国云数据科技有限公司(国云数据)大数据规范化指数

序号	一级指标	得分
指标 1	数据管理	1.3333
指标 2	用户管理	0
指标 3	交易管理	0
指标 4	平台管理	4.6667
平均分		1.5

表 10－154　东华光普大数据技术有限公司(东华大数据)大数据规范化指数

序号	一级指标	得分
指标 1	数据管理	1.3333
指标 2	用户管理	0
指标 3	交易管理	0
指标 4	平台管理	4
平均分		1.3333

表 10－155　上海云贝网络科技有限公司(网聚宝)大数据规范化指数

序号	一级指标	得分
指标 1	数据管理	0
指标 2	用户管理	0
指标 3	交易管理	0
指标 4	平台管理	5.3333
平均分		1.3333

表 10－156　杭州算数力科技有限公司(CompuTa)大数据规范化指数

序号	一级指标	得分
指标 1	数据管理	0
指标 2	用户管理	0
指标 3	交易管理	0
指标 4	平台管理	5.3333
平均分		1.3333

表 10－157　北京亚信数据有限公司(亚信数据)大数据规范化指数

序号	一级指标	得分
指标 1	数据管理	1.3333
指标 2	用户管理	0
指标 3	交易管理	0
指标 4	平台管理	4
平均分		1.3333

表 10－158　北京中润普达信息技术有限公司（中润普达）大数据规范化指数

序号	一级指标	得分
指标 1	数据管理	0
指标 2	用户管理	0
指标 3	交易管理	0
指标 4	平台管理	4
平均分		1

表 10－159　北京久其智通数据科技有限公司（久其智通）大数据规范化指数

序号	一级指标	得分
指标 1	数据管理	1.3333
指标 2	用户管理	0
指标 3	交易管理	0
指标 4	平台管理	1.3333
平均分		0.6667

表 10－160　合肥乐维信息技术有限公司（火车采集器）大数据规范化指数

序号	一级指标	得分
指标 1	数据管理	0
指标 2	用户管理	0
指标 3	交易管理	0
指标 4	平台管理	1.3333
平均分		0.3333

表 10－161　全域大数据产品交易中心有限责任公司大数据规范化指数

序号	一级指标	得分
指标 1	数据管理	0
指标 2	用户管理	0
指标 3	交易管理	0
指标 4	平台管理	1.3333
平均分		0.3333

表 10-162 北京集奥聚合科技有限公司大数据规范化指数

序号	一级指标	得分
指标 1	数据管理	0
指标 2	用户管理	0
指标 3	交易管理	0
指标 4	平台管理	1.3333
平均分		0.3333

表 10-163 北京国政通科技有限公司(国政通)大数据规范化指数

序号	一级指标	得分
指标 1	数据管理	0
指标 2	用户管理	0
指标 3	交易管理	0
指标 4	平台管理	1.3333
平均分		0.3333

图书在版编目(CIP)数据

中国大数据法治发展报告. 2019 / 李爱君主编. -- 北京：法律出版社, 2020
ISBN 978-7-5197-4422-9

Ⅰ. ①中… Ⅱ. ①李… Ⅲ. ①社会主义法治－建设－研究报告－中国－2019 Ⅳ. ①D920.0

中国版本图书馆 CIP 数据核字(2020)第 272625 号

中国大数据法治发展报告(2019)
ZHONGGUO DASHUJU FAZHI FAZHAN BAOGAO (2019)

李爱君 主编

策划编辑 沈小英
责任编辑 刘晓萌
装帧设计 马 帅

出版 法律出版社
总发行 中国法律图书有限公司
经销 新华书店
印刷 北京建宏印刷有限公司
责任校对 晁明慧
责任印制 吕亚莉

编辑统筹 法治与经济出版分社
开本 710 毫米×1000 毫米 1/16
印张 19
字数 332 千
版本 2020 年 12 月第 1 版
印次 2020 年 12 月第 1 次印刷

法律出版社/北京市丰台区莲花池西里 7 号(100073)
网址/www.lawpress.com.cn
投稿邮箱/info@lawpress.com.cn
举报维权邮箱/jbwq@lawpress.com.cn
销售热线/400-660-8393
咨询电话/010-63939796

中国法律图书有限公司/北京市丰台区莲花池西里 7 号(100073)
全国各地中法图分、子公司销售电话：
统一销售客服/400-660-8393/6393
第一法律书店/010-83938432/8433
西安分公司/029-85330678
重庆分公司/023-67453036
上海分公司/021-62071639/1636
深圳分公司/0755-83072995

书号:ISBN 978-7-5197-4422-9
定价:98.00 元
(如有缺页或倒装,中国法律图书有限公司负责退换)